融合型 · 新形态教材
复旦学前云平台 fudanxueqian.com

U0731033

婴幼儿
亲子教育活动设计与案例精选

主　编　王明晖　刘　凌　杨　梅

编　委　陈兰芳　李　玲　沈雪娟

　　　　董玉玲　沈　敏　王　峥

　　　　孙维求　吴松蕾　郑春娟

　　　　李云艳　谢丽敏　李晓媛

复旦大学 出版社

内容提要

本书共分 8 个单元，前 2 个单元分别从对婴幼儿监护人的指导和亲子教育环境创设指导进行阐述，后 6 个单元则精选了 127 个精彩的婴幼儿亲子教育活动案例。这些案例是根据婴幼儿的发展需要，分别从身体、语言教育、认知发展、艺术教育、社会性发展及节日与娱乐等角度进行设计的，每个案例最后都给出了专业点评。

本书可作为幼儿师范院校、职业院校早期教育的专业教材，也适用于早教中心、亲子园、亲子俱乐部、儿童活动中心等机构，还可为广大家长科学育儿提供参考。

复旦学前云平台
数字化教学支持说明

为提高教学服务水平，促进课程立体化建设，复旦大学出版社学前教育分社建设了"复旦学前云平台"，以为师生提供丰富的课程配套资源，可通过"电脑端"和"手机端"查看、获取。

【电脑端】

电脑端资源包括 PPT 课件、电子教案、习题答案、课程大纲、音频、视频等内容。可登录"复旦学前云平台"www.fudanxueqian.com 浏览、下载。

Step 1 登录网站"复旦学前云平台"www.fudanxueqian.com，点击右上角"登录／注册"，使用手机号注册。

Step 2 在"搜索"栏输入相关书名，找到该书，点击进入。

Step 3 点击【配套资源】中的"下载"（首次使用需输入教师信息），即可下载。音频、视频内容可通过搜索该书【视听包】在线浏览。

PPT 课件、音视频、阅读材料：用微信扫描书中二维码即可浏览。

扫码浏览 →

【更多相关资源】

更多资源，如专家文章、活动设计案例、绘本阅读、环境创设、图书信息等，可关注"幼师宝"微信公众号，搜索、查阅。

平台技术支持热线：029-68518879。

"幼师宝"微信公众号

前　言

　　随着社会经济的发展和全民教育意识的加强，越来越多的家长和教育工作者认识到了儿童早期发展的重要性。儿童早期（3岁前）是人整个一生发展的起点和基础，就像建筑物的地基那样重要，要想使儿童在未来得到充分的发展，必须要在早期对他们的发展进行科学的指导，尽可能地为他们创造丰富的环境刺激，使他们的潜能得到充分的发展。尤其是当人类进入21世纪以后，世界各国科技的竞争、综合国力的竞争，引发了对人才和教育的竞争，婴幼儿早期教育受到国际社会的广泛关注。在2001年5月国务院发布的《中国儿童发展纲要（2001—2010）》正式中提出了发展0～3岁早期教育的目标。2001年7月教育部颁发的《幼儿园教育指导纲要（试行）》则明确将3～6岁学前教育延伸到3岁前婴幼儿的早期教育。2010年7月国务院颁发的《国家中长期教育改革和发展规划纲要（2010～2020）》明确要"重视0至3岁婴幼儿教育"。因此，0～3岁婴幼儿教育已引起了社会的普遍重视，拥有0～3岁宝宝的家长更期望0～3岁早期教育使他们的孩子拥有一个最佳的人生开端。

　　随着社会对3岁前婴幼儿教育的需求逐步升高，提供3岁前婴幼儿教育服务的机构势必会越来越多，而高质量的婴幼儿教育必须依靠高素质的教师队伍。为此，许多幼儿园在中国教育学会"十一五"重点课题"0～3岁早期教育师资培训研究"课题组的引领下加入了早期亲子教育研究行列。国内外相关研究和实践表明，由幼儿园举办的3岁前婴幼儿教育具有先天优势，也必定是未来3岁前婴幼儿教育的主体。本书正是深圳实验幼儿园开展3岁前亲子教育课题研究的成果总结。

　　亲子关系是人际关系中最重要的形式之一。亲子关系主要是父母亲（或监护人）与孩子之间的关系，年龄越小的孩子对父母的依赖感越强。亲子教育涵盖了父母(或监护人)教育和婴幼儿教育两个方面,强调父母(或监护人)、孩子在平等的情感沟通的基础上互动。概括地说,亲子教育是通过对父母(或监护人)的培训和提升而达到的对亲子关系的调适,从而更好地促进儿童身心健康、和谐地发展。

附设于幼儿园的亲子教育并不是面向3岁前婴幼儿开展的全日制教育,而是面向3岁前婴幼儿及其监护人举办的不定期活动,旨在让监护人获得有关早期教养的知识和经验,让婴幼儿获得一定的培育机会。这种形式至今依然是国内早期教育的基本模式。2011—2014年,在中国教育学会"十一五"重点课题"0~3岁早期教育师资培训研究"广东省分课题组的指导下,深圳实验幼儿园作为该课题的实验幼儿园开展了三年的行动研究。研究过程中,深圳实验幼儿园发挥了各园的优势,组建了包括多位学前教育研究生在内的名师团队,认真总结过往亲子教育方面积累的宝贵经验,在两个方面进行了深入的研究:一是3岁前早期教育的课程应该如何设计;二是幼儿园教师如何才能转换为婴幼儿教师。深圳实验幼儿园在以上两个方面的研究是成功的,形成了自己的早教模式。

2011—2014年,在中国教育学会"十一五"重点课题"0~3岁早期教育师资培训研究"广东省分课题组的指导下,深圳实验幼儿园作为该课题的实验幼儿园开展了三年的行动研究。研究过程中,深圳实验幼儿园发挥了名园的优势,组建了包括多位学前教育研究生在内的名师团队,认真总结过往亲子教育方面积累的宝贵经验,在两个方面进行了深入的研究:一是三岁前早期教育的课程应该如何设计;二是幼儿园教师如何才能转换为婴幼儿教师。深圳实验幼儿园在以上两个方面的研究是成功的,形成了自己的早教模式。可以说,未来如果要普遍实施3岁前婴幼儿教育,深圳实验幼儿园以上两个方面的经验一定会有很大的正面启示意义。

本书是在深圳实验幼儿园开展"0~3岁早期教育师资培训研究"课题研究的基础上编辑而成的,具有以下特点:一是主要按学习领域遴选了130多个活动案例;二是每一类活动前撰写了一篇活动设计与指导;三是每一活动增加了对婴幼儿的生理与心理发展水平分析作为活动依据,力求所设计的课程符合3岁前婴幼儿发展的需要;四是每一个活动不仅有对婴幼儿的指导,同时增加了对监护人的指导,这是亲子教育活动的最大亮点。这是因为:3岁前婴幼儿教育直接依赖监护人的教养知识和经验,如果监护人缺乏这方面的科学训练,那么,科学的婴幼儿教育或许只是一只空的花瓶。因此,指导监护人是3岁前亲子教育的重点。

本书在亲子教育课程设计方面具有一定的创新性,历经三年,反复修改。全书由中国教育学会"十一五"重点课题"0~3岁早期教育师资培训研究"广东省分课题主持人、全国职教名师、特级教师王明晖,深圳实验幼儿园园长刘凌,副园长杨梅共同主编,由王明晖指导并统稿。参与撰写案例的教师都是深圳实验幼儿园亲子教育班的主班老师,他们是:陈兰芳、李玲、沈敏、沈雪娟、董玉玲、孙维求、吴松蕾、王峥、郑春娟、李云艳、谢丽敏、李晓媛等。各位作者曾广泛参考有关0~3岁婴幼儿心理与教养专著或教材、论文,在此谨向有关作者衷心致谢。

本书可供大中专学校早期教育专业师生和亲子教育相关机构作为实践性教材。

由于作者知识水平和经验所限,书中难免有疏漏之处,敬请专家、同行、读者批评指正。

编　者
2017 年 5 月

目　录

第 1 单元
对 2～3 岁婴幼儿监护人的指导　　　　　　　　　1

第 2 单元
亲子教育环境及其创设指导　　　　　　　　　　15

第 3 单元
2～3 岁婴幼儿身体运动活动设计与指导　　　　26

第 4 单元
2～3 岁婴幼儿语言教育活动设计与指导　　　　60

第 5 单元
2～3 岁婴幼儿认知发展活动设计与指导　　　　88

第 6 单元
2～3 岁婴幼儿艺术活动设计与指导　　　　　　106

第 7 单元
2～3 岁婴幼儿社会性发展活动设计与指导　　　156

第 8 单元
2～3 岁婴幼儿节日娱乐活动设计与指导　　　　180

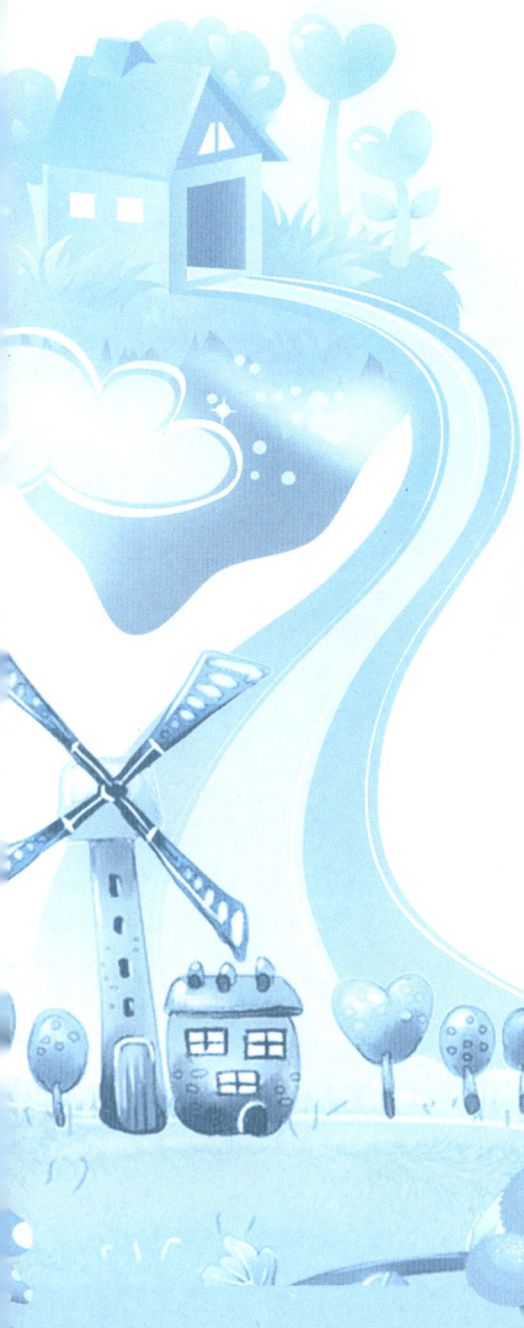

第 1 单元

对 2~3 岁婴幼儿监护人的指导

0~3 岁婴幼儿的教育越来越受到社会各界的关注,家长作为 0~3 岁婴幼儿的主要教养人,他们的教养能力对 0~3 岁婴幼儿的发展起着极其重要的作用。对 0~3 岁婴幼儿的家长进行培训和指导是提高 0~3 岁婴幼儿家长教养能力的重要途径。在《中国儿童发展纲要(2001—2010 年)》中,不仅提出了"发展 0~3 岁婴幼儿早期教育",还对指导家长提出了"争取到 2010 年婴幼儿家长的科学喂养知识普及率达到 85% 以上"。可以看出,婴幼儿早期教育,不仅仅是面向婴幼儿的教育,也是面向婴幼儿家长的教育。

在实践中我们发现,陪同 2~3 岁婴幼儿来参加亲子教育活动的只有部分为父母,还有很大一部分为祖辈、保姆或其他亲友。本书所指的"指导活动"有很大一部分在亲子教育机构中进行,本书中所称"婴幼儿监护人"主要指陪同婴幼儿参加亲子教育活动的父母、祖父母、保姆等主要教养人及其他重要教养人。

☀ 一、婴幼儿监护人指导的内涵和重点

亲子教育活动是对婴幼儿监护人进行指导的有效形式。亲子教育活动,即家长与孩子在亲子教育机构里共同参与的互动式的活动。它以教师指导、家长与孩子共同游戏为主要活动形式,强调家长与孩子的共同参与,通过亲子间的互动游戏,让孩子们充分地活动起来,得到科学的指导,并且帮助家长建立正确的亲子关系和新的教育观念及态度,实现幼儿学习、家长培训的全过程,以提高家长科学育儿的水平,使孩子得到良好的发展,使家长成为合格的教育者。由此可见,对婴幼儿监护人的指导是非常重要的。

下面是对婴幼儿监护人进行指导的三点重要原则:

(一) 充分发挥监护人的主动性和积极性

首先,要用多种渠道,让监护人了解亲子教育机构的课程,领悟并认同教育理念,知晓活动的内容与目标,这样他们才可能积极地参与进去。监护人若不知道教师的活动安排,就可能会被动地,或者按照自己的理解去引导孩子游戏,结果可能不是误解老师意思,就是未达到预想目标;其次,创设条件和环境,让家长发挥潜能,通过多种途径和形式介入活动,参与到课程中。随着家长教养知识经验的积累和能力的提升,教师可以创造机会,让家长参与到婴幼儿教养活动计划中,逐步将教养主动权交给家长。例如,指导教师开始时可能更多是给家长提供示范、建议,或者具体的教养方法,当家长能力逐渐提升后,教师就可以引导其学习观察、判断孩子的特点与需求,然后根据自身特点去选择适宜的教养方式促进孩子的发展。教师也可以结合家庭背景与家长特点,开展家长助教活动,吸纳尽可能多的家长参与。

(二) 建立教师与监护人之间平等、信任、合作的关系

关系是教育中的一个重要因素,其性质会很大程度上影响教育效果。教师与婴幼儿监护人的关系基调是建立在互相尊重、理解基础上的合作互助关系,在此基础上双方互相指导与接受指导,提供服务与接受服务。所以,教师不是永远的指导者,而是在指导、倾听、引导、旁观、辅助等不同程度的服务中,

根据家长、婴幼儿需求不断进行调节;而监护人也不是被动的受指导者,而要从观察、倾听、协助中走向熟练实践。在亲子教育活动中,教师与家长处在平等的位置,他们共同发现问题、分析原因、进行教养调整、创设新环境。

(三) 指导监护人成为学习者,成为孩子的玩伴、老师和榜样

首先,要指导监护人成为学习者,学习正确的儿童观、教育观,要树立儿童全面发展观。通过亲子活动,让家长明白要视幼儿为独立的人,要尊重幼儿的兴趣、需要、游戏的价值,建立起正确的亲子关系;要指导家长了解孩子不同阶段的生理、心理特点并学习与其相对应的指导要点,了解和学习抓住孩子发展的敏感期,与孩子一起游戏和指导孩子活动。

其次,指导监护人成为婴幼儿的玩伴。在亲子教育活动中,家长要以与孩子平等的身份在教师的指导下与孩子一起游戏,明白自己是孩子一起玩游戏的好朋友,而不是包办代替或者过多约束的威严的"大人"。

再次,指导监护人成为婴幼儿的老师。在活动中能引导孩子学会独立学习,而不是包办代替;能引导孩子集中精力参加活动,而不是强迫孩子参加活动;在活动中引导孩子养成良好的行为习惯,学会与同伴交往;将亲子教育机构学到的东西,学以致用并在家庭亲子活动游戏中延伸。

最后,指导监护人成为婴幼儿的榜样。首先要积极主动参加亲子活动,进行游戏时自己先动起来,给孩子做表率,用热情带动孩子;在活动中,遵守游戏规则、与人友好相处等,为孩子树立良好榜样。

在亲子活动中,教师要指引监护人观察日常生活中的孩子,了解孩子的兴趣和发展的水平,根据孩子的实际状况选择活动,做到尊重孩子。在活动中倾听孩子的想法,注意孩子的需求,及时调整自己的教育行为。此外,教师还应帮助监护人认识到在亲子活动过程中,除了发展孩子的认知和良好个性以外,亲子之间的情感交流应该成为游戏的重要目标,孩子在游戏过程中获得良好情感体验是其成长、发展的基础。

二、2~3岁婴幼儿监护人指导活动的设计

(一) 目标设计

对监护人的指导活动旨在提高监护人的教养素质,可以从科学教养观念的树立、教养知识的掌握和相应教养能力的形成三个方面入手。

1. 科学教养观念的树立:认识到主要抚养人在婴幼儿发展中的重要意义;尊重婴幼儿,理解婴幼儿的行为,学会等待孩子的发展;认识到监护人应保持教养一致性,共同促进孩子的发展。

2. 教养知识的掌握:掌握婴幼儿在感知、动作、语言、认知、社会性、情感等方面发展的过程与特点,了解不同月段婴幼儿身体发育的特征及在睡眠、饮食等方面的特点;了解婴幼儿日常行为习惯的形成过程与辅助策略;了解形成婴幼儿常见特殊行为的原因,等等。

3. 相应教养能力的形成:根据婴幼儿的年龄特点,为孩子创设适宜的发展环境;能有效促进婴幼儿良好行为习惯的形成;能有效应对婴幼儿个别特殊行为;能有效促进双方发展。

(二) 内容与形式

指导活动以帮助监护人树立科学观念,获取较系统、全面的婴幼儿教养知识与技能为主要目标,具体内容主要围绕婴幼儿各大领域发展关键期这条主线开展教育活动,让监护人在活动中了解婴幼儿感知觉与动作、语言、认知、情感与社会性发展特性,掌握促进这些领域发展的策略,树立科学的儿童观与教养观,掌握婴幼儿保育的基本内容,例如饮食健康、如厕培养等。

除了全面获取教养知识外,在指导中也应为监护人提供有关婴幼儿教养问题的咨询,及时解决监护人在教养过程中遇到的个别性的难题,比如婴幼儿的特殊行为、特殊婴幼儿等。个别化的指导还可以是为家庭提供个别化的教养方案设计,但这涉及大量的人力、时间、金钱,在此,不多做论述。

在指导的形式上,主要采用现场指导的形式,通过精心安排设计亲子活动,即在婴幼儿、监护人与教师三方互动的现场进行指导,促进家长正确教养观念和行为的形成及对知识的掌握。组织实施亲子活动时需做到以下几点:活动之前面向全体示范讲解;活动中对监护人进行个别化指导;指导监护人科学观察宝宝活动;调动监护人之间互动,交流有益教养经验;加强随机指导,以利于监护人在家园间迁移教养方法。

在以现场指导为核心的同时,也应灵活结合其他方法,例如网络指导、热线电话、个案跟踪指导等形式。同时,应开展形式多样的家长学校活动,如定期开展不同类型的家长专题讲座;举办"家庭亲子教育论坛"和"家长沙龙"活动;开设QQ群,鼓励家长相互讨论,撰写心得,获得新知,提高素质;组织家长进入课堂,亲身感受教师角色,感知亲子园的教育功能等。

精选案例之1　种植活动的指引——我和种子交朋友

适应对象	2～3岁婴儿及其监护人	组织形式	个别
活动依据	2～3岁孩子的眼里,自然界的一草一木、一鸟一虫,都是那么的生动、有趣,充满了秘密,吸引了幼儿的好奇心。好奇心是孩子的天性,也是十分可贵的心理素质。因为好奇,孩子才会有探索周围事物的兴趣,并在探索过程中丰富和积累知识经验,从而获得发展。而孩子的发展需要家长给予引领与支持,因此,老师设置种植活动,旨在提升家长与子女的沟通和家长的教育能力。		
活动目标	1. 指引家长与孩子有效沟通,增进亲子之间的情感交流。 2. 在活动中让幼儿感受劳动的快乐,满足孩子的好奇心和探索欲望。		
活动准备	1. 家长和宝宝一起准备:土壤、小花盆、小铁锹、种子、小水桶等。 2. 老师给每个家庭提供:一份旧报纸、一块抹布、一个杯子、一支笔、一份标签纸。		
活动指引	**教师指导家长的重点及注意事项** **一、活动前的指引** 1. 以书面通知形式告诉家长种植活动的目的和意义。 2. 建议家长在家引导孩子观察家里种的植物。 3. 教师引导家长回家查找相关资料: 　(1) 种植的基本步骤和方法。 　(2) 种子发芽需要哪些要素等。 4. 种植需要准备什么工具材料? **二、活动中的指引** (一)指引家长带领孩子观察种子,了解工具的作用。 1. 今天带来了什么种子?它是什么样子的? 2. 除了种子,还带来了什么?它有什么作用? (二)指引家长思考,互相交流。 1. 种植要注意什么问题?种植的方法步骤? 2. 教师根据家长交流的情况作补充建议。 (三)种植活动中教师巡回观察,适时介入,个别指导。 1. 每个家庭分开一点距离,便于走动。花盆放在托盘上,以免水土流满地。 2. 指导家长让孩子多动手尝试,感受泥土的材质,学习使用工具的方法。		

活动指引	3. 播撒少量种子,轻轻把种子埋在土里,并用杯子浇水。 4. 上述活动在报纸上操作。浇水后在盆体上贴上孩子的姓名和种子的名称,并把花盆放在自然角。随后,家长带领孩子整理场地。 **三、延伸活动的指引** 1. 家长每天带孩子观察种子的变化,让宝宝探索每次浇多少水才合适? 2. 家长引导孩子思考:为什么有的种子没发芽?它与什么因素有关? 3. 家长引领孩子观察植物的叶片、茎、颜色等特征,并引领孩子记录在表格上。
活动评析	教师通过指引家长,引领孩子开展种植活动,为宝宝们创设了活生生的课堂,让孩子在与泥土、种子、劳动工具的亲密接触中感受着劳动带给他们的无限快乐,也让他们在与自然的亲密接触中感受到自然界的奥妙。幼儿对种植活动非常感兴趣,在活动中很投入,宝宝们都充满好奇和探索欲望。家长们也提升了与孩子的沟通能力。

精选案例之 2　植物生长观察指引——我的种子发芽了

适应对象	2~3岁婴儿及其监护人	组织形式	个别
活动依据	种植是宝宝学科学的一项实践活动,是宝宝探索生命科学的重要方法,也是宝宝感兴趣和喜爱的活动。通过婴幼儿使用简单的工具,多次、反复地劳动,不断作用于某一植物,让婴幼儿在与它们频繁的接触中,在连续地较持久地观察中探索生命科学的奥秘。宝宝可观察发现到:动植物的生长、发育、死亡等生命现象,生物与无生物的关系,人与自然的关系,从而获取生命科学的经验,理解有关生物科学简单的概念。在家长的引领下,宝宝已经有种植的经验了,如果能够引导宝宝把这些经验记录下来则更有教育价值。这一活动同样需要教师的引领与支持,教师设置好观察记录活动,可进一步提升家长与子女的沟通和教育能力。		
活动目标	1. 指引家长带领孩子亲自管理和照料植物,培养宝宝关心、爱护植物的情感。 2. 通过孩子的观察记录活动,让宝宝感知植物的变化和成长,产生愉快的情绪体验。		
活动准备	教师给每个家庭提供:一份观察表、垫板、水彩笔、小凳子。		
活动指引	**教师指导家长的重点及注意事项** **一、活动前的指引** 1. 提前让家长知道活动的要求和需要准备的东西。 2. 家长事先查阅种子发芽的相关资料。 3. 家长每天带领孩子照料自己种的种子(浇水等),并观察种子的生长变化。 **二、观察记录的指引** (一)指引家长带领孩子观察种子的生长情况。 1. 你种的是什么种子?它发芽没有?它长得多高?(用小手比划) 2. 它的茎、叶片是什么样子的(颜色、形状等特点)?(鼓励孩子表达自己想法) (二)指引家长带领孩子一起思考,经验分享。 1. 为什么有的种子发芽了?有的种子没有发芽?跟什么有关系?每次浇多少水才合适?		

活动指引	2. 教师根据家长交流的情况作汇总。 (三)记录活动中教师巡回观察,根据实际情况进行个别指导。 1. 家长和孩子坐在凳子上,面向植物进行观察。 2. 指导家长可用笔记录孩子描述植物的生长情况。 3. 假如孩子动手能力较强,可鼓励宝宝拿笔画出植物的某一部分,亲子一起参与。指导孩子根据叶片、茎的颜色来选用彩色笔。 三、延伸活动的指引 1. 指引家长将观察记录表放进宝宝档案里。思考:没有发芽的种子怎么办? 2. 指引家长总结实践经验,回家带领孩子再尝试种植一次,让孩子获得成功经验。 3. 指引家长带领孩子观察对比自己种的植物和同伴的植物有什么不一样。 4. 指引家长带领宝宝继续跟进植物的生长,做好以后的观察记录。
活动评析	当婴幼儿发现自己的种子发芽了,他们会十分兴奋!通过照料并观察记录植物的生长,更大程度地满足宝宝好奇、好问、好学和好动的天性,发展宝宝的学习能力,培养他们运用多种感官初步感知常见的植物和自然现象等,乐于在成人或同伴的帮助下学习简单的劳动技能,体验积极、愉悦的情感,萌发珍惜劳动成果的意识,并对周围的植物感兴趣,萌发热爱植物、关心植物和保护植物的意识,对植物变化发展的过程感兴趣,乐于主动探究和操作实验。作为家长应与孩子一同成长!

精选案例之 3　给孩子讲故事指引——乌鸦喝水

适应对象	2～3岁婴儿及其监护人	组织形式	个别
活动依据	2～3岁宝宝对故事很感兴趣,同一个故事,百听不厌。尤其是妈妈的讲述,会给孩子带来安全和温馨感。此时恰逢一年一度的艺术节,老师抓住机会鼓励家长们轮流给班里的孩子讲故事。从交流当中教师得知许多家长很有上进心,都想像教师那样绘声绘色地给孩子讲故事,但又不知道从何下手。了解到家长的困惑之后,教师有针对性地对他们进行指导,以提升家长的教育能力。		
活动目标	1. 指引家长以儿童化的方式给婴幼儿讲述故事,帮助宝宝理解故事情节,从中获益。 2. 在活动中提升家长的教育能力,与孩子有效互动。		
活动准备	教师为家长提供:托盘、抹布、水、乌鸦木偶。 　　家长准备:透明玻璃瓶子(瓶口宽一点)、小石头(大小以便于石头放进瓶内为宜)。		
	教师指导家长的重点及注意事项		
活动指引	一、活动前的指引 1. 了解家长的想法:想给孩子讲什么故事?打算怎样讲? 2. 根据家长的想法,老师提出合理化建议,并指引家长提前做好相关准备: 　(1)熟悉整个故事情节,能脱稿讲述。 　(2)规划活动的目标和流程,了解讲述时要注意哪些事项?哪些环节需要呈现什么道具?如何跟孩子互动?(指引家长形成文稿,做到心中有数)		

活动指引	二、活动中的指引 （一）开始前的准备 1. 在讲述故事之前指引家长组织班级的家长和孩子坐成半圆形，面向讲述人。 2. 家长把相关道具放在跟前，一张桌子摆在面前，便于需要时能及时呈现。 （二）指引家长给孩子讲故事（以恩信妈妈讲述《乌鸦喝水》为例） 1. 引导家长自然放松地讲述，随着故事情节的发展可以借助乌鸦木偶、透明的瓶子、石头和水来演示，帮助宝宝理解故事情节，引领孩子身临其境，一起互动。 2. 引导家长向小朋友提问："小乌鸦为什么喝不到水？它想什么办法才可以喝到水呢？"让小朋友自由地说出自己的想法。 （活动实录：请大象伯伯用长鼻子帮忙；小乌鸦用吸管来吸水；往瓶子里放石头。宝宝们自然涌上去，拿小石头扔进瓶子里，水位果然升高了，"小乌鸦终于喝到水了！"孩子们欢呼雀跃。） 3. 家长完整地给孩子讲述一遍故事。 （活动实录：活动结束后恩信妈妈如释重负地说："平时看老师上课轻松自如，轮到自己上去讲着实紧张，幸亏有老师在场指导，原来可用这样的方式跟孩子互动的。老师的工作真不容易，很了不起！"） 三、延伸活动的指引 1. 引导其他家长吸取恩信妈妈的经验，给自己的故事讲述增添新意。 2. 引导家长们把讲故事的教育理念和方法带到家庭中，与孩子更好地互动。
活动评析	该活动强调"家长为主体、孩子为中心、活动为载体"，在活动中孩子们很专注，能主动地与家长互动，语言表达能力、倾听习惯以及解决问题的能力都得到提升！这一活动能有效地帮助家长树立科学的育儿观念，形成良好的教育行为，改变和优化家庭教育环境，从而更好地促进宝宝健康发展，对教师而言也是实现自身专业成长的好时机。

精选案例之 4　培养独立能力指引——我会喝水了

适应对象	2～3岁婴儿及其监护人	组织形式	个别
活动依据	心理学家埃里克森表示，2～3岁是培养孩子独立自主能力的关键期。在孩子有能力学习做某一件事时，成人再教他操作的方法，将有利于增强孩子的自信心，培养其独立自主精神。这一时期宝宝的听说能力有了一定的发展，基本明白大人的话了；四肢活动、手的抓握及小手指的配合能力也比较强，手眼能够互相协调起来，具备了独立做事的能力；这时孩子进入第一反抗期，从主观上愿意尝试，很喜欢说不，以拒绝父母的帮助。而大多数父母都习惯于包办代替，总是以自己的双手代替孩子的动手体验。作为教师有责任来帮助家长转变教育观念，给孩子提供动手锻炼的机会，让家长从日常生活小事做起，培养幼儿的独立性。		
活动目标	1. 指引家长鼓励孩子做力所能及的事，培养孩子的独立自主意识。 2. 通过活动帮助家长逐步转变教育观念，与孩子一同成长。		
活动准备	幼儿园提供：饮水机、饮用水、抹布。 　　家长准备：一个训练杯（有两个手柄、杯盖上有个凸起的小嘴儿、嘴儿内有小洞）。		

	教师指导家长的重点及注意事项
活动指引	**一、活动前的指引** 　　告知家长活动的用意,得到家长的理解和配合,并做好相关准备。 **二、活动中的指引** 1. 指引家长在亲子活动结束后的过渡环节,带孩子先去小便,洗干净小手。 2. 指引家长用杯子盛水,然后让宝宝坐下来,双手握杯,将杯子举到嘴边用力吸,或直接往嘴里慢慢倒。 3. 一段时间后,取下杯盖直接喝。开始时杯里的奶或水不要太多,以少半杯为宜。 4. 熟练掌握了这个技能之后,家长可以让宝宝学着从饮水机上接水喝。注意水的温度,最好先让宝宝接凉水,家长帮忙接一点热水,以免烫伤孩子。 5. 指引家长重视孩子的点滴进步,并及时给予肯定,让孩子有信心去尝试。 **三、延伸活动的指引** 　　引导家长将这种育儿观念和方法带到家庭中,与家庭其他成员达成共识,抓住日常生活的每个环节,如:鼓励孩子独立拿勺子吃饭、穿脱裤子等,给予孩子更多的锻炼机会,促使孩子在自理能力方面得到更大提高。
活动评析	我国教育家陶行知说:"生活即教育",生活犹如一本活教材,教育机遇无处不在。对于正常的成人来说,拿杯子喝水是轻而易举的事,但对于2～3岁的孩子来说则需要锻炼,需要付出努力才能完成这项任务。通过参与该活动,孩子不仅得到了锻炼,还获得成功感。对于孩子自信心的建立和独立自主意识的发展具有积极的意义!

精选案例之 5　**培养独立能力指引——我们就在你身边**

适应对象	2～3岁婴儿及其监护人	组织形式	个别
活动依据	2～3岁的宝宝虽然进入第一反抗期,主观上愿意动手做事,拒绝父母的帮助,但对于一直在家长的保护伞下长大的孩子在心理上仍然很依恋父母(或主要照顾人),一旦离开家长,他们会产生分离焦虑。每年的小班孩子刚入园时都会表现出哭闹不休、恐惧在园午睡等焦虑情绪。宝宝们即将上小班了,这是孩子从家庭迈向社会的第一步,教师在这个阶段要创设条件,鼓励孩子在活动中尝试与家长暂时分开,独立地跟老师和同伴一起游戏,同时指引家长如何应对这个问题,家园携手,共同培养幼儿的独立性。		
活动目标	1. 指引家长在适当时候与孩子暂时分离,增强宝宝的独立能力。 2. 在活动中提升家长与孩子有效沟通的能力。		
活动准备	教师给宝宝们营造安全温馨的心理环境;预设吸引宝宝参与的游戏。		
	教师指导家长的重点及注意事项		
活动指引	**一、活动前的指引** 1. 告知家长开展该活动的目的,得到家长的理解和配合。 2. 指引家长事先告知孩子,借助讲故事、做游戏的方式使孩子明白道理,并提出相关要求,让孩子有心理准备。		

活动指引	**二、活动中的指引** 1. 指引家长与孩子暂时分离之前对孩子说:"妈妈(奶奶、姥姥)让你自己跟老师上课、做游戏的目的是让你很快成为一个能干的宝宝。"同时告诉宝宝:"妈妈在教室外面等你,不会离开你的,下课后一定回来陪你。在你需要的时候,妈妈会立刻出现在你的面前。"这样会使孩子有安全感。 2. 指引家长控制自己的情绪,不要一步三回头,更不要孩子没提出要求时,自己忍不住回到孩子身边守护着。 3. 教师在班上组织孩子玩躲猫猫等游戏,把快乐情绪带给孩子,让孩子有安全感。 4. 最后一个环节,让孩子们闭上眼睛,请家长悄悄回到教室,坐在孩子身后。当宝宝们睁开眼睛一看,妈妈果然回来陪伴宝宝。家长把宝宝拥在怀里,对宝宝的进步给予肯定。 **三、延伸活动的指引** 　　指引家长在家采取循序渐进的方式,比如说:"你静静地躺着,过2分钟我就回来。"2分钟后准时回到宝宝身边,然后再对他说你3分钟后回来,反复几次,时间一点点延长。当家长不在的时候,要播放音乐或故事给宝宝听,在轻松的心态下,孩子容易入睡。逐步地培养宝宝勇敢独立地午睡。
活动评析	活动的开展和延伸为宝宝们从父母的怀抱里走向独立迈出可喜的一步。坚持对孩子们全面实施以"爱国主义教育为基础的健全人格教育",以帮助孩子实现从自然人向社会人的转变。老师也相信通过类似活动对宝宝们的身心健康成长一定大有帮助,为孩子们进入小班做好心理准备。

精选案例之 6　　转变家长教育观念指引

适应对象	2~3岁婴儿及其监护人	**组织形式**	个别
活动依据	著名教育家苏霍姆林斯基说过:"只有学校教育而无家庭教育,或只有家庭教育而无学校教育都不能完成培养人这一极其细致、复杂的任务。"在独生子女备受宠爱的今天,家园配合成为了众多幼儿园共同探讨的热点话题。家园同步教育是实现孩子健康和谐发展的前提,但是由于有些家长的观念比较陈旧,造成了家园合作的障碍。因此,教师一定要帮助家长转变教育观念,下面就一个案例说明如何帮助家长转变教育观念。		
活动目标	1. 教师把先进的教育观念传递给家长,使之树立科学的育儿观念。 2. 家园密切配合,实现家园共育。		
活动准备	活动前教师应熟悉并理解幼儿园的办学理念、亲子阶段的教学目标以及现代教育思想。		
	教师指导家长的重点及注意事项		
活动指引	**一、个案实录** 　　开学的第三天,倩倩妈妈带着孩子在户外活动时找到老师说:"老师,我的孩子来了三天,一个字也没有学,整天玩玩玩,做游戏!我孩子以前的幼儿园可以学到很多知识。孩子现在这个年龄就是智力开发的最佳时期,也是接受力最好的时期,你们为什么总是这样玩呀玩的?孩子根本学不到东西!" 　　两个星期后,倩倩妈妈把原来幼儿园的一位老师叫来听班级老师上课,并对着老师		

活动指引	指指点点。事隔几天,她在户外活动时跟其他家长说:"这里学不到东西,孩子每天都在玩!" 二、个案分析 　　从家长所说的这些话,可以看出她还没有从传统的幼儿教育观念中转变过来,还持有"知识第一位,只重视知识学习"的观念。在评价孩子时也是看孩子的智力水平,看孩子学到了多少具体知识。 三、指导策略 1. 耐心倾听家长的诉说,对家长望子成龙的迫切心情表示理解。 2. 教师和颜悦色地向家长讲解和宣传新的幼儿教育理念和新《纲要》中的一些新观念:"现在新的幼儿教育理念(《幼儿园教育指导纲要》)把情感目标和动作技能目标放在了比知识目标更重要的位置,在幼儿园孩子学多少东西不是最重要的,重要的是培养孩子积极健康的情绪情感,养成良好的习惯,发展孩子的能力。我们幼儿园开展的是整合课程,注重培养孩子的综合能力,为孩子终身发展奠定基础。孩子的综合能力发展了,以后学东西自然就简单多了。幼儿园是真正能够实施素质教育的最佳场所。我们评价孩子时不能以学会几首儿歌、识多少字、会算多少加减法为标准,要综合评价,看孩子的综合能力。"家长听后表示赞同:"是啊,老师说得对! 我们以前一直秉持错误的认识,没有从传统的教育观念中转变过来。" 3. 定期开办家长学校,邀请专家开专题讲座,使家长从中受到教育。 4. 指引家长带领孩子积极参加园内各项活动,如:科技节、合唱节、六一儿童节等。让孩子在活动中得到锻炼,增长见识,有展示自我的机会,使家长感受到自己孩子的发展和变化,体验到孩子在活动中所学到的东西是书本上难以取代的,从而理解和认同幼儿园的办学理念,积极配合老师的工作,共同促进孩子获得更大发展。
活动评析	我们通过不同形式为家长和宝宝提供了丰富的教育环境与和谐的心理环境以及家长经验交流的机会。不断地探索与实践使我们越来越感受到转变家长教育观念对开展亲子教育的重要性和有效性,它对于培养"根"的事业不但起着举足轻重的促进作用,而且也为提高民族素质奠定了坚实基础。

精选案例之7　孩子与同伴友好相处指引

适应对象	2～3岁婴儿及其监护人	组织形式	个别
活动依据	2～3岁的宝宝,其认知特点是"自我中心"。这种认识反映在交往活动中,主要表现为"以我为主",总是要别人听自己的。比如,看见别人手里的玩具,他想玩,他不会想到别人也想玩,而非要抢过来不可。这是由该年龄段儿童的认知特点决定的,谈不到品质问题。成人不必为此大惊小怪,责备孩子。但是也不能容许他发展下去,否则会养成独霸的习惯,他不会考虑别人的需要。因此,老师要指引家长用循循善诱的方法,帮助宝宝提高认识能力,学会与同伴交往。		
活动目标	1. 帮助家长树立正确的育儿观念,增强家长的教育意识和能力。 2. 家园共同为孩子营造健康的成长环境,让宝宝体验到友好交往的快乐。		
活动准备	老师从心理学角度理解孩子,找到理论依据和科学的方法。		

	教师指导家长的重点及注意事项
活动指引	**一、个案实录** 　　乐乐进入美工区,当时区里面人数已经够了,老师建议乐乐的外婆带乐乐选择其他区域。乐乐生气地走进益智区。这时候,辰辰正在玩钓鱼的游戏,乐乐便上前抢夺玩具。辰辰不让她玩,她便叉着腰,用手指着辰辰大声嚷嚷:"哼!你看我怎么收拾你!"大伙搬椅子准备上课了,乐乐无缘无故动手打了两个小朋友。日常活动中乐乐时常因为争抢玩具与同伴发生冲突,动不动就发脾气。每次乐乐的外婆目睹事件发生都无动于衷,只是重复解释:"我外孙女一出生脾气就很怪!她一发脾气我们全家人都拿她没办法。"班里的小朋友都说不愿意跟她坐在一起。乐乐为此而哭闹。 **二、个案分析** 　　从个案看得出乐乐是在溺爱中长大的,老人缺乏教育的意识,孩子比较任性。由于缺乏交往经验,时常与同伴发生冲突,又因为被小伙伴嫌弃而感到孤立伤心,长此以往,将不利于孩子的健康成长,同时也会影响周围的同伴。 **三、指导策略** 1. 老师与家长交流,帮助家长认识到爱孩子要适度,无原则的爱等于害孩子。在孩子与同伴交往中注意随时观察和引导,为孩子营造健康成长的良好环境:大人的语言、处理事情的方式和态度、看待问题的角度、辨别是非的准则,这一切都影响着孩子的成长。 2. 当乐乐哭闹时,老师指引家长对孩子说:"宝宝,我知道小朋友不跟你玩你很难过,对吗?"孩子得到大人的理解,情绪会慢慢平静下来。接着指引家长跟孩子谈心:"你想一想,为什么小朋友不愿意跟你玩?以后该怎么办?"帮助孩子分析问题,认识到自己哪里做错了。请乐乐的外婆领着乐乐走到小伙伴跟前真诚地说声对不起,请小朋友原谅,对自己的行为负责任。 3. 指引家长正确应对孩子的不良行为:当孩子抢夺别人的玩具时,可以对她说:"小朋友正在玩,等一会才轮到你玩。"可以引导宝宝说礼貌用语:"请你给我玩一会好吗?"家长也可以指导孩子拿自己的玩具与别的孩子进行交换,以此来获得自己想要得到的玩具。当孩子发脾气时家长先冷处理,等她冷静下来然后跟孩子讲道理。当孩子忍不住动手打人时要跟孩子讲道理:"小朋友被你打会很疼,很伤心!"让孩子学习理解同伴的感受,控制自己的行为。 4. 当孩子之间发生冲突时,指引其他家长以诚相待,宽以待人,给孩子树立一个很好的学习榜样。切莫因孩子在交往中的问题而彼此不和睦,造成不良影响。 5. 当孩子取得点滴进步家长要及时表扬,告诉孩子:"我喜欢你现在这个样子。"强化她的良好行为。鼓励她多交朋友,关心和帮助小伙伴,跟小伙伴分享玩具,体验与小伙伴友好相处的快乐!
活动评析	老师根据孩子的心理特点采取系列举措,指引家长对孩子进行针对性的教育和帮助,取得了良好的效果。孩子动手打人或争夺玩具的现象明显减少了,取而代之的是孩子变得懂事讲道理,当家长和老师向她提要求时愿意听取。家长的教育意识和能力也得到增强,老师为之高兴!

精选案例之 8 培养科学意识指引——气球能把杯子抓起来吗

适应对象	2~3岁婴儿及其监护人	组织形式	个别

活动依据	家长助教活动是许多幼儿园挖掘家庭教育资源、形成家园共育的主要实践活动之一。一年一度的科技节来到了，老师想尝试发动家长参与助教活动，为孩子们演示简单的科学小实验。因为2~3岁的宝宝对科学活动充满好奇，科学小实验的生动直观，一定能吸引孩子们，从而引发他们对科学的兴趣。在活动中教师必须扮演好"发起者、引导者、参与者"的角色，探寻有效的指导策略，以保证家长助教活动的顺利开展。
活动目标	1. 吸纳家长所蕴含的教育资源，使家长的能量得到最大限度的发挥。 2. 调动家长的积极性，使家长成为教育过程的参与者和活跃力量。 3. 激发宝宝对科学活动的兴趣，满足他们的好奇心。
活动准备	家长准备：气球1个、塑料杯1个、一盆凉水、暖水瓶1个、热水少许。 教师准备：了解家长的想法，知道应给家长提供哪些帮助。记录表（记录活动实录）。
活动指引	**教师指导家长的重点及注意事项** **一、活动的指导原则** 1. 合作互动，优势互补原则：教师和家长是平等、合作的关系，教师应以平和、平等的态度对待每一位家长，互相学习，互相帮助，互相指导，共同提高。 2. 尊重在先，真诚沟通原则：具备接纳家长的积极态度，因人而异，不挑剔家长的素质，尊重每一位参与助教活动的家长。注重活动细节，让家长知晓活动目标、意义，与家长真诚沟通。 3. 以孩子发展为中心的原则：家长助教的最终目的是促进孩子的发展，活动的核心应围绕孩子的全面发展进行。 4. 适当性原则：指导应适时进行，给予家长发挥的空间，并根据活动情况采取灵活的指导方式。 **二、活动前的指引** 1. 通过家园互动平台与家长沟通，全面了解家长资源。以当面相邀或电话预约等方式邀请家长参与助教活动。 2. 与家长共同设定活动目标、内容。在家长助教活动之前教师与家长一起准备活动方案。 3. 教师帮助家长分析活动的目的、发展意义、活动的形式、内容的组织与可能会出现什么问题，防止教学事故发生。 **三、活动当中的指引** 1. 指引家长组织各家庭坐成半圆形。家长将需要演示的道具材料放在桌上，便于一一呈现。 2. 演示步骤：将保温瓶里的热水（约70℃）倒入杯中约半杯——热水在杯中停留20秒后——把水倒出来——把气球放在凉水里浸一下——立即将气球紧密地按压在杯子上，约1分钟。 3. 指引家长引导孩子仔细观察各个步骤，可向孩子提问："猜一猜气球能把杯子吸起来吗?"调动宝宝积极思考，大胆猜想。注意对孩子进行安全教育（不玩热水）。 4. 教师重点对活动中一些突发现象进行指导，把握时机，适当指引。

活动指引	四、延伸活动的指引 活动后收集助教家长的建议,合理化改进,指引家长们在家带领孩子做简便易于操作的小实验,达到真正的互动。
活动评析	在活动中虽然孩子们不能用语言来表达小实验的科学道理(凉气球冷却了杯子中的热空气,杯子中的空气热胀冷缩,体积缩小,压力变小,使杯子紧紧地贴在气球上,这样气球就抓住杯子了),但是,当气球把杯子抓起来时,宝宝们不约而同拍起小手,并感叹:"哇!太好玩了!" 通过助教活动让家长更加了解老师的工作性质,体会到亲子教育多不容易。从而调动家长积极为班上的活动出谋划策,共同为班上孩子的发展尽力。在家长助教活动中,教师可以观察到平时不易察觉的幼儿的发展和需要,重新审视自己的教育方法,调整自己的教育行为。 在家长助教活动中,得到收获的不仅仅是孩子,还有家长和教师。家长助教活动以其特有的模式为家长、教师搭起了一座沟通、互助的桥梁。如果说孩子是一只小鸟,而家园则如同鸟儿飞翔时必不可少的一对翅膀,同上下,同方向,才能使鸟儿飞得更高、更远!

精选案例之9 分享教育指引——交换玩具

适应对象	2~3岁婴儿及其监护人	组织形式	集体
活动依据	2~3岁是孩子成长中非常关键的时期,俗语说:"从小看苗,三岁知老"。这句话深刻指出了3岁左右这一时期对人的一生,尤其是对健康的心理和良好性格的形成的作用。对于这一阶段的婴幼儿一定要精心教育。所以在这个时期培养孩子的分享意识是很有必要的,也是最佳时期。老师要指引家长为宝宝创设分享的机会,同时指导家长如何对孩子进行分享教育。		
活动目标	1. 指引家长为孩子营造与同伴分享的机会,增强家长的教育意识和能力。 2. 在活动中让宝宝体验与同伴分享的快乐。		
活动准备	1. 家长让孩子在家挑选一件安全、卫生又好玩的玩具,贴上名字带到班上。 2. 老师查找相关资料,了解宝宝的心理特点。		
	教师指导家长的重点及注意事项		
活动指引	一、活动前的指引 指引家长尊重孩子的想法,一定让孩子自己选择玩具,选定了才带去幼儿园,这是孩子在活动中愉快、主动地与人分享的前提。 二、活动当中的指引 1. 指引家长鼓励孩子拿着自己的玩具找一个小伙伴交换玩具。主动走到同伴跟前说"我想跟你交换玩具玩,可以吗?"等礼貌用语。当对方接受分享时,家长要引导孩子真诚地说谢谢!让孩子体验到这份快乐是双方共同努力而获得的。 2. 家长引导孩子爱惜同伴的玩具,玩过之后物归原主,然后再找另一个小伙伴互换玩具。		

续表

活动指引	3. 家长用激励的话语夸奖孩子的分享行为。 4. 在交换玩具时家长不要刻意追求分享行为本身,而要注重分享行为给孩子带来的快乐。假如孩子当时不愿意交换,可以耐心地跟孩子讲道理,不要强迫孩子一定拿出玩具与人分享,并指引家长寻找原因: ● 家庭因素:独生子女的家庭生活环境优越,物质基础比较好,但没有与兄弟姐妹共同生活的经验及互爱互让的习惯和相应的训练。孩子成了家庭的中心,父母的迁就与忍让及不良的教育态度,都对分享行为产生一定的不良影响。 ● 孩子自身的心理因素:婴幼儿期的孩子,正处于身体、智力迅速增长的时期。随着他们的体力、活动范围和活动量的增加,他们的好奇心、求知欲日益增强,对新鲜事物很敏感,但道德认识水平和道德感还处于较低阶段,是与非往往以自己的愉快或满足为标准,易与同伴发生冲突。他们的自我意识早已形成和发展,年龄越小,自我中心意识越强。因此,分享水平受到孩子心理发展水平的制约,这是客观存在不良的行为习惯。 ● 物质原因:由于对方的玩具不够吸引人,所以拒绝交换和分享;或者是孩子太喜欢和珍惜自己的玩具,怕别人不够爱惜,因此拒绝。 ● 策略问题:在交换玩具时可能发生争吵,因为孩子太小,不懂得恰当地商议、沟通及分享的方法。由于家长对分享含义理解不够深刻,欠缺了对孩子的指导。 5. 指引家长根据具体原因对教育策略做出调整。 **三、延伸活动的指引** 1. 指引家长回家通过讲故事、做游戏的方式把培养目标融入其中,让孩子们互相从陌生到熟悉,直到互相合作,亲密无间。 2. 家长在家为孩子创造分享的机会。 　　在日常生活中,孩子们一同游戏、学习的机会很多,如:在一起操作、绘画、玩娃娃家、搭积木、看图书等。家长也要想办法为孩子创造、提供与同伴分享物品的机会,让孩子在实践中学会分享。
活动评析	从分享活动中可以看出每个孩子的家庭教育状况,其中,家长的态度极为关键。家长的言行潜移默化地影响着孩子,而家庭成员之间的关系,同样会对孩子产生间接的影响。通过活动,为孩子们之间的交往和分享提供了机会,也提升了家长在教育上分析问题和解决问题的能力。

精选案例之10　　游戏指引——好玩的橡皮泥

适应对象	2～3岁婴儿及其监护人	组织形式	个别
活动依据	橡皮泥有较强的塑形性和还原性,宝宝可以随心所欲、千变万化地玩,到最后万变不离其宗还是橡皮泥。在日常的区域游戏中,老师观察到宝宝们对橡皮泥很感兴趣。但宝宝一玩橡皮泥就会把所有的颜色合在一起,变成五颜六色的一团。家长看此情形会着急,认为宝宝把橡皮泥糟蹋了,而且不知怎样引导孩子玩泥。其实,玩橡皮泥并不是单纯的技巧训练,而是发展宝宝的综合能力、全面素质的活动,是促进宝宝知识迁移能力不断发展的综合游戏。老师根据以上情况给予家长合理化建议,让家长指导孩子科学地玩,在玩当中获得发展,在发展中体验成功的快乐!		

活动目标	1. 增强家长的教育能力,与孩子有效互动。 2. 提高宝宝的动手能力,体验成功的快乐。
活动准备	教师提供干净无毒的橡皮泥(各种颜色)、模具、泥工参考书籍、牙签、小珠子等。

教师指导家长的重点及注意事项

一、活动前的指引

1. 引导家长阅读有关 2～3 岁孩子心理特点的书籍。

2. 指引家长阅读泥工参考书,选取适合孩子学习的范例,了解制作的步骤和方法。

二、活动中的指引

1. 指引家长启发宝宝正确使用模具印出不同的造型,如:蝴蝶、香蕉等。

2. 顺势而动。当孩子把各种颜色的泥混在一起,家长不要着急或者阻止,家长可以说:"哟!这团五颜六色的是什么呀?有点像……"通过家长的引导,宝宝在用橡皮泥做完东西之后,他会就作品为你做一个解释。比如刚才那个五颜六色的橡皮泥,宝宝也许把它压扁,然后告诉家长这是一块薄饼;宝宝也许会告诉家长他捏成一个五颜六色的太阳。有了实际经验,宝宝再碰到此类事情自己就会灵活地变通。

3. 注意游戏的趣味化和生活化。例如:宝宝很喜欢吃肯德基,在玩橡皮泥时,家长就可以对宝宝说:"我要吃汉堡、我要吃薯条。"等宝宝做好了这些食品时,家长可以向宝宝买,并且可以"讨价还价",吃过了薯条吃鸡翅,吃过了鸡翅吃猪排……宝宝的橡皮泥在家长的帮助下已经变化多端了。

4. 指引家长可以借助参考书的范例指导孩子,如:"小蜗牛"的做法:

(1) 指导孩子用橡皮泥揉一个大圆团。

(2) 指导宝宝把圆团在桌子上慢慢地来回搓成长条状,轻轻压一压,把泥条一端慢慢往里卷成漩涡状,卷到最后的一端作为蜗牛的头部,在头顶插上短短的牙签作为触角,用小珠子镶嵌在头部两侧作为小眼睛。

(3) 在作品旁边贴上宝宝名字和作品名称,陈列在孩子看得见的柜子上。

三、延伸活动的指引

1. 在家提供玩泥的条件(除了卫生的泥,还有一些辅助材料),家长可以和宝宝一起编故事,如:"小蜗牛找朋友""小刺猬运果子"等,把宝宝带进游戏情境,让孩子在玩当中不知不觉地接受了各种教育。

2. 提供展示作品的地方,让孩子体验到成功,获得自信心。

活动评析

　　橡皮泥就像哈利·波特的魔法石一样,为孩子变出一个五彩斑斓的童年,变出一个无忧无虑的童年。别小看宝宝只是简单地揉个圆、捏个片或搓粗细不等的长条,但在孩子们的眼里可是别有一番思想,他们认为自己捏的是一大"杰作"呢!

　　玩橡皮泥不光让宝宝的小手得到了锻炼,发展了语言表达能力,重要的是宝宝的想象力得到了延伸,自信心得到了提升,更是享受到了成功的快乐!手是意识的伟大培养者,是智慧的创造者。如果让婴幼儿的小手更加灵活,触觉更加敏感,婴幼儿就一定会更聪明、更富有创造性,思维也更加开阔。心灵手巧说的就是这个道理,所以,橡皮泥的真正价值和作用亦即在此。

第2单元

亲子教育环境及其创设指导

良好的环境对孩子的健康成长至关重要。孟母曾经三迁而择邻处,其目的是为孩子提供良好的成长环境。孩子的一言一行是后天形成的,让孩子从小有一个好的成长环境,有利于孩子优秀品格和良好行为习惯的养成。孩子的健康成长是一个系统工程,决定因素包括内因和外因两方面,内因是孩子本人,外因主要是其成长"环境",主要包括社会环境、校园环境、家庭环境等。

家庭是孩子生活的第一驿站,孩子的人格、人生观、价值观等方面的发展都与家庭环境有密切的关系。父母是家庭环境的塑造者,父母的教养态度在很大程度上决定着宝宝的心智发展。在温暖而充满爱的家庭中,父母能够以尊重和接纳的态度,鼓励和赞美孩子的优良表现,帮助其发展健全的人格和心智。家庭是不可替代的软环境,而且是一种不可忽视的隐性教育环境。作为亲子园教师,我们有责任为孩子们创设适宜的亲子教育环境,在环境设计上要充分考虑孩子的年龄特点和发展需要,并对家长起到示范性和指导性作用。引领家长为孩子创设良好的成长环境。

在亲子园里,要充分挖掘现有环境资源,结合亲子班宝宝的年龄特点,如将书屋、小剧场和美术室改造为亲子活动教室,要注意在采光及色调的设计上充分考虑低龄幼儿的发展特点和需要。在室内为宝宝们准备适合他们高度的小桌椅、小书架、玩具柜等设施。根据宝宝年龄特点创设温馨整洁又实用的区域环境,如:娃娃家、小舞台、阅读区、建构区、生活区、操作区、益智区等。在户外可创设大型玩具区、沙水乐园、活动操场等,利用活动区域中的有利条件,促使孩子们在乐意参与活动的同时,得到老师和家长的指导,鼓励宝宝们能进行简单的交流,尝试表达自己的想法,特别是要帮助家长运用规范化的语言与宝宝们进行交流。同时在亲子园玩具的选择和投放上,要针对低龄宝宝的特点注意相同玩具材料的重复性。除了显性环境之外,还要注意挖掘隐性的教育环境的教育作用,如:科技节中开辟种植园地,让宝宝们体验播种、照料、收获等学习过程;在"科技大观园"中鼓励孩子们大胆地探索和尝试,寻找科学的奥秘;在艺术节和合唱节中,让幼儿在小舞台上尽情地表现自己等。班级之间还要实行互换空间,资源共享! 使环境成为第三任教师,孩子们成为环境的小主人,在环境中得到熏陶和发展!

除了将这些活动与环境布置延伸到家庭中去,教师更要关注家长的教育观念和教育行为。如利用亲子园活动,定期开展家长专题讲座,有目的、有计划地引导家长利用环境促进孩子良好行为的形成,包括活动前向全体的示范讲解,活动中对家长的个别化指导,指导家长科学观察宝宝如何与环境互动,调动家长间的互动、交流有益教养经验等。这样的亲子活动,加强了对家长和幼儿的随机指导,能及时将幼儿园和家庭中的教育内容、教育形式和方法做时间上和空间上的迁移,使家长感受到亲子教育不是一件很难的事,不需要家长有高深的理论知识,只需要一颗促进孩子发展的心。

精选案例之 11　　亲子娃娃家环境创设

活动依据	孩子从降生的第一天起,就开始模仿了。模仿能力与他的生长发育和认知能力有很大关系。而成人要做的是为孩子提供一个良好的"模仿环境",并且做他模仿的"好榜样"。首先是模仿家长的面部表情和发音,然后是身体运动和话语的模仿。到 2 岁以后,大部分孩子开始对成年人如何使用物品有很大的兴趣,比如,他想学习爸爸妈妈是如何使用电话、钥匙、瓶瓶罐罐和电视遥控器的。这些动作的模仿表明孩子的认知能力已经有了一个重大的飞跃,也就是说,孩子能够意识到他所模仿的动作是带有一定意义的。 　　"过家家"是孩子模拟成年人的一种游戏。在游戏中,他们往往把自己扮演成爸爸、妈妈,将布娃娃看作自己的宝宝,有时还邀请邻居的伙伴来客串一个角色。孩子们玩这种游戏时十分认真,一招一式俨然与实际生活中的大人无二,但脸上表情稚嫩,让人忍俊不禁。
设计意图	老师通过创设"娃娃家"为孩子提供游戏的场所,帮助孩子巩固生活技能和行为习惯;锻炼其表演能力和口语表达能力;发展孩子的责任感和关爱之心;增强孩子的想象力和发散思维能力;培养孩子的合作精神与交往技能。 　　孩子们玩"过家家"游戏实际上反映了他们对生活的认知。孩子会下意识或有意识地在"过家家"中,把他所看到的事物表现出来。老师从中可以指引家长观察孩子对生活的态度,了解孩子对目前家庭生活是否满足。同时,这也是家长接近孩子、了解孩子的极好机会,是引导孩子学习待人接物方式的好机会。 　　家长和孩子一起玩"过家家",有利于增进亲子之间的感情。
实景图	

精选案例之 12　　亲子美工区环境创设

活动依据	涂涂抹抹是每个儿童都喜欢和经历过的,他们常常不由自主地寻找一切可以涂画的工具和材料,在墙上和地上进行涂鸦。他们为了游戏,或者作为生活本身的一种自然展示,而产生强烈的内在表现需求。 2～3 岁幼儿好奇心强,对各种事物都可能产生兴趣,喜欢观察。然而,由于他们的年龄特点的限制,在游戏中坚持性差,需要老师和家长共同为孩子创设美工区,在美工区玩具材料的投放与指导上要符合他们的年龄特点,做到既要满足他们的要求,又要有利于他们提高能力。
设计意图	1. 引导幼儿发现美工活动的乐趣。 生活中处处蕴藏着美,儿童虽然与美的事物有着某种天然联系,但他对于美的感受与表现能力不是与生俱来的,他们要通过去感知、去理解、去体验、去表现、去创造,才能得到美。2～3 岁幼儿在美工活动中很容易因为某件事不会做而放弃,因此在幼儿对美工活动工具有了初步的认识后,让他们开始简单使用美工工具,如用油画棒随便在纸上画,废纸随便撕等,在这些随意活动中幼儿对美工活动的初步兴趣得到了发展。 2. 为幼儿提供美工活动实践机会。 美工活动是幼儿一种"自娱性"活动,他们在自我感受、自我表现、自觉自愿的活动中受到感染和教育,我们要给幼儿提供更多的自由参与美工活动的机会,使他们在美工活动情感中,有所提高,真正体验到美工活动的快乐。 3. 通过涂鸦、小手工、画画、拼贴、泥塑等活动,发展孩子的动手能力、观察力、表现力和想象力,萌发幼儿的审美情趣,让孩子在动手的过程中去发现、去表现、去探索,尽情释放他们无穷无尽的想象力、创造力!
实景图	

精选案例之 13 　亲子阅读区环境创设

活动依据	2～3岁婴幼儿时期是个体生理发展和技能发展最迅速、最重要的时期。2岁以前，幼儿就可以经过感觉—运动的探索初步形成具有因果关系的观念。所以，在一定的条件下，即使年龄很小的孩子，不管他们所处的社会文化背景如何，也可以发展一种早期的语词概念能力，这是婴幼儿早期阅读重要的身心基础。 　　在现实的生活中，孩子早期阅读活动并没有引起太多家庭的重视，一部分家长认为对2～3岁婴幼儿开展阅读太早了，那是上学以后的事；另一部分家长把早期阅读归结为只需认识几个汉字，因此家长们把对孩子实施的阅读当作是一种追求纯记忆的汉字学习。我们在亲子教育中可为孩子们创设温馨的阅读区，提供适合该年龄段孩子阅读的书籍，为孩子们营造阅读的环境，并指导家长结合孩子的年龄特征和阅读能力发展的特点，给予孩子们科学合理的早期阅读的指导。
设计意图	美国教育家霍力斯·曼曾说："一个没有书的家，就像一间没有窗的房子。"老师通过创设阅读区，指引家长为幼儿塑造阅读的环境，在家中（如书房、客厅、浴室等）随处可拿到书，随处可看到书，让宝宝习惯与书为伴，让书成为宝宝生活中不可缺少的元素。在这方面，爸爸妈妈更应该身体力行，做孩子的榜样。让母亲温柔的读书声成为孩子的童年音乐。 　　0～3岁的阅读主要表现为亲子阅读，亲子阅读不仅是让宝宝吸收各种各样的知识，而且也是一种亲子间的情感满足。心理学家西格曼博士提出：睡前10分钟的亲子共读除可帮助入睡外，对孩子的免疫系统、倾听的技巧及想象力的发展都有益。在美国的大多数中产阶级家庭，每天和孩子一起读书已经成为一种习惯。老师的本意就是培养孩子的阅读兴趣，让阅读成为孩子的生活习惯。
实景图	

精选案例之 14　亲子沙水乐园环境创设

活动依据	沙和水是大自然赋予孩子的好玩具,能够使宝宝流连忘返,乐此不疲。但许多家长不愿意孩子玩沙和水,认为沙比较脏,玩水容易把衣服弄湿。这样会剥夺孩子许多乐趣。我们可以为幼儿创设户外的沙水乐园,并提供玩沙和水的许多工具,如:模子、小铲子、筛子、桶、瓶子、各种漂浮玩具等。随着季节的变化,老师充分利用这些资源,组织宝宝们前来玩耍,同时帮助家长转变教育观念。
设计意图	1. 指引家长放开怀抱,让宝宝尽情地玩水玩沙。在玩的过程中注意对孩子的观察和指导。如:哪些玩具沉到了水里,哪些浮在了水面上? 水和沙没有固定的形状,可以让宝宝按自己的意愿千变万化地尽情玩耍,以促进身心发展。 2. 指引家长为孩子创设玩沙和水的条件。 可以在家里浴室洗澡时,让孩子玩水的游戏。给宝宝准备一个盛满水的大盆和一些小皮球、小船、塑料吹气玩具等能够漂浮的玩具,再加上小盆、小勺、小碗、小杯子一类的水中玩具,让宝宝任意玩耍,自由探索。有机会的话,带宝宝到海边玩,让宝宝置身于沙和水的世界,让孩子感到新鲜、好奇,给予孩子无穷的快乐。 3. 通过玩沙和水帮助宝宝获得体验,发展手指肌肉和触觉、视觉机能,增加对环境的理解。
实景图	

精选案例之 15　亲子种植园地创设

活动依据	著名物理学家牛顿从"苹果为什么落到地上?"的问题中引发积极的思考,锲而不舍地努力探索,最终揭示了地球万有引力的客观规律。幼儿园的孩子对新鲜事物总会产生强烈的好奇心,脑子里经常会出现许多"为什么",越是好奇,问题越多,这就是可贵的质疑精神。《幼儿园教育指导纲要》(试行)中指出:"要尽量创造条件让幼儿参加实际探

	究活动,使他们感受探究的过程和方法。"因此,教师要为幼儿创设一个宽松和谐、无拘无束的情景来满足幼儿的好奇心,发展幼儿的求知欲。教师尝试创设种植园地,让幼儿在活动中自由地探索和体验。
设计意图	1. 在种植活动中,在老师和家长的带领下,让宝宝们体验到播种、栽培、照料、收获的整个过程,获得种植经验,体验种植的奇妙和快乐。 2. 学习简单的劳动技能并作观察记录,培养幼儿关爱植物的情感。 3. 让婴幼儿了解植物与人类生活、自然环境的关系,培养对自然的积极态度,进而体会劳动的艰辛,感悟劳动成果的来之不易,并由此产生尊重劳动、珍惜劳动成果的积极情感。 4. 将种植活动延伸到婴幼儿家庭,在家进一步开展种植活动,指引婴幼儿每日照料植物并作观察记录,鼓励婴幼儿到幼儿园与同伴交流种植经验。
实景图	

精选案例之 16　　亲子科学探究环境创设

活动依据	2～3 岁孩子对身边的事物无不充满好奇,乐于探索,好问好动,而科学活动能深深吸引幼儿,在活动中通过动手操作,让婴幼儿自主探索,成为知识经验的主动建构者,从中感受科学实验的乐趣,获得成功的体验! 可以结合诸如科技节的活动,充分利用园本资源,为宝宝们营造浓浓的科技氛围,让婴幼儿徜徉在科学游戏的海洋里。深圳实验幼儿园实施的"钓鱼""降落伞""颜色变变变""吹泡泡""水的沉浮"等游戏深受孩子们的喜爱。家长和宝宝们都乐在其中。孩子们探索完系列游戏后,拿着记录单到老师跟前换取奖品,十分开心!
设计意图	1. 为婴幼儿创设探索实践的科学环境,满足其探索欲望,让婴幼儿体验成功。 2. 通过自主探索,体验身边的小科学无处不在,初步培养婴幼儿的科学精神。 3. 指引家长正确看待孩子的"异想天开",努力为孩子创造探索的机会。
实景图	

精选案例之 17　　亲子劳动环境创设

活动依据	对于年幼的孩子来说,他的生活就是游戏,学习做家务也是一种游戏。但是现代家庭普遍是独生子女,家长不舍得放手让孩子做事,这无疑剥夺了孩子劳动的乐趣和动手锻炼的机会,假如家长能懂得和把握孩子的心理特点,在日常生活中为孩子创设劳动的机会,一定能使幼儿养成良好的劳动习惯,掌握基本的劳动技能。如:家长要求孩子收拾玩具的时候,可以这样说:"玩具宝宝玩累了,他们要回家睡觉了,让我们送他们回家吧。"开饭的时候可以说:"妈妈当厨师,宝宝当服务员,请服务员帮忙把菜端到桌上去。"当孩子感觉做家务就像玩游戏那么有趣时,他们一定很喜欢。4 月 7 日是世界卫生日,深圳实验幼儿园的老师们抓住这个大好时机引领家长和小朋友们,参加到清洁教室的行动中。孩子们都从家里带来了抹布、小桶等劳动工具,别提有多兴奋了! 对劳动充满兴趣和热情! 有的擦窗户,有的擦桌子,有的擦柜子,有的甚至把老师的拖把抢过去,煞有介事地拖起地来……大家干得不亦乐乎!

设计意图	1. 为婴幼儿创设劳动的环境,让婴幼儿感受劳动的乐趣。 2. 指引家长指导孩子学习使用劳动工具的方法,掌握简单的技能。 3. 指引家长树立正确的教育观念,为婴幼儿创造劳动的机会。(如:教孩子扫地、穿衣、穿鞋等,先让孩子看大人怎么做,边示范边耐心细致地给他讲解操作要点和注意事项,然后手把手地教,再逐渐放手让他独立操作。珍惜孩子每次有益的尝试,以鼓励表扬为主,孩子每做好一件事,应及时给予肯定和鼓励。如:给他一个微笑、拥抱一下或说声"谢谢""干得不错"等都可以使孩子感到高兴和自豪,体验劳动的愉快,激起再劳动的欲望。当他失败的时候要安慰他没有关系。在满足宝宝好奇与学习的动机时,安全问题不容忽视。如:不让孩子自行取危险物品,父母要替孩子拿。逐步教会孩子正确的使用方法和动作,以确保安全。)
实景图	

精选案例之 18　　亲子交往环境创设

活动依据	婴儿生来就有从别人那里寻求回应的需求,他们具有发出信息和乐于接受母亲回应的本能,这种最初的与父母进行的双向交流是一切社会交际的基础。随着宝宝年龄的增长,他们活动和交际的范围逐渐扩大,2~3岁的孩子从家庭走向亲子园,可以接触到班里的家长和同伴。这一阶段是宝宝社会交往态度与社会交往能力形成的重要时期。这一时期的孩子想要独立,很想和别人分享玩具或其他东西,但在玩时却又经常充满敌意,总想把自己的意愿强加于人。家长要趁机教宝宝基本的社交礼仪,如要尊重别人的所有权,和别的孩子有矛盾要用温和的方式解决,及时表扬孩子为此做出的努力。

	到3岁时,宝宝变得更独立了,更能容纳别人了,当别人痛苦时,他有同情心,能和别的宝宝及大人建立起友谊。教师可以在班级里为孩子们营造交往的环境,如:"找朋友""划龙舟""玩纸箱""交换玩具"等合作游戏,还可以把交往范围扩展到校园外,如:到公园里开展亲子游戏,参观蛋糕厂等,让孩子亲近大自然的同时,接触不同的人和事物,体验到交往的乐趣。
设计意图	1. 在交往活动中让孩子学习基本的礼貌用语:"你好""请""谢谢"。 2. 让孩子体会与人交往的乐趣,增强同伴意识。 3. 指引家长为孩子创设交往的环境,让孩子在交往中享受愉悦,丰富交往体验。 　　(在家某个角落创设娃娃家,家庭成员一起扮演角色,让婴幼儿学习交往;家里来了客人时,引导孩子主动迎接,自我介绍等。家长要及时给予肯定,这样有利于孩子形成自信;多给宝宝提供与别的孩子交流的游戏(如团体游戏)机会及各种有助于多个小朋友一起玩的玩具,及时表扬他(她)与别人和谐相处和分享玩具的行为。多玩一些要把东西给别人的游戏,从中学会与别人共享。带孩子去固定的商店,找固定的营业员买东西、聊天,教他(她)向营业员问好。逐渐扩大孩子的"社交"圈子,带他(她)到人多的场所。)
实景图	

亲子表演环境创设

活动依据	在与家长的接触和交谈中了解到家长有这样的要求：希望老师多请孩子发言，给孩子表现自己的机会，让孩子增加自信。这说明家长们很在乎自己的孩子是否有自信心。自信心是指个体对自身行为能力与价值的客观认识和充分估计的一种成功体验，是一种健康向上的心理品质。自信心是个性结构中起驱动作用的重要因素，直接影响着个性的健全发展。无论在智力、体力还是处世能力上都起到奠基作用。我国的早期家庭教育受传统教育思想影响，在一定程度上束缚了孩子自信心的发展，不利于其成长。一般认为：只有先体验到成功，婴幼儿才容易增强自信心。如何使婴幼儿获得成功感，从而增强自信呢？为此，深圳实验幼儿园的老师借助一年一度的"艺术节""合唱节"等重大活动，为孩子们创设展现自我、培养自信的舞台。
设计意图	1. 为婴幼儿创设展现才能的舞台，培养孩子大胆地表现自己的能力。 2. 在活动中感受表演的快乐，体验成功，增强自信心。 3. 引领家长积极为孩子提供各种锻炼的机会（讲故事、动手做事等）。
实景图	

亲子体育活动环境创设

活动依据	生命在于运动，早在胎儿期，小生命居住在母亲的子宫里，时而伸臂，时而蹬腿，时而转身翻动，似乎就在不断地运动。著名的意大利儿童教育专家蒙台梭利认为："运动对儿童极其重要。通过运动，他对客观环境产生影响，这不仅仅是一种自我表现，而是意识发展必不可少的因素。运动是使自我跟客观现象相关的唯一真正途径。也是智力、情感等发展的基本要素。"由此说明，运动对于0～3岁婴幼儿发展极具重要性。2～3岁的孩子更喜欢进行全身运动，他们还喜欢到室外玩。他们充满好奇心，会花很多时间去看、观察和模仿。他们整天忙于探索自己的世界。这一时期的幼儿对完善运动技能很感兴趣，对他们来说，花整个上午滑滑梯或骑心爱的儿童三轮车是不足为奇的事情。老师应当为宝宝们创设运动的环境和条件，激发孩子们的运动潜能，满足他们的心理需求。如：在大型玩具区域设置秋千、滑梯、攀爬网、滑板车以及运动场上的皮球、摇摇车，在操场开展大型的亲子运动会等。

设计意图	1. 为婴幼儿创设运动的环境和条件,激发其运动潜能。 2. 感受运动所带来的快乐,培养婴幼儿勇敢顽强的精神。 3. 引领家长为孩子提供运动的机会(亲子一起玩可以发展精细动作的游戏,如:使用剪刀;发展大动作的游戏如:走、跑、跳、骑童车、游泳等)。
实景图	

2~3岁婴幼儿身体运动活动设计与指导

一、身体运动发展概述

(一) 什么是身体运动发展

根据美国著名的心理学家、教育学家霍华德·加德纳的多元智能理论,身体运动智能是指个体能有效地控制自己的身体,使其能平衡、协调而且灵活地运动,并能自如地运用自己的身体,通过肢体动作来恰如其分地表达自己的思想、情感和观念,而且能用自己灵巧的双手对一些小物件进行熟练的操作,即这种智能包括大肌肉、小肌肉两种动作技能。

(二) 婴幼儿身体运动发展的内涵与重点

伴随速度的增加、协调性的发展,2~3岁婴幼儿的身体运动能力不断发展,他们越来越感到运动的舒适感,开始进行向前跑、双脚一起跳、单脚站立(外界帮助)、用脚尖走路,甚至可以踢球等。

需要注意的是,不论何种锻炼活动都要遵守婴幼儿体能发展的顺序。2~3岁婴幼儿主要是粗大动作的发展。对2~3岁婴幼儿体能训练的重点应放在基础姿势和大动作的发展上,保证运动的时间和适当的强度,不必要求多高的技能和技巧,达到提高体能及整体身体素质就行了。

监护人应积极创造机会鼓励孩子进行户外运动,帮助孩子练习基本运动技能。美国心脏协会建议:2岁以上的儿童每天应参加至少30分钟令人愉快、中等强度的身体活动。美国国家运动与健康教育协会在身体活动一项中建议:在学龄前儿童时期,应该鼓励儿童通过各种各样的身体活动方式来练习和掌握运动技巧。

(三) 婴幼儿身体运动发展的作用

动作的发展是个体发展的基本条件和基本要求,对处于生长发育关键期和高峰期的婴幼儿来说,它的作用显得更为重要。婴幼儿基本的动作能力得到发展,他们才能利用动作、感知主动探究世界,通过自身获得经验和能力的发展。动作发展对幼儿的大脑发育、社会适应性能力的培养等各方面发展也有着积极的促进作用。

1. 提高身体素质,增强基本活动能力

运动本身需要大量氧气,经过锻炼,人的供氧能力会越来越强,耐受能力也会增强,肺部将得到锻炼。通过一定量的跑、跳、拍、踢的训练,人的肌肉得到协调发展,关节、骨骼也在不同程度上得到提高,身体素质提高,基本活动能力也增强,力量、速度、耐力等增强了,动作也会更加灵活。

2. 提高婴幼儿对外界的适应力(包括生理和心理)

参加体能锻炼,接触自然条件,特别是阳光、空气等,都有利于婴幼儿增强抵抗力。体能锻炼使幼儿更能在心理上适应社会环境。在锻炼中,婴幼儿与同伴及成人相互之间的交往,增进了友谊,也锻炼了意志力和自信心。体能锻炼后幼儿会具有良好的精神状态,充满活力,具有积极的情绪。

3. 促进智力发展

不同性质的动作会给大脑神经提供不同的刺激,在体能锻炼中,对运动场地的空间大小、方位与同伴距离等,需要幼儿注意自己的动作是否协调和安全。体能活动中,婴幼儿的观察力和感知能力也在不断发展。体能锻炼还能促进幼儿思维能力发展,除了模仿老师动作,幼儿还需要思维指导反复练习。运动与人脑的发展和智力发展也是休戚相关的。

4. 有助于培养性格趋向,如勇气、自信、耐心、注意力等积极品质

动作的发展可以培养幼儿良好的生活习惯和正确的生活态度,如遵守游戏规则、相互合作、完成任务等。

二、2～3 岁婴幼儿动作发展活动设计

(一) 目标设计

目标设计主要考虑几个方面:

1. 发展基本动作,促进身体运动能力发展;

2. 促进良好情绪体验及社会性发展,如团体合作、亲子共乐、克服困难等;

3. 让婴幼儿在活动中体验与人合作,逐渐学习规则,培养良好的游戏习惯等。

教师要根据不同年龄段婴幼儿的大体发展水平,设置基本目标,并留有一定的挑战空间。

(二) 内容设计

2～3 岁婴幼儿身体运动能力发展主要包括身体协调性、平衡能力、体育技能、动作模仿能力、利用身体拓宽认识范围的能力、控制身体随意动作和规定动作的能力、手工和动手技巧能力等。

本章中精选的案例,既包含了针对 2～3 岁婴幼儿基本动作技能如跑、跳、钻爬、平衡、投掷等训练的活动,也有利用常见的教玩具来训练多种运动能力的综合活动。

(三) 方法设计

1. 设置趣味的情境性游戏,将运动融于游戏中

2～3 岁婴幼儿喜欢具有生动趣味形象的事物,对他们进行体能训练需要设置有趣的游戏情境,将2～3 岁婴幼儿喜闻乐见的一些角色与形象如小兔、小猪、小老鼠等,结合一些趣味的情景,如小兔采蘑菇、猫捉老鼠、小猪滚西瓜等,激发孩子参与的兴趣,让他们享受运动的乐趣。将基本动作练习、身体运动活动融于游戏中,更能激发他们参与的兴趣,体验到完成任务的成就感。

2. 充分利用体育器械或生活材料,一物多玩激发兴趣

在设置趣味的情景同时,注重体育器械的使用,如平衡木、爬行垫、塑料圈等,尤其重视从生活中发掘常见、好玩的材料,一物多玩来训练孩子的身体运动能力。运用球、毛巾毯、报纸、彩虹伞、彩带等家庭中或早教机构中常见的材料,既可以让孩子与熟悉的材料进行互动,也利于在家庭中进行延伸活动。

3. 自由活动与有组织的活动相结合

适宜的儿童活动应该包括自由玩耍和有组织的活动。孩子以自己发明的游戏及游戏规则玩的时候就是自由玩耍。成人也应鼓励儿童参与有组织的身体活动,他们的能力并不是最重要的,最重要的是参与到有趣的活动中去,从而促进他们的健康。儿童不应被强迫去参加锻炼,相反我们设计的运动应该是令人兴奋和充满吸引力的,能让孩子们在运动中充分地享受乐趣。

(四) 流程设计

1. 热身运动:在进行较剧烈的运动之前,需进行适当的热身运动,活动各主要关节,减少运动伤害。

2. 导入情境：设置充满趣味的情景,激发婴幼儿参与活动的兴趣。

3. 基本动作练习、示范：针对一些需婴幼儿或监护人掌握的动作进行说明、示范,进行简单练习。

4. 主要游戏环节：设置数个环节,循序渐进进行。

基本遵循由浅入深,循序渐进的原则。每个流程都以游戏的形式进行,一直让宝宝保持参与的兴趣与良好的体验。

(五) 对监护人的指导设计

1. 活动前或活动中简要说明活动或各环节的目标,包括活动内容、宝宝发展水平以及该活动对促进宝宝发展的意义。

2. 活动中则适时提出对监护人的要求,如观察了解宝宝运动水平、注意保护宝宝的安全、适当提醒孩子遵守游戏规则。

3. 充分发掘监护人的资源,请家长充当助教,教师可以有更多时间和精力针对个别及时给予指导,也可以让监护人体验到亲子同乐和运动的乐趣。

三、2～3岁婴幼儿动作发展活动的监护人指导

(一) 指导重点

1. 了解2～3岁婴幼儿动作发展特点与需要,了解宝宝的发展水平,能掌握相应的方法进行适当的训练与干预。

2. 掌握一些有效的方法可以应用于家庭中。

3. 积极创造机会鼓励孩子进行户外运动,帮助孩子练习和掌握基本运动技能。

(二) 应注意的问题

1. 重视婴幼儿在运动中的安全。

2. 动静交替,劳逸结合,防止过度疲劳。

3. 让监护人重视婴幼儿在运动中的愉快体验,培养幼儿的良好习惯,不要过分注重运动技巧。

精选案例之21 体育游戏活动：报纸变变变

适用年龄范围		活动形式	活动设计
2～3岁		集体	吴松蕾
活动目标	宝宝	1. 发展跑跳、躲闪和抛接等动作技能,激发其参加体育活动的兴趣。 2. 提高动作的敏捷性、协调性和反应能力。	
	家长	1. 指导家长积极参与到活动中来,引领宝宝想出各种玩报纸的方法,增强亲子之间的情感交流。 2. 体会亲子游戏时的和谐愉悦。	
活动准备	1. 知识经验准备：喜欢参加户外活动,熟悉报纸,对报纸的特征有一定的了解。 2. 教具准备：(1)废旧报纸若干,用报纸拧好的长80 cm的大尾巴1根,用报纸拧好的短尾巴若干根；(2)篮子或小桶若干个；(3)平整、宽敞、无障碍的场地；(4)较激烈的活动音乐。			

续表

活动依据	2～3 岁的宝宝能平稳地走和跑,自信地快跑,具备了一定的跑跳运动技能,但仍然是平脚板,并且不能控制方向、速度,且停下来时的速度控制也不会很稳,会主动避开障碍物,但动作仍不是很灵活。 　　报纸,日常生活中随处可见,报纸除了可以看,还可以成为宝宝们喜爱的游戏材料! 找出一些旧报纸,设计"报纸变变变"趣味性的活动,不仅可以培养宝宝动作的敏捷性和反应能力,同时也可加深亲子之间的情感,让宝宝在感受快乐的同时,各项技能也得到较好的发展。
活动流程	热身运动→练习玩"报纸"→学玩"踩尾巴"的游戏→小结→放松运动:孙悟空打妖精

指导宝宝	指引家长
一、热身运动(3 分钟) 　　跟着音乐一起做动作"小老鼠上灯台"。 　　提问:小老鼠是怎样偷油吃的? 　　家长和宝宝一起听音乐,和老师一起玩音乐游戏"小老鼠上灯台",听到猫叫声立即蹲下。	以音乐游戏作为活动的开始部分,不仅活动了宝宝身体的各个关节,也能更好激发孩子参与活动的兴趣。
二、练习玩"报纸"(10 分钟) 　　自由学习各种玩报纸的方法(放音乐)。 　　家长与宝宝一起进行,家长用自己的激情去鼓励、感染宝宝积极地参与到活动中来! 　　建议玩法:1. 揪尾巴(家长舞动大尾巴去揪宝宝塞在裤腰后的短尾巴,宝宝边逃边躲闪,直到被揪住尾巴);2. 踢小球(家长把双脚当球门柱,宝宝把纸球往球门里踢,或宝宝用双脚当球门柱,家长把纸球踢进球门);3. 抛接球(宝宝将报纸揉成球,向空中自抛自接,或抛到家长手中的小篮子或小桶里);4. 平铺(将报纸平铺在地上,宽度要适合宝宝跳跃的宽度)。 　　注意事项:1. 宝宝在场地上追逐时要提醒宝宝注意身边其他小朋友,不要靠得太近,避免相互碰撞。 　　　　　　　2. 鼓励宝宝大胆尝试,积极参与。	家长积极主动参与到活动中来,重点指导宝宝躲闪动作的技能,如在揪尾巴的游戏中就是一个很好的体现,另外引导宝宝继续发挥想象,想出更多玩报纸的方法。
三、学玩"踩尾巴"的游戏(5 分钟) 　　游戏介绍。 　　情景:大家都知道,狐狸最爱吃鸡了,这不,它又拖着它那条长尾巴出来偷鸡了,我们去抓它好吗? 记住,只要你看到了狐狸的尾巴,就用脚踩住它,这样,它就跑不掉了。 　　游戏玩法: 　　宝宝和家长一起游戏。家长把报纸揉成 1 个纸球,用绳子系在腰间,宝宝在后面用脚踩纸球。(根据老师的音乐的音量大小来控制宝宝的快走和慢走)	家长和宝宝一起去踩人的"尾巴",在奔跑时注意孩子的安全。 　　家长可适当地让宝宝成功几次,增强孩子的自信心。
四、小结 　　宝宝们真能干,连那么狡猾的狐狸都被你们抓住了,真了不起!	
五、放松运动:孙悟空打妖精(2 分钟) 　　老师假装成唐僧,小朋友和家长当妖精,唐僧坐在前方念经,孩子与大人手持纸棒过来,老师一回头,"妖精"便定住不动。	家长和宝宝当"妖精",当看到"唐僧"一回头,马上定住不动。

续表

活动延伸	1. 家长在家通过游戏有意识地培养宝宝阅读报纸的习惯,如:与宝宝一起观看报纸上的图片后,家长描述,让宝宝快速找到相应的图片。 2. 家长与宝宝找出家中废旧的报纸继续进行如挺胸运纸或顶报纸等游戏。
活动评析	报纸随处可见,设计"报纸变变变"的体育活动,可以帮助宝宝在探索、实践中了解废旧报纸的多种玩法。不仅感受到了活动带来的乐趣,增进了亲子之间的情感交流,同时对提高宝宝动作的敏捷性和反应能力都有一定帮助。

精选案例之 22　　体育游戏活动：堆小山

适用年龄范围	活动形式	活动设计
2～3 岁	集体	吴松蕾

活动依据		2～3 岁婴幼儿已经具备用手臂举起物体从肩上投掷、向杯中倒水时控制流量、两手配合做事的能力。 　　沙子是宝宝们非常喜欢玩的一种材料,是以沙土为基本材料进行建构和构想,通过手的操作及成品创造性地反映对周围事物印象的一种活动,并且沙子有流动性,踩上去会下陷,从沙堆高处又可滑下,特别是当抓起一把沙时,指缝中沙粒流动会给婴幼儿一种特殊的感受。婴幼儿通过铲沙子,既锻炼了手的精细动作和肌肉的力量,又对小桶(容器)与沙子(内容物)之间的关系有了初步理解,进一步发展了婴幼儿对空间关系的认识能力。
活动目标	宝宝	1. 通过空气、日光和水来锻炼身体,增强身体的抵抗力。 2. 掌握铲沙、倒沙、拍打沙子的技能,增强其手臂和下肢的力量。
	家长	1. 指引家长与孩子进行有效沟通,增进亲子之间的情感交流。 2. 提升家长激发孩子玩沙的兴趣,分享孩子在游戏中的喜悦。
活动准备		1. 知识经验准备:宝宝对沙子的特点有初步的了解和认识。 2. 教具准备:(1)每人一只塑料小桶、小铲;(2)亭台模型、树叶、花草等若干;(3)较舒缓的活动音乐。
活动流程		练习玩"沙子"→学玩"堆小山"的游戏→小结→结束活动

指导宝宝	指引家长
一、练习玩"沙子"(5—6 分钟) 　　教师提出要求:玩沙子时注意不要扬沙,当沙子不小心进入到眼睛时不要用手去擦拭眼睛。 　　家长协助宝宝:1. 活动前,家长帮宝宝将衣袖卷起,最好穿上短裤、背心。2. 提醒宝宝不要扬沙,以免沙子进入到自己或他人的眼睛里。3. 鼓励宝宝大胆尝试,积极参与活动。 **二、学玩"堆小山"的游戏(放音乐)** 　　游戏介绍。 　　情景:有一只小骆驼最喜欢在沙漠里玩,而且他还特别喜欢用沙子做出各种各样的造型,比如说堆出一座小山,在小山上挖个洞。(教师做示范并提醒宝宝和家长,如果沙子较干可以加入一些水)	🐳 温馨提示:不要担心宝宝的手脏、脚脏,玩沙不仅锻炼了宝宝手的精细动作和肌肉的力量,而且空气、日光和水对增强宝宝的身体抵抗力很有帮助。 🐳 家长与宝宝一起玩,要表现出热情,激发宝宝玩沙子的兴趣。

续表

活动过程	游戏开始： 　　家长和宝宝一起将微湿的沙一铲一铲地装入小塑料桶内,然后一桶一桶地堆成小山,再用小手或塑料铲将堆起的沙山敲打结实。 　　游戏建议： 　　小山堆好后,可以在小山上挖个山洞,搭座桥,插上树叶等,将沙山堆砌成一座沙雕,然后再给作品拍照。 　　注意事项：如果沙土过干,用水洒湿,方便幼儿堆沙雕。 三、小结 　　今天宝宝真能干,连骆驼会的本领我们都学会了,我想那只小骆驼一定也喜欢到我们的沙池里来玩! 四、结束活动 　　宝宝与家长一起收拾好沙具。 1. 在收拾沙具时做到分类分筐摆放。 2. 离开沙池时要将小脚拍一拍,小手轻轻地拍拍,不要将沙子带出沙池。 3. 宝宝在洗手、洗脚时不要太长时间,以免感冒。	家长应多鼓励婴幼儿自己堆出小山,和宝宝一起装饰小山,在宝宝玩沙时,不要因担心宝宝弄脏了衣服或头发而过多地约束宝宝,可在宝宝玩好后,要求宝宝及时洗手。 　　家长同宝宝一起完成结束工作,提醒宝宝不要将沙子弄得满地都是。
活动延伸	家长应充分利用社区资源,丰富宝宝的玩沙经验,满足宝宝对沙子的好奇心和探索欲望。	
活动评析	玩沙活动与婴幼儿生活接近。给宝宝准备充足的辅助材料,如：小树枝、木板等。激发宝宝的建造兴趣,丰富主题情节,引导宝宝"玩"出更高水平,此活动满足了宝宝玩沙的兴趣,同时让宝宝享受到了"三浴"①的锻炼,对于手臂和下肢的力量、呼吸、循环及新陈代谢都有良好作用。	

精选案例之 23　体育游戏活动：给小动物送水

适用年龄范围		活动形式	活动设计
2～3 岁		集体	吴松蕾
活动目标	宝宝	1. 训练手臂提物走的技能,增强手臂的力量。 2. 提高手脚的灵活性和协调性,激发对户外活动的兴趣。	
	家长	1. 指引家长与孩子有效沟通,增进亲子之间的情感交流。 2. 家长能以一份关心他人的情感方式去感染孩子。	
活动准备		1. *知识经验准备*：能在身体一侧用单手提起水桶。 2. *教具准备*：(1)小水桶(每人一个),大塑料水桶 8 个(4 个盛满了水、4 个空的),盛水的塑料勺四个；(2)空纸盒若干个；(3)平衡木板若干块；(4)平整、无障碍物的户外运动场或走廊,大小约 40 m²。	

---

① "三浴",是指阳光浴、空气浴和冷水浴。

活动依据	2～3岁的宝宝,已具备了一定的动作技能,也喜欢参与到大人的生活中来,但手臂的力量却还有待增强,"给小动物送水",针对宝宝情感及身体技能发展的需要,通过给幼儿提供适宜的环境材料,让宝宝在日常生活劳动中形成爱劳动、关心他人、有责任心的社会性行为,既提高了活动的趣味性,又达到了锻炼手臂提物走的技能,增强了手臂的力量。	
活动流程	热身运动→练习"提着空桶过小桥"的动作→学玩"给小动物送水"的游戏→小结→放松运动:我们都是木头人	
	指导宝宝	**指引家长**
活动过程	**一、热身运动** 　　跟着音乐一起做动作"看样学样"。 　　宝贝们,让我们随着音乐一起动起来! **二、练习"提着空桶过小桥"的动作** 　　情景:森林里好长时间没下雨了,小河、池塘都没有水了,小动物也口渴了,需要我们给它们送些水去,可是水太少了,为了确保在运水的过程中不把水洒出来,我们现在就要练好本领,像老师这样(教师做示范),如果水比较多还可以找大朋友帮你一起运。 　　注意事项:1. 要求宝宝在练习时动作不要过快,尤其在跨越纸盒时更要放慢速度。 　　　　　　　2. 提醒宝宝不要违反规则,不要拥挤、踩踏。 **三、学玩"给小动物送水"的游戏(放音乐)** 　　游戏介绍。 　　情景:刚才老师发现我们的宝宝在练习的时候都非常认真,这下我可以放心了,现在我们就去给小动物送水吧,它们现在都等不及了! 　　第一次:单人过桥送水,宝宝每人手持1个小水桶,一个接一个地在起点处从大水桶里盛一勺水倒入自己的小水桶里,用单手提起水桶,从场地上放置的平衡木板上走到场地对面的空塑料桶处,将小水桶里的水倒入大塑料桶内。 　　双人送水:在送水过程中,宝宝要跨过纸盒摆成的障碍,家长帮助其保持平衡。 **四、小结** 　　谢谢宝宝们,因为你们的帮助和努力,让森林里的小动物们都喝到了水!谢谢你们了! **五、放松运动:我们都是木头人** 　　刚刚经历了一场激烈的运水活动,现在就让我们来放松一下,玩个游戏吧!游戏的名字叫"木头人",大家和我一起边走边说:"一不许哭,二不许笑,三不许露出大门牙,四不许趴在地板上。"当说到"地板上"后摆出一个自己最喜欢的造型不动,看谁坚持的时间长。	🚢 家长和宝宝一起做动作。 🚢 宝宝在练习的过程中家长要鼓励宝宝积极参加活动,提醒宝宝不要违反规则,不要拥挤、踩踏。 🚢 家长用积极的语气去感染和鼓励孩子,要求宝宝在盛水、运水和倒水时都要小心,不要把水泼洒在地面或自己和同伴的身上。 🚢 家长和宝宝一起参与活动,感受活动带来的快乐。
活动延伸	1. 家中有盆栽的宝宝可以让其提着小桶给花草浇浇水。 2. 在生活中,家长可以有意识地让宝宝参与到一些他们力所能及的活动中来,如给家长拿衣服、水桶或洗洗小手帕等。	

续表

活动评析	节约水资源,从娃娃抓起,在玩的基础上,培养宝宝关心他人、爱劳动等良好品质,同时使宝宝极大地体验到帮助他人的快乐。在活动中与家长分享游戏的喜悦,增进亲子之间的情感交流。

精选案例之 24　体育游戏活动：滚皮球

适用年龄范围	活动形式	活动设计
2～3岁	集体	吴松蕾

活动目标	宝宝	1. 训练运用走、跑、蹲和站等动作,增强腿部、腰腹和手的力量。 2. 提高各基本动作的协调性,激发对活动的兴趣。
	家长	1. 指引家长全身心地参与到活动中来,增强亲子之间的情感交流。 2. 提升家长对培养幼儿进行各种玩球技能的意识。

活动准备	1. *知识经验准备*：宝宝对球有一定的认识,愿意和家长一起参与活动。 2. *教具准备*：大皮球、无障碍的平整场地(约 40 m²)、活动音乐、猪头饰一个。

活动依据	2～3岁的宝宝已能用脚踢球,举手抛掷等,但手指、手掌、手臂等部位的肌肉力量还比较小,身体的协调性和手腕的灵活性还处在发展中。 　　此次活动设计能有效地增强幼儿手指、手掌、手臂等部位的肌肉力量,提高手腕关节的灵活性,发展双手动作的协调性、准确性和视觉运动的能力。宝宝和家长一起参与活动,在感受快乐的同时,也能逐步增强宝宝手部肌肉的力量及灵活性。

活动流程	热身运动→练习玩球→学玩"小猪滚西瓜"的游戏→小结→放松运动：开火车

	指导宝宝	指引家长
活动过程	**一、热身运动(2分钟)** 　　跟着音乐一起做"看样学样"的动作(点头、伸手臂、体转、踢腿、跳跃等),家长和宝宝一起认真随老师做动作。 **二、练习玩球(10分钟)** 　　幼儿与家长练习各种玩球的技能(放音乐)。 　　1. 滚球接球：家长和孩子面对面站立,中间相隔 3 m,以家长为目的地,幼儿手不离球,蹲下来边走边将球滚到家长处,当距离家长1 m左右时宝宝站起来将球抛给家长。家长要在宝宝对面不断鼓励宝宝 　　2. 踢球追球：家长踢球,宝宝追逐家长踢出去的球,家长注意不要将球踢得过远,以免让宝宝失去信心。 　　注意事项：1. 宝宝在场地上追球时要提醒宝宝追回自己的球,不可以去抢他人的球,另外,不要跑得太快,以免摔倒或碰到他人。 　　　　　　　2. 让宝宝大胆尝试,积极参与到活动中来。 **三、学玩"小猪滚西瓜"的游戏(放音乐)(5分钟)** 　　情景：小猪们,猪妈妈种的西瓜大丰收了,快帮猪妈妈把西瓜运回家	🐟 此项运动能有效地活动宝宝身体各个关节,以免在下面的活动中扭伤。 🐟 提示家长,充分利用玩具的特点,想出更多的玩法,在宝宝不知不觉中提高宝宝的创造性。

活动过程	吧,小心不要把西瓜摔坏了哦,来,我们这样运西瓜(老师做示范),看谁第一个将西瓜运回家。 　　家长和宝宝一起推球,边推边和孩子一起喊"加油",游戏成功后将宝宝高高举起,让其感受游戏带来的快乐与成功感。 　　注意事项:1. 宝宝滚球时要用手推,不能用脚踢,皮球不能离开地面。 　　　　　　2. 听口令行动,不可以自己随意行动。 **四、小结** 　　小猪们不怕苦不怕累,这么快就帮猪妈妈把西瓜运回家了,个个都是好样的,猪妈妈太高兴了! 谢谢你们! **五、放松运动:开火车(2分钟)** 　　猪妈妈今天太高兴了,想带宝宝们坐火车去旅行,宝宝们想不想去啊? 那就上车吧!(一个跟着一个拉好衣服学做小火车)	🐟 游戏成功后会给宝宝带来无限的成就感,家长的热情不仅能大大地激发孩子进行游戏的热情,同时也给了宝宝无限的力量! 🐟 家长也融入到活动中来,一个家长一个宝宝一起开火车。
活动延伸	1. 利用小区周边的环境,指引宝宝观察哪些东西是像球一样圆圆的,加深宝宝对事物的认识。 2. 家长带宝宝到户外活动时也可进行一些有关球的运动,如抛接球、踢球等,加深亲子之间的情感交流。	
活动评析	兴趣和需要是幼儿参与游戏的出发点,由于年龄特点的原因,宝宝喜欢抱着皮球玩,游戏"滚西瓜",宝宝滚着"西瓜"跑向指定地点行走,会让他们乐此不疲。滚皮球,不仅锻炼了幼儿滚球的能力,协调了四肢的配合,同时,增强了宝宝在游戏中的规则意识。	

🎈 **精选案例之 25**　**体育游戏活动:老鼠笼**

适用年龄范围		活动形式	活动设计
2~3岁		集体	吴松蕾

活动目标	宝宝	1. 训练蹲、站和钻等动作技能,增强下肢和腰腹部的力量。 2. 愿意参与游戏,体验游戏带来的快乐。
	家长	1. 指引家长与孩子有效沟通,愿意与同伴互换角色。 2. 提升家长对孩子进行听游戏规则的意识与能力。

活动准备	1. *知识经验准备*:活动前教家长和孩子熟记儿歌:老鼠老鼠坏东西,偷吃粮食偷吃米,我们搭个老鼠笼,"咔嚓"一声抓住你。 2. *材料准备*:老鼠头饰(两人一个)、平整的室内或室外场地(大小约20 m²)、活动音乐。

活动依据	2~3岁的孩子喜欢做钻和蹲的动作,能听音乐节奏做某些模仿性动作等,大胆地参加体育活动,"小老鼠"幼儿既熟悉又喜欢,设计"老鼠笼"的活动,既形象、生动,趣味性也高,可让宝宝加强蹲和钻的运动技能,在感受快乐的同时,逐步培养宝宝与人合作的意识。

活动流程	热身运动→复习儿歌→学玩"老鼠笼"的游戏→小结→放松运动:老猫回头不许动

	指导宝宝	指引家长
活动过程	**一、热身运动(3分钟)** 　　跟着音乐一起做动作"小老鼠上灯台"。 　　提问:小老鼠最喜欢吃什么呢? 　　家长和宝宝一起听音乐,和老师一起玩音乐游戏"小老鼠上灯台",听到猫叫声立即蹲下。 **二、复习儿歌、练习蹲的动作(5分钟)** 1. 提问:① 为什么说老鼠是个坏东西? 　　　　　② 有什么办法可以抓住老鼠呢? 　　　　家长引导宝宝说一说,看谁说多多,在孩子一时答不上来时,家长可以补充。 　　引出儿歌:老鼠老鼠坏东西,偷吃粮食偷吃米,我们搭个老鼠笼,"咔嚓"一声抓住你 2. 幼儿与家长分成几个小组,手拉手边走边齐声念儿歌,当念到"抓住你"时,快速蹲下,看哪组的"老鼠笼"搭得又快又好。 **三、学玩"老鼠笼"的游戏(10分钟)** 　　会听信号做出相应的蹲和钻的动作。 　　游戏介绍。 　　情景:小朋友知道老鼠今天夜里又要来偷吃米了,所以早早地就把老鼠笼给搭好了,正等着老鼠钻进来呢! 　　玩法:家长做老鼠笼手拉手围成一个圆圈,宝宝做老鼠,当扮演老鼠的幼儿在圈里走来走去,扮演老鼠笼的家长念儿歌,当念到"咔嚓"时,手拉手做扑鼠笼的家长马上蹲下,把钻入圈内的幼儿关在圈内,被关入笼内的幼儿和做扑鼠笼的家长互换角色,游戏重新开始。 　　此项游戏也可分成两组同时听信号进行,家长做老鼠,宝宝做老鼠笼,看哪组的宝宝抓到的老鼠最多。 **四、小结** 　　今天做老鼠笼的宝宝很厉害,做老鼠的也很狡猾,合作得非常好。 **五、放松运动:老猫回头不许动(2分钟)** 　　我们现在来玩个放松游戏,老师现在是老猫,老猫在前面边走边说"老猫回头不许动",老鼠跟在后面,当听到"动"时,老猫一回头,老鼠们就不许动了,一动老猫可就发现它了!	🐟 以音乐游戏作为活动的开始部分,不仅活动了宝宝身体的各个关节,也更好地激发了孩子参与活动的兴趣。 🐟 其作用主要是增强下肢和腰腹部的力量,提高动作的敏捷性。 🐟 此项游戏不仅锻炼了宝宝蹲站的技能,同时更有效地培养了宝宝听信号的能力。 🐟 家长和宝宝一起做小老鼠,听到"动"时老鼠们就不许动了,感受活动带来的快乐。
活动延伸	1. 利用多媒体或其他资料查阅小老鼠的种类和基本的生活习性,加深对小老鼠的认识。 2. 家长在家可与其他家庭成员与宝宝继续同样的游戏,引导宝宝与他人互换角色。	
活动评析	宝宝喜欢这个有点聪明、又有点坏的"小老鼠",喜欢里面的角色。尤其当被关在老鼠笼里的那一段,开心不已,仿佛真的置身其中,家长更是欢喜,活动形象直观,趣味性强,不仅让我们感受到了活动带来的乐趣,同时加深了这个年龄阶段宝宝与人合作的意识。	

精选案例之 26　体育游戏活动：送礼物

适用年龄范围	活动形式	活动设计
2～3 岁	集体	吴松蕾

活动目标	宝宝	1. 掌握平衡的技能,加强脚掌的肌力。 2. 提高平衡能力,激发宝宝对体育活动的兴趣。
	家长	1. 指引家长与孩子有效沟通,分享游戏的喜悦,增进亲子之间的情感交流。 2. 家长能以积极、鼓励的神情去感染孩子。

活动准备	1. 知识经验准备:能单腿站立 4 秒钟。 2. 教具准备:(1)用泡沫块或硬纸板剪成 20 cm 长、10 cm 宽的大脚印 40 个,并涂上鲜艳的颜色;(2)一封生日邀请信、小礼物(每人 1～2 个)、小白兔的家;(3)空旷平整的室内场地、走廊或操场,活动音乐。

活动依据	2～3 岁的宝宝基本的肢体动作已经比较完善,但平衡技能还有待加强,在平时户外活动中,我们发现这个年龄段的宝宝很喜欢用脚去踩各种各样的东西,我们何不利用他们这种贪玩的天性,提供各种各样不同颜色的材料,让他们在踩踩玩玩中掌握平衡的技能呢!"送礼物"这个活动不仅提高了宝宝的平衡力而且加强了宝宝脚掌的肌力,对亲子之间的情感交流也有一定的促进作用。

活动流程	热身运动:做赤脚操→练习"平衡"的动作→学玩"送礼物"的游戏→小结→放松运动:我们都是木头人

活动过程	指导宝宝	指引家长
	一、热身运动:做赤脚操 　　(放音乐,老师与幼儿一起做赤脚操)老师念儿歌:"小猫赤脚走路静悄悄,小熊赤脚走路咚咚咚,小兔走路蹦蹦跳……" **二、练习"平衡"的动作** 　　给每个家长两块脚印板,宝宝光脚踩在"脚印"上行走。 　　注意事项:1. 脚印之间的距离不要太大,要适合宝宝所迈步伐的大小。 　　　　　　　2. 宝宝要间隔着出发,这样可以有效地控制距离。 **三、学玩"送礼物"的游戏(放音乐)** 　　游戏介绍。 　　情景:我这里有一封小白兔寄给我们的信,小白兔说今天是它的生日,邀请我们大家一起到它家过生日。我们每个人都要带一件礼物送给它哦!(每名幼儿手拿 1 个小礼物) 　　瞧,河对岸是小白兔的家,河上没有桥,你要跟着我,踩着我的脚印过河哦,老师手里拿着 15～20 个彩色脚印板,每前进一步放 1 个,脚印板之间的距离不宜过大,整体放置成连续的 S 形。 　　宝宝上岸后把手中的小礼物放在小白兔的家周围后,再跟随教师走到河边,教师手里再拿着 15～20 个彩色脚印板,每前进一步放 1 个,放完 15～20 个"脚印"后,回到家。	🌊 家长和宝宝一起光脚做动作 🌊 家长提醒宝宝注意看前面的脚印,不要左顾右看,在摆放时注意距离,适合孩子迈步。 🔵 家长在场地的另一端给宝宝加油,用积极的语气去感染鼓励孩子。 🌊 家长和宝宝一起参加活动,感受活动带来的快乐

活动过程	游戏规则：1.宝宝要慢慢地踩着河中间的脚印走。 　　　　　2.必须一个跟着一个踩过去，不能推前面的幼儿。 **四、小结** 　　刚才宝宝过小河的时候都非常棒哦，都踩在了脚印上，没有掉下来，真棒！小兔子收到宝宝们的礼物都高兴得不得了，它说非常感谢你们送给它的礼物！ **五、放松运动：我们都是木头人** 　　现在就让我们来放松一下，玩个游戏吧！游戏的名字叫"木头人"，宝宝和老师一起说："一不许哭，二不许笑，三不许露出大门牙，四不许趴在地板上。"当说到"地板上"后摆出一个自己最喜欢的造型不动，看谁坚持的时间长。	
活动延伸	1.家长可以在家里和宝宝一起玩"小脚踩大脚"的游戏，增进亲子之间的情感交流。 2.可在宝宝的小脚上沾上各种颜料，听着音乐，在不同质地的材料上做走、踩、跳等，学各种动物走路，创造性地踩出各种各样的脚印画。	
活动评析	本活动最大的特点是内容贴近生活，符合宝宝的年龄特点，选择了宝宝日常生活中熟悉的事物作为教学内容。在组织形式上，设置了一个生活化的情景，让宝宝在操作过程中自主学习、体验活动的乐趣。在活动过程中，幼儿对活动较感兴趣，参与活动的积极性较高，学习效果较好。	

精选案例之 27　健康活动：爱牙乐

适用年龄范围		活动形式	活动设计
2～3岁		集体	李玲
活动目标	宝宝	1.认识牙齿并粗略了解龋齿的原因及危害。 2.学习正确的刷牙方法。	
	家长	1.指引家长与孩子有效沟通，了解牙齿的外形特征及功能。 2.提升家长对孩子进行良好卫生习惯教育的意识与能力。	
活动准备	1.知识经验准备：家长指引宝宝了解牙齿的外形特征及功能。 2.教具准备：每人一面小镜子、幻灯片、完整的蛋壳，每人冰激凌盒子一个、食用醋若干、一把牙刷、一副牙齿模型。		
活动依据	随着生活水平的提高，龋齿患病率也逐年升高，直接损害了幼儿牙齿的生长及面部的正常发育，妨碍了食物的消化吸收，对幼儿的健康成长产生了严重影响。尤其是2～3岁的宝宝，正是培养良好习惯的开始，以爱牙日为良好的教育契机，通过猜谜语的方式引起宝宝的兴趣，激发其观察、探索的欲望，以儿歌的方式学习正确的刷牙方法，让家长积极配合督促，帮助宝宝形成良好的卫生习惯。		
活动流程	猜谜语→观察牙齿、了解牙齿→牙齿变"黑"的原因→学习正确刷牙的方法→小结		

	指导宝宝	指引家长
活动过程	**一、猜谜语** 请小朋友猜谜语,猜对以后再记住它,以后猜给别人听。 附谜语: 一家兄弟二十多,一个挨着一个坐, 食物都从这里过,一过变成碎末末。 **二、观察牙齿、了解牙齿。** 1. 请宝宝手拿镜子观察自己的牙齿。 (1) 自己的牙齿是什么样子的? (2) 这些牙齿都有什么作用? 小结:每个人的牙齿是白的,有上下两排,中间的牙齿像刀一样,叫切牙,负责咬断食物,两边的牙像磨一样,叫磨牙,能把食物嚼烂。食物只有嚼烂了才好往下咽,也容易消化,否则会肚子疼。 2. 请宝宝再看看家长的牙齿。 (1) 家长的牙齿是什么样的? (2) 比比看有什么不一样的地方? 小结:家长的牙齿大、多、密,宝宝的牙齿小、少、稀,同时,宝宝的牙齿叫乳牙,家长的牙齿叫恒牙。 **三、牙齿变"黑"的原因** 1. 蛋壳变软了。 让宝宝和家长一起做实验,观察蛋壳变软的过程。 小结:蛋壳就像宝宝的牙齿一样本来很坚固的,但是遇到酸酸的醋就溶化了,变软了。 2. 让宝宝和家长互相观察有没有黑的牙齿。 让宝宝观察自己和家长的牙齿,找找有没有变黑的牙齿,讨论:牙是怎么变黑的? 小结:牙齿变黑是因为宝宝吃过的东西并没有全部咽到肚子里去,还有一些碎渣挤到牙缝里去了,如果我们吃完饭不漱口,睡觉之前不刷牙,这些牙缝里的食物就会产生一些酸东西,把我们的牙变软,变软之后就会一块一块地掉下来,就变黑了。 讨论:怎样才能不让牙变黑呢? 小结:饭后漱口,正确刷牙。 **四、学习正确刷牙的方法。** (1) 讨论:什么样的刷牙方法才是正确的呢? 教师示范:先利用牙齿模型上下、前后、里外按正确的方法刷牙,然后一边唱儿歌,一边按儿歌的要求再刷一次牙齿模型。 (2) 学习儿歌《刷牙》: 小小牙刷手中拿,早起晚睡先刷牙。 小牙刷,"沙沙沙",从上往下轻轻刷。 从下往上仔细刷,里里外外都要刷。 爸妈老师夸奖我,爱护牙齿好娃娃。	🌊 指引家长与宝宝一起积极参与。 🌊 家长跟宝宝一起说一说,可以给予一些提示和梳理,尽量让孩子自己说出来。 🌊 家长帮助宝宝丰富牙齿的知识。 🌊 家长指导宝宝积极观察,必要时给予提示。 🌊 在观察的过程中家长要用积极的态度让宝宝勇敢面对自己的黑牙齿。 🌊 家长引导宝宝跟着老师正确的方法进行徒手练习。

五、小结 　　今天我们认识了自己的牙齿,学习了刷牙的正确方法,回到家里要用正确的方法保护好我们的牙齿,牙齿才能更好地为我们工作哦!	

活动延伸	1. 在家里,家长协助宝宝一边复习儿歌,一边督促宝宝用正确的方法刷牙。 2. 到医院请医生帮宝宝检查牙齿。 3. 在家里比比谁的牙齿最美。 4. 让宝宝了解换牙的知识。
活动评析	认识和了解牙齿,是保护牙齿的知识准备。本活动采取了讨论、观察家长和宝宝的牙齿以及猜谜语等形式,把传授知识与宝宝的具体活动有机地结合起来,其中观察鸡蛋壳的变化是孩子们很感兴趣的事。在活动中,学习正确的刷牙方法,是保护牙齿所必需的,好多孩子虽然养成了刷牙的习惯,但刷牙的方法往往不那么正确。同时,该活动也纠正了家长的错误方法,尤其是为年纪大的陪伴者提供了正确的方法,以更好地进行亲子教育。

精选案例之 28　　体育游戏活动：小老鼠满地跑

适用年龄范围		活动形式	活动设计
2～3 岁		集体	吴松蕾
活动目标	宝宝	1. 听信号向指定的方向跑,提升跑的反应速度。 2. 提高身体协调能力,感受活动带来的快乐。	
	家长	1. 指引家长与孩子有效沟通,分享游戏的喜悦,增进亲子之间的情感交流。 2. 提升家长对孩子进行听指令的意识与能力。	
活动准备	1. *知识经验准备*：熟记儿歌：小老鼠吱吱叫,拖着尾巴满地跑。 2. *教具准备*：布老鼠人手一个(废旧小毛巾扎成玩偶布老鼠,长约 1～1.2 m 的绳子,一头系在布老鼠的尾巴上)、音乐、平整无障碍物的空地(大小约 40 m²)		
活动依据	2～3 岁的宝宝做游戏和奔跑时,能用前脚掌着地,30 秒跑大约 45～50 m,手脚较为敏捷,但对于听信号、遵守游戏规则的意识还需要成人进一步的帮助,在情感和社会情感发展中,对成功表现出积极的情感,对失败容易表现出消极的情感。 　　动画片《猫和老鼠》幼儿既熟悉又喜欢,设计"小老鼠满地跑"的活动,既形象、生动,趣味性也高,让宝宝在感受快乐的同时,进一步加强宝宝听信号的意识,提高宝宝跑动的反应能力。		
活动流程	热身运动→复习儿歌→练习玩"小老鼠"→学玩"小老鼠满地跑"的游戏→小结→放松运动：老猫回头不许动		
活动过程	**指导宝宝**		**指引家长**
	一、热身运动(2分钟) 　　跟音乐一起做动作"小老鼠上灯台"。 　　提问：小老鼠最喜欢吃什么呢? 　　家长和宝宝一起听音乐和老师一起玩音乐游戏"小老鼠上灯台",听到猫叫声立即蹲下。		🐭 以音乐游戏作为活动的开始部分,不仅活动了宝宝身体的各个关节,也更好地激发了孩子参与活动的兴趣。

活动过程	二、复习儿歌(6分钟) 　　提问:① 小老鼠是靠什么来偷油吃的呢? 　　　　　② 小老鼠的尾巴是什么样的? 　　家长引导宝宝说一说,看谁说多多。家长重点引导宝宝说出老鼠尾巴的主要特征。 　　1.(出示教具)看,小老鼠出来了,它正拖着它的尾巴满地跑呢(教师示范:边念儿歌边抖动手中的绳子跑,让布老鼠在地上蹦跳)。 　　儿歌:一只小老鼠,瞪着小眼珠,拖着细尾巴,长着八字胡,偷吃油来偷吃米,成天欢天又喜地。 　　2.小老鼠最喜欢这首儿歌了,它听到这首儿歌跑起来会更快的,不信你们试试看! 　　(宝宝和家长一起念儿歌,老师适当加快速度拖着布老鼠跑) 三、练习玩"小老鼠"(放音乐)(3分钟) 　　玩法:家长面对孩子往后退,孩子去抓;家长把布老鼠绑在腰上,孩子从后面追着抓;再绑在孩子腰上,家长去抓。 　　注意事项:1.宝宝不要跑得太快,要相互避让,在指定的范围内拖布老鼠,不要跑出范围。 　　　　　　　2.可故意踩几次都没有踩住,加深宝宝对游戏的兴趣。 四、学玩"小老鼠满地跑"的游戏(5分钟) 　　目标:会按指定的方向跑 　　情景:老鼠妈妈发现有个地方的东西特别好吃,想不想跟我一起去?可是你们走在路上的时候要特别当心猫,别让猫踩住你们的尾巴了,那样,可就糟糕了! 　　宝宝和家长一起游戏:宝宝边念上面的儿歌边用手拖布老鼠,按指定的方向跑,家长听到最后一个字"地"时,用脚去踩布老鼠。 五、小结 　　宝宝们都是聪明的小老鼠,不用妈妈亲自带领宝宝找食物,只要听妈妈的指令就明白了,而且还灵巧地躲避了大猫的追击,真棒! 六、放松运动:老猫回头不许动 　　我们现在来玩个放松游戏,老猫在前面边走边说"老猫回头不许动",老鼠跟在后面,当听到"动"时,老猫一回头,老鼠们就不许动了,一动老猫可就发现它了!	🌊 更好地帮助宝宝加深对儿歌的理解。 🌊 在游戏中增强宝宝身体的灵敏性,进一步加深亲子之间的情感交流。 🌊 此环节可使宝宝身体的灵敏性得到进一步提高,激发宝宝参与活动的积极性。 🌊 小朋友在前面当老猫,家长当小老鼠,当听到"动"时,老猫们一回头,老鼠们就不许动了!
活动延伸	家长可以利用家中废旧的布料和宝宝一起制作一些布老鼠,叫上家中其他成员一起游戏,可与宝宝互换角色。	
活动评析	《猫捉老鼠》的动画片家喻户晓,宝宝喜欢看,并喜欢里面的角色。宝宝拖着老鼠跑,形象生动直观,趣味性强,宝宝不仅感受到了活动带来的乐趣,增进了亲子之间的情感交流,同时加深了这个年龄阶段宝宝听信号的意识。	

精选案例之 29 　**体育游戏活动：摘果子**

适用年龄范围	活动形式	活动设计
2～3岁	集体	吴松蕾

活动目标	宝宝	1. 发展跳跃能力,激发其对体育活动的兴趣。 2. 发展手、眼、脚的动作协调能力,提高动作的灵活性。
	家长	1. 指引家长与孩子有效沟通,分享游戏的喜悦,增进亲子之间的情感交流。 2. 家长能以积极、鼓励的神情去感染孩子。

活动准备	1. *知识经验准备*：能两腿微曲,自然向上跳跃。 2. *教具准备*：用纸袋或空矿泉水瓶做成的各种果子(数量为幼儿人数的3～5倍)、30 m² 的空旷场地、在场地中用绳子将果子系挂在竹竿上、活动音乐。

活动依据	2～3岁的宝宝,这时期已掌握了一些基本的动作,但还要学习一些复杂的动作和带有技巧性的动作,如跳、跑与平衡的能力,这是对宝宝身体发育的一项新的挑战。所以,在活动中,我们选取了幼儿喜欢的、机灵有趣(小猴)的动物形象为主要游戏角色,并创设了一个自主、温馨、开放的游戏环境、一个极富浓厚游戏色彩的游戏——"摘果子",既提高了活动的趣味性,又达到了锻炼身体的目的,同时也提高了宝宝的跳跃能力!

活动流程	热身运动→练习"跳"的动作→学玩"摘果子"的游戏→小结→放松运动：我们都是木头人

活动过程	**指导宝宝**	**指引家长**
	一、热身运动 　跟音乐一起做动作"看样学样"。 　宝贝们,让我们随着音乐一起动起来! **二、练习"跳"的动作** 注意事项：1. 幼儿两腿微曲,能用力向上跳,注意和旁边的小朋友保持一定的距离,避免碰撞。 　　　　　2. 鼓励宝宝大胆尝试,积极参与活动。 **三、学玩"摘果子"的游戏(放音乐)** 　情景：猴大哥发现花果山上有许多好吃的果子,小猴们我们去摘果子吧!(教师示范做摘果子的动作)摘到果子放到猴妈妈的筐里,最后我们来看看哪只小猴摘的果子最多。 　宝宝举起左手,两腿微曲,然后用力向上跳起,用左手去触碰并抓住果子。如果宝宝碰到果子,教师就将果子给他,并加以鼓励。 **四、小结** 　宝宝们真能干,摘到了那么多的果子,快送给猴妈妈尝尝吧! **五、放松运动：我们都是木头人** 　刚才猴宝宝们进行了一场剧烈的运动,现在就让我们来放松一下,玩个游戏吧!游戏的名字叫"木头人",猴宝宝跟着猴大哥一起说："一不许哭,二不许笑,三不许露出大门牙,四不许趴在地板上。"当说到"地板上"后摆出一个自己最喜欢的造型不动,看谁坚持的时间长。	🌊 家长和宝宝一起做动作。 🌊 家长和宝宝比赛,看谁跳得高,或者也可以伸出一只手,指导宝宝通过跳跃的方式去触摸,但要控制高度,不宜太高也不宜太低。 🌊 家长在场地的另一端给宝宝加油,用积极的语气去感染和鼓励孩子。 🌊 家长和宝宝一起当小猴子,感受活动带来的快乐。

活动延伸	家长在家中也可悬挂一些宝宝跳跳就能够着的物品,让宝宝继续感受那份成功给自己带来的快乐与自信。
活动评析	为宝宝创设形象逼真、丰富多样的果园情景,如色彩鲜艳、悬挂高低不一、形象逼真的桃子、苹果、香蕉等模拟情景,在玩的基础上,培养宝宝自信、勇敢、关心他人等良好品质的形成,使宝宝极大地体验到成功的快乐。在活动中充分利用自然原始的材料,很好地吸引和激起幼儿主动参与活动的兴趣。

精选案例之 30 　　体育游戏活动：捉泥鳅

适用年龄范围	活动形式	活动设计
2～3 岁	集体	吴松蕾

活动目标	宝宝	1. 发展追逐目标应变奔跑的能力。 2. 提高上下肢动作的协调性和灵敏性,激发宝宝对活动的兴趣。
	家长	1. 指引家长与孩子有效沟通,分享游戏的喜悦,增进亲子之间的情感交流。 2. 提升孩子追逐目标应变奔跑的能力。

活动准备	1. 知识经验准备:宝宝对泥鳅的外形有初步的了解和认识。 2. 教具准备:(1)用彩色皱纹纸拧成约 80 cm 长的绳子作泥鳅(两人一组,每组 1 条泥鳅);(2)平整、无障碍物的空地,大小约 40 m² ;(3)音乐

活动依据	2～3 岁的宝宝随着年龄的增长和经验的增多,他们对周围世界的探索欲望也越来越强,喜欢在较大空间里来回奔跑,并且他们已经熟练地掌握了后退、侧走和奔跑的技能,但对追逐目标应变奔跑的能力需要逐步培养,游戏是加强宝宝提高目标应变奔跑的最好学习方式,设计"捉泥鳅"的活动,既贴切孩子的日常生活,趣味性也高,让宝宝在感受快乐的同时,也能逐步增强追逐目标应变奔跑的能力!

活动流程	热身运动→认识泥鳅→练习玩"泥鳅"→学玩"捉泥鳅"的游戏→小结→放松运动:老猫回头不许动

	指导宝宝	指引家长
活动过程	一、热身运动: 　跟着音乐一起做动作"小动物模仿操"。 　提问:你认识哪些小动物? 二、认识泥鳅 　提问——通过"猜谜语"引出"泥鳅"。 　今天老师给大家出个谜语,看哪个宝宝第一个说出来: 　"像鱼不是鱼,钻在泥土里,用手一摸滑溜溜,乍眼一看吓死你。" 　情景:(出示教具)看,小泥鳅出来了,它正在稻田里跳舞呢,看它跳得多欢啊(教师示范:手握纸绳一端边跑边抖动,让纸绳像泥鳅一样在空中舞动)。	🐟 家长和宝宝一起做动作。 🐟 家长引导宝宝说一说,看谁说得多。 🐟 家长重点引导宝宝说出泥鳅外形的主要特征。

活动过程	三、练习玩"泥鳅"（放音乐） 注意事项：1. 挥动绳子时要注意手臂的幅度，力度不要太猛，以免伤到他人。 　　　　　2. 鼓励宝宝大胆尝试，积极参与活动。 四、学玩"捉泥鳅"的游戏 　目标：提升应变追逐目标奔跑的能力。 　游戏介绍。 　情景：宝贝们，你们看今天晚上的天气多好，肯定会有很多小泥鳅钻出来活动，我们现在就去捉泥鳅好吗？ 　宝宝和家长一起游戏：家长手握纸绳一端边跑边抖动，让纸绳像泥鳅一样在空中舞动，宝宝在后面追赶，像捉泥鳅一样用手去抓它并用脚踩住，家长和宝宝可互换角色再次进行游戏。 五、小结 　宝宝们都是捉泥鳅的小能手，有的宝宝还捉到了好几条呢，还有的宝宝在捉小泥鳅的时候，可机灵了，大朋友捉了几次都没有被捉住，真了不起！ 六、放松运动：老猫回头不许动 　现在我们来玩个放松游戏：老师现在是老猫，老猫在前面边走边说"老猫回头不许动"，小泥鳅跟在后面，当听到"动"时，老猫一回头，小泥鳅们就不许动了，一动老猫可就发现它了！因为老猫也喜欢吃小泥鳅呢！	家长提醒宝宝不要跑得太快，注意前后小朋友之间的距离，以免相互碰撞。 家长要用积极的态度和表情去感染孩子，并提醒宝宝，当后面的追赶者捉住并踩住泥鳅时，应马上松手。 家长和宝宝一起当泥鳅，感受活动带来的快乐。
活动延伸	1. 家长可以利用家中棉质的绳子或布条接起来，叫上家里的其他成员一起游戏，也可两个人同时捉一条泥鳅，增强游戏的趣味性。 2. 家长可带宝宝一起到菜市场观看、购买一些小泥鳅，让宝宝对泥鳅有直观的理解与认识。	
活动评析	宝宝对泥鳅既熟悉又陌生，通常对于泥鳅的生活习性和外形特点知之甚少，捉泥鳅这个活动，不仅形象生动直观，趣味性强，让宝宝感受到了活动带来的乐趣，同时增进了亲子之间的情感交流，满足了这个年龄阶段宝宝对周围世界的探索欲望。	

精选案例之 31　体育游戏活动：打保龄球

适用年龄范围		活动形式	活动设计
2～3 岁		集体	沈敏
活动目标	宝宝	1. 提高推、投和踢等动作的准确性，掌握各种动作技能。 2. 增强上下肢的爆发力，培养对体育活动的兴趣。	
	家长	1. 帮助家长找到与孩子进行有效互动的方法，增进亲子之间的感情。 2. 指引家长学会用一些简单的生活材料与孩子一同玩乐。	
活动准备	1. *知识经验准备*：宝宝对保龄球有初步的认识，掌握球的一些基本玩法。 2. *教具准备*：皮球人手 1 个，装有少许水的矿泉水瓶 5 个（3 组），平整、无障碍物的室内或室外场地（大小约 30 m²），活动音乐。			

	指导宝宝	指引家长
活动依据	2~3岁的宝宝对新奇事物都充满了好奇,喜欢用手去探究周边的事物,但其手部肌肉需要大量的锻炼。此年龄阶段的宝宝非常喜欢圆形物体,"打保龄球"活动能有效地促进宝宝肘、腕、指关节、前臂与手部肌肉的发育,提高手腕关节的灵活性,发展双手、双脚动作的协调性、准确性和视觉运动的能力。游戏的过程培养了宝宝不怕困难的品质,也能使宝宝获得成功感。家长的配合参与达到了很好的亲子互动和情感的交流。	
活动流程	热身运动:看样学样→自由"玩球"→学玩"打保龄球"的游戏→小结→结束活动"开火车"	
活动过程	**一、热身运动:看样学样** 　老师带领宝宝做热身运动,完成左右前后点头、转动脖子、摆动手臂、扭腰、踢腿、跳跃等动作。 **二、自由"玩球"(放音乐)** 1. 宝宝人手1个皮球,自由地拍球玩耍,感知皮球圆圆的、随意滚动的特点。 2. 两个宝宝玩1个皮球,相互之间可以滚动接球,抛球接球。 3. 一组宝宝玩1个皮球,宝宝相互之间可以传球、踢球。感受与同伴之间一同玩球的乐趣。 **三、学玩"打保龄球"的游戏(放音乐)** 1. 游戏介绍。 　(1)滚球撞击矿泉水瓶。 　　把5个矿泉水瓶一字排开,在距离矿泉水瓶2~3 m的地面上画一条起点线,宝宝把皮球放在起点。当听到"一、二、三,滚球"的口令时,宝宝立刻用双手用力将球推向矿泉水瓶。 　(2)投球撞击矿泉水瓶。 　　把5个矿泉水瓶摆成两排,前排2个和后排3个,宝宝站在起点线,双手持球于肩部准备(左手掌在球的前面,右手掌在球的后面)。当听到"一、二、三,投!"的口令时,宝宝立刻将手中的皮球投向前方的矿泉水瓶。 　(3)踢球撞击矿泉水瓶。 　　把5个矿泉水瓶摆成圆弧形,宝宝将皮球放在起点。当听到"一、二、三,踢!"的口令时,宝宝立刻抬起右脚用力将球踢向前方的矿泉水瓶。 2. 注意事项。 　(1)将宝宝分成三组按顺序进行游戏,熟悉玩法之后可交换内容继续游戏。 　(2)根据宝宝的能力调整起点线与瓶子的距离,3 m以内是宝宝最合适的距离。 　(3)宝宝年龄小,动作不太协调,踢球时不要用力过猛,以免摔倒。	❀ 家长站在宝宝身后一起做动作,用适当的语言提示宝宝。 ❀ 家长积极参与活动,与宝宝一起玩球,同时纠正宝宝错误的玩球方法,友好地与同伴一起玩耍。 ❀ 家长给参与游戏的宝宝加油打气,鼓励宝宝独立完成游戏。 ❀ 当宝宝将矿泉水瓶击倒时,家长帮助宝宝将矿泉水瓶摆好,方便下一个宝宝进行游戏。 ❀ 在活动中家长要积极参与、配合,重点引导宝宝朝一定的方向目标完成滚、投、踢球的动作。

活动过程	四、小结 　　宝宝今天跟皮球做游戏,还学会了打保龄球。在玩的过程中大家都知道排队进行,不争不抢,你们真是太棒了! 五、结束活动:开火车(放音乐) 　　宝宝今天玩得很开心啊,我们坐火车回家啦。(宝宝们一个跟着一个拉好衣服学做小火车)	🚂 家长、宝宝将火车连接好。
活动延伸	1. 在生活中指引宝宝观察哪些东西是圆圆的,加深宝宝对圆形物体的认识。 2. 家长可带宝宝到户外活动进行一些有关球的运动,如传球、拍球、抛接球、踢球等活动,加深亲子之间的情感交流。	
活动评析	兴趣和需要是宝宝参与游戏的出发点,由于年龄特点决定,低幼龄的宝宝喜欢玩球,"打保龄球"的游戏,让宝宝用不同的方法将皮球推向指定的物体,小小的成就感使他们乐此不疲地玩耍皮球。此活动不仅锻炼了宝宝玩球的能力,提高了他们四肢的配合度,同时,还增强了宝宝在游戏中的规则意识。	

精选案例之 32　　　体育游戏活动:红绿灯

适用年龄范围		活动形式	活动设计
2～3 岁		集体	沈敏
活动目标	宝宝	1. 学习按指令进行游戏,遵守游戏规则。 2. 锻炼大肌肉的发展,提高跑动的反应速度。	
	家长	1. 指引家长要以正确、积极的生活态度去感染孩子。 2. 提升家长对孩子进行加强自我保护的安全意识与能力。	
活动准备	1. *知识经验准备*:户外进行一定的跑动练习,认识红绿灯。 2. *教具准备*:红、黄、绿三种颜色的圆形卡片,自制方向盘人手 1 个,空旷平整的室外场地或操场,活动音乐		
活动依据	红绿灯是宝宝较为熟悉的交通信号灯,把"红绿灯"作为游戏活动的主题,能引起宝宝到户外活动的兴趣,通过信号灯颜色的变化训练宝宝按指令进行游戏,并且懂得遵守游戏规则。在大量的跑动中锻炼宝宝大肌肉的发展,同时小间断的休息能很好地调整宝宝的身体状态,训练宝宝跑动时的反应速度。		
活动流程	热身运动:模仿小动物走路→练习"跑步"的动作→学玩"红绿灯"的游戏→小结→放松运动:我们都是木头人		

指导宝宝	指引家长
一、热身运动:模仿小动物走路 　　放音乐,老师与宝宝一起模仿小动物走路,老师念儿歌:"小猫走路静悄悄,小熊走路咚咚咚,小兔走路蹦蹦跳……" **二、练习"跑步"的动作** 1. 宝宝原地站好眼睛朝前看,双手握拳左右摆动,练习摆臂的动作。 2. 快速摆动手臂,双脚向前跑动,锻炼大肌肉。	🚂 家长和宝宝一起做动作,进行热身活动。

(活动过程 — 左栏标题)

活动过程	注意事项：宝宝练习跑步时,注意宝宝之间的间隔距离,以免碰撞受伤。 **三、学玩"红绿灯"的游戏** 1. 认识红绿灯。 　　马路上有一盏神奇的灯,它会变魔术,一会儿变红色,一会儿绿色、黄色。宝宝,你们知道那是什么灯吗?(红绿灯) 2. 情景。 　　红绿灯就像交警叔叔一样指挥着马路上的行人和车辆,没有了它马路就会变得混乱,更会出现许多危险的事故。而我们在开车或过马路时,一定要注意看红绿灯,看它的指挥来行驶或过马路。今天老师就请宝宝来当小司机,老师来当交警。 3. 游戏规则。 　　老师举红灯时,宝宝手持方向盘作等待状,老师举绿灯时,宝宝手持方向盘开车前行,宝宝要根据老师手举的灯判断自己前行还是停止。 4. 注意事项。 　　同伴之间要懂得礼让,小司机在行驶时,不要朝拥挤的地方行驶,注意不要碰撞到其他的"小汽车",避免车祸发生;等红灯时,"小汽车"要马上刹车停下来,原地站好。 **四、小结** 　　"小司机本领大,开到东来开到西,交通规则不违反,争做文明小司机。"儿歌作为总结。 **五、放松运动:我们都是木头人** 　　我们现在来玩个放松游戏,老师边走边念儿歌"我们都是木头人,不许说话不许动",念完儿歌就不许动了,也不能发出声音,摆出一个自己最喜欢的造型不动,看谁坚持的时间长,反复几次。	家长在场地的另一端给宝宝加油,用积极的语气去感染和鼓励孩子。表扬坚持跑完的宝宝。 家长要观察宝宝的活动,适当调整宝宝的活动范围和伙伴之间的距离,确保安全。 家长和宝宝一起参加活动,感受活动带来的快乐。
活动延伸	1. 家长以身作则遵守交通规则,在生活中带领宝宝认识更多的交通标志。 2. 宝宝可在幼儿园或者其他场所去开儿童小汽车,感受开车的乐趣。	
活动评析	贴近生活内容,能让宝宝积极参与活动,并且更好地了解交通讯号灯的作用,同时刺激宝宝去寻找认识更多的交通标志,拓展宝宝的知识面。在活动中宝宝懂得了如何遵守游戏规则,同伴之间懂得了如何礼让,友好地进行游戏,体验集体游戏的乐趣。	

精选案例之 33　体育游戏活动：毛毛虫钻洞洞

适用年龄范围		活动形式	活动设计
2~3 岁		集体	沈敏
活动目标	宝宝	1. 提高动作的协调性,激发对体育活动的兴趣。 2. 掌握手膝爬行的动作,增强手臂的支撑力和腰腹肌的力量。	
	家长	1. 了解孩子的动作发展情况,根据情况延伸练习。 2. 指引家长用积极的情绪去鼓舞孩子,鼓励其完成较为困难的动作。	

活动准备	1. *教具准备*：包装箱剪去上下部分呈山洞状数个、塑料筐若干个、树叶若干片。 2. *环境准备*：平整铺设软垫的户外场地。	
活动依据	"毛毛虫"是宝宝很喜欢的卡通形象,而且毛毛虫那种慢慢朝前爬的形象有趣可爱。2～3岁的宝宝基本上都掌握了手膝着地爬行的动作,设置一定的关卡不但锻炼了宝宝手臂的支撑力,增强了腰腹肌的力量,在钻爬的过程中也培养了宝宝不怕困难、勇往直前的优秀品质,同时家长用积极的情绪感染宝宝,更好地促进了亲子之间良好的互动。	
活动流程	热身运动:拉大锯→练习爬行动作→玩"毛毛虫钻洞洞"的游戏→小结→放松运动:开火车	

指导宝宝	指引家长
一、热身运动:拉大锯 　　儿歌: 　　"拉大锯、扯大锯, 　　外婆门前看大戏, 　　爸爸去、妈妈去, 　　带上小宝宝一块去。" 　　玩法:家长和孩子面对面,手拉手边念儿歌边做动作。 　　念"拉大距、扯大距"时,孩子跟家长前后拉手。 　　念"外婆门前看大戏,爸爸去、妈妈去"时,动作如上。念"带上小宝宝一块去"时,家长把孩子抱起来在空中飞。最后,让家长轻轻略吱小宝宝,以此促进家长和宝宝之间的感情。 **二、练习爬行动作** 1. 在地面铺好软垫,让宝宝在软垫上自由地爬行、翻滚。 2. 宝宝在软垫的一头,手膝着地爬到软垫的另一头,进行爬行比赛。 3. 将纸箱放在软垫上变成"小洞洞",宝宝自由地在其中钻爬。 **三、玩"毛毛虫钻洞洞"的游戏** 1. 钻纸箱。 　　将纸箱依次放在软垫上,变成一排小洞洞。在入口和出口处各放1个塑料筐,出口处的塑料筐内放一些树叶当作食物。宝宝在入口处排成一队,依次从入口爬到出口处,在塑料筐内拾起一片树叶,然后起身走回到入口处,将树叶放入入口的塑料筐内,再排队等待下一次的爬行。 2. 家长参与。 　　两位家长面对面跪在软垫上弯腰手拉手做成山洞形状,后面的家长照样依次排在后面,做成一排小山洞,宝宝在入口处排成一队,依次从入口爬到出口处。 3. 注意事项。 　　(1) 小洞的长度以 120 cm 为宜。 　　(2) 宝宝排队进行游戏,不争不抢。 　　(3) 爬行的过程中看准洞洞的位置,记得拿取树叶后再回到入口处。	🦆 家长帮助宝宝准确发音,熟悉儿歌内容。 🦆 家长积极投入儿歌游戏,抱起宝宝时,注意安全。 🦆 家长在旁关注宝宝的安全,给宝宝加油鼓劲。 🦆 宝宝在爬行的过程中,可能会移动纸箱,家长要适当地调整好纸箱的位置。 🦆 家长可分批进行游戏,协助老师维持活动秩序,帮助个别宝宝,避免发生拥挤和碰撞。

左侧合并列标注：活动准备、活动依据、活动流程、活动过程

活动过程	四、小结 　　毛毛虫,你们的本领可真大,钻过了这么多的洞洞,实在是太能干了。 五、放松运动:开火车 　　宝宝今天玩得很开心呢,我们一起坐火车回家啦。(宝宝们一个跟着一个拉好衣服学做小火车)	🚂 家长也融入到活动中来,和宝宝一起开火车,感受活动带来的快乐。
活动延伸	1. 家长可以买一些蚕宝宝在家喂养,让宝宝观察蚕宝宝的成长过程。 2. 鼓励宝宝在家多进行钻、爬的运动,发展手臂、腰腹肌的力量。	
活动评析	在软垫上进行游戏,能调动宝宝参与活动的积极性,扮演可爱的毛毛虫能让宝宝主动地练习和掌握手膝爬行的动作,钻过纸箱的动作提高了宝宝寻找事物的准确度,很好地发展了宝宝眼、手的协调性和全身动作的敏捷度。家长亲身参与能刺激宝宝积极参与游戏,也能让家长丰富一些亲子互动的游戏方法。	

精选案例之 34　　体育游戏活动:兔宝宝真能干

适用年龄范围		活动形式	活动设计
2～3岁		集体	沈敏

活动目标	宝宝	1. 训练双脚向前行进跳,发展宝宝的弹跳能力及协调能力。 2. 激发对活动的兴趣,鼓励宝宝克服困难,完成动作。
	家长	1. 指引家长全身心地参与到活动中来,增强亲子之间的情感交流。 2. 提升家长对孩子弹跳技能的培养。
活动准备		1. 教具准备:小白兔头饰每人1个、萝卜若干个、竹筐1个、活动音乐。 2. 环境准备:30 m² 无障碍的平整场地。
活动依据		2岁的宝宝基本会原地双脚跳,在2～3岁期间,他们大部分掌握了双脚向上、向前跳的技巧。当宝宝掌握双脚原地跳的技巧后,训练宝宝双脚向前跳,有利于身体的平衡力和协调力的进一步增强。
活动流程		热身运动:模仿小动物走路→练习弹跳→玩"小兔跳圈"的游戏→小结→放松运动:开火车

指导宝宝	指引家长
一、热身运动:模仿小动物走路 　　放音乐,老师念儿歌:"小猫走路静悄悄,小熊走路咚咚咚,小兔走路蹦蹦跳"。老师与宝宝一起模仿小动物走路,学小猫走路时踮起脚尖,学小熊走路时小脚用力踩,学小兔走路时双脚同时跳起。 二、练习弹跳 　　在场地上,宝宝站着围成一个大圆圈,随着音乐跟着老师做律动:伸耳朵(上肢运动),吃青草(下肢运动),搬蘑菇(转体运动),蹦蹦跳跳(跳跃运动)等。	🚂 家长和宝宝一起做动作,进行热身活动。

活动 过程	三、玩"小兔跳圈"的游戏(放音乐) 1. 跳圈圈。 　　老师将塑料圈分散放在场地中,并鼓励、启发宝宝自由地在塑料圈之间跳进跳出。跳的时候注意把双脚同时抬起来跳跃。 2. 小兔跳圈采萝卜。 　(1) 情景:小兔家的萝卜丰收啦,兔妈妈带着兔宝宝去萝卜地里收萝卜,但是去的路上有一点危险,我们要跳过许多小山坡,兔宝宝要加油哦。 　(2) 老师将塑料圈分两队依次间隔排好,把小竹筐放在圈的起点,把萝卜散在塑料圈终点的地上,小兔依次跳过去,采到萝卜后从另一队依次跳回来,将萝卜放在小竹筐里。 3. 注意事项: 　(1) 宝宝之间的距离要控制好,以免跳跃时拥挤而碰伤。 　(2) 听口令行动,采到一个萝卜后排队进行下一轮游戏。 四、小结 　　兔宝宝真能干,把所有萝卜都采回家了,个个都是好样的,兔妈妈太高兴了! 五、放松运动:开火车(放音乐) 　　兔宝宝今天采萝卜辛苦啦,兔妈妈带你们坐火车回家啦。(宝宝们一个跟着一个拉好衣服学做小火车)	🚢 家长鼓励宝宝大胆地跳跃塑料圈,并适当地帮助宝宝双腿并拢一起弹跳。 🚢 家长要用积极的态度和语言感染孩子,为孩子加油。 🚢 家长注意调整宝宝之间的距离,完成一次的宝宝,家长要引导他排队进行下一轮游戏。 🚢 家长也融入到活动中来,和宝宝一起开火车,感受活动带来的快乐。
活动 延伸	1. 利用多媒体或资料查阅,了解小兔子的生活习性,加深对事物的认识。 2. 家长带宝宝到户外活动时也进行一些跳跃运动的练习,如小袋鼠等活动,加深亲子之间的情感交流。	
活动 评析	兴趣和需要是宝宝参与游戏的出发点,由于宝宝的年龄特点,喜欢模仿各种小动物。小兔子是宝宝非常喜欢和熟悉的小动物之一,通过模仿小兔子的行进方式能很好地训练宝宝双脚同时弹跳的动作技能,加上有趣的故事情节,能激发宝宝自主地参与游戏,主动练习。	

精选案例之 35　体育游戏活动:玩彩带

适用年龄范围		活动形式	活动设计
2～3岁		集体	沈敏
活动 目标	宝宝	1. 训练走、跑、跳和投的动作技能,增强上下肢肌肉的力量。 2. 提高身体动作的协调性和敏捷性,激发对活动的兴趣。	
	家长	1. 鼓励家长与孩子一同玩耍,分享亲子同乐的喜悦。 2. 培养家长对一物多玩游戏的认识,启发家长的思维。	
活动 准备	1. 教具准备:30 cm 长的彩带,每人 2 条、夹子每人 2 个、活动音乐。 2. 环境准备:大小约 40 m² 平整无障碍物的空地。		

	指导宝宝	指引家长
活动依据	2~3岁的宝宝随着年龄的增长和经验的增多,他们的探索欲望越来越强,想象力也越来越丰富。五颜六色的彩带能刺激宝宝的活动兴趣,同时飞舞飘动的彩带能激发宝宝主动探索彩带的玩法,发展宝宝的创造力和想象力。在较大的场地里来回奔跑,借助彩带的特性,很好地训练宝宝的走、跑、跳和投动作技能,增强了宝宝上下肢肌肉的力量。在欢快的音乐中让宝宝在感受快乐的同时,也能逐步养成追逐目标应变奔跑的能力。	
活动流程	热身运动:看样学样→玩"彩带舞"→玩"彩蝶飞飞"→玩"放烟火"→小结→放松运动:我们都是木头人	
活动过程	**一、热身运动:看样学样** 老师带领宝宝做热身运动,完成左右前后点头、转动脖子、摆动手臂、扭腰、踢腿、跳跃等动作。 **二、玩"彩带舞"(放音乐)** 1.出示彩带,引起宝宝的兴趣。彩带轻轻的,能随着你手的动作舞动,你加快速度变化动作,彩带也能随着你的动作而变化。 2.老师带领宝宝跳"彩带舞",感受彩带飘动的乐趣。宝宝左右手各持一条彩带,分散在场地上,随着音乐的节奏挥舞彩带,在场地内自由走动、奔跑、弹跳等,充分活动身体。 3.注意事项: 在场地上自由舞动彩带时,动作不能过大过猛以免影响他人游戏。 **三、玩"彩蝶飞飞"(放音乐)** 1.宝宝熟悉了彩带的特点,根据老师的指令游戏。 宝宝左右手各持一条彩带跟随在老师身后,当听到"小蝴蝶飞起来了"的口令时,宝宝手持彩带上下挥舞,在场地内随着老师的方向顺时针或逆时针快跑、慢跑。 2.注意事项: 在场地上舞动彩带时,一定要听老师的指令,随着老师的方向跑动,避免同伴之间碰撞受伤。 **四、玩"放烟火"(放音乐)** 1.增加难度,宝宝根据老师的指令有序地进行游戏。 每条彩带一头夹1个夹子。宝宝们双手握紧彩带站立成一个大圆并面向圆心。当听到"放烟火略"的口令时,宝宝们将自己手中的彩带用力向上投入大圆圈内。当听到"女孩子捡彩带"的口令时,女孩子去圈内捡回彩带回到自己的位置上。当听到"男孩子捡彩带"的口令时,男孩子去圈内捡回彩带回到自己的位置上。宝宝等待口令再次游戏。 2.注意事项: 捡彩带时每人只可捡2条,不允许抢夺别人手里的彩带。 **五、小结** 宝宝今天和彩带做了好朋友,让彩带在你们手中玩得很好,希望下次还和你们一起游戏。	家长站在宝宝身后一起做动作,用适当的语言提点宝宝。 家长帮助老师分发彩带,并帮助宝宝将彩带抓好。 家长提醒宝宝按指令游戏,不要跑得太快,注意前后小朋友之间的距离,以免相互碰撞。 家长协助宝宝将夹子夹在彩带上,游戏过程中仔细听老师的指令。 家长要引领宝宝懂得谦让,如果多捡了彩带要还给别人,大家一起游戏。 家长积极参与游戏,与宝宝同乐。

六、放松运动：我们都是木头人 　　我们现在来玩个放松游戏,老师边走边念儿歌"我们都是木头人,不许说话不许动",念完儿歌就不许动了,也不能发出声音,摆出一个自己最喜欢的造型不动,看谁坚持的时间长,反复几次。	
活动延伸	1. 家长可以在家和其他家庭成员一起,放上好听的音乐和宝宝一起跳彩带舞。 2. 家长可带宝宝认识不同材质的绳子、彩带,拓展宝宝的认知面。
活动评析	彩带缤纷的色彩能激起宝宝参与活动的兴趣,彩带飘舞的特性能让宝宝感受到活动带来的乐趣。简单的道具、欢快的音乐,满足了宝宝玩乐的心理特点,同时增进了亲子之间的情感交流,满足了这个年龄阶段宝宝对周围世界的探索欲望。

精选案例之 36　　体育游戏活动：小动物过桥

适用年龄范围	活动形式	活动设计
2～3岁	集体	沈敏

活动目标	**宝宝**	1. 练习平衡,学习一些掌握平衡的方法,如平举双手。 2. 发展动作的协调性。 3. 锻炼胆量。
	家长	1. 了解孩子平衡能力的发展,根据情况延伸练习。 2. 指引家长用饱满的热情参与游戏表演,增进亲子之间的情感交流。
活动准备		1. *教具准备：*平衡木板6～8块、拱形门3～4个、积木若干块、胡萝卜每人1个、活动音乐。 2. *环境准备：*大小约60 m² 宽敞无障碍物的户外场地。
活动依据		2～3岁的宝宝,已具备了一定跑、跳、钻等动作技能,情感方面也越发的丰富。"小动物过桥"的故事,针对宝宝情感及身体技能发展的需要,通过给宝宝提供适宜的环境材料,让宝宝在日常生活、劳动中形成不怕困难、关心他人、有责任心的社会性行为,既提高了活动的趣味性,又达到了锻炼身体的各项技能的目标,特别是增强了其下肢的力量。
活动流程		热身运动：模仿小动物走路→练习走平衡木→玩"小动物过桥"的游戏→小结→放松运动：开火车

指导宝宝	指引家长
一、热身运动：模仿小动物走路 　　放音乐,老师念儿歌："小猫走路静悄悄,小熊走路咚咚咚,小兔走路蹦蹦跳。"老师与宝宝一起模仿小动物走路,学小猫走路时踮起脚尖,学小熊走路时小脚用力踩,学小兔走路时双脚同时跳起。 **二、练习走平衡木** 1. 老师带领宝宝搭建好三座小桥和山洞,宝宝一个跟着一个走平衡木,小手打开保持平衡。 2. 注意事项： 　(1) 要求宝宝在练习时动作不要过快,尤其在钻拱形门时速度要放慢。	🌊 家长和宝宝一起做动作。 🌊 宝宝在练习的过程中家长要鼓励宝宝不怕困难,积极参加活动,提醒宝宝不要违反规则,不要拥挤,按照顺序前进。

（**活动过程**）

活动过程	（2）提醒宝宝不要违反规则，不要拥挤或者试图超越。 **三、玩"小动物过桥"的游戏（放音乐）** 1. 情景。 　　兔妈妈在森林病倒了，兔宝宝知道了，想去看望兔妈妈，它的小伙伴们都要陪着兔宝宝一起去找兔妈妈，大伙一起过小桥，穿森林，还带了许多礼物去看望兔妈妈。 　　请一个家长在森林处扮演兔妈妈，等待兔宝宝和小伙伴的到来。老师扮演兔宝宝带领小动物过小桥。 2. 介绍玩法。 　　（1）兔宝宝和小动物在场地四周双脚跳跃和跑动。兔宝宝喊"小动物过桥啦"的口令时，宝宝一个跟着一个走过积木搭成的第一座小桥，钻过拱形门。 　　（2）兔宝宝带着它的小伙伴们随着音乐的节奏在场地快跑、慢跑，来到第二座小桥前，当听到"小动物过桥啦"的口令时，宝宝一个跟着一个地登上平衡木板继续往前走，钻过拱形门，走完第二座小桥。 　　（3）在场地中的平衡木板两头各放置1个拱形门，在第三座小桥附近放置一些胡萝卜。兔宝宝带领小动物来到第三座小桥，钻过拱形门，宝宝一个跟着一个地登上平衡木板，当听到"小动物下桥采萝卜"时，宝宝继续往前走钻过拱形门，每个宝宝采1个萝卜，将萝卜一起送到兔妈妈手里。 3. 注意事项。 　　（1）宝宝一定要按顺序依次走过小桥，不可随意插队。 　　（2）宝宝在行进的过程中，一定要双手打开，如果不小心掉下来了，要坚持自己再站上去，完成路程。 **四、小结** 　　兔妈妈很高兴，谢谢你们带来的胡萝卜，你们都是有爱心、心地善良的好孩子！谢谢你们了！ **五、放松运动：开火车（放音乐）** 　　宝宝们今天辛苦啦，我们坐火车回家啦。（宝宝们一个跟着一个拉好衣服学做小火车）	🐟 家长协助老师将三座小桥搭建好。 🐟 扮演兔妈妈的家长要积极投入表演，其他家长要给自己的宝宝鼓劲加油，鼓励他们勇敢地走完小桥。 🐟 家长注意宝宝的行进速度，协助掉下来的宝宝重新走上桥。 🐟 家长帮助宝宝将火车连接好。
活动延伸	1. 家长带宝宝在小区或者公园等场所时要抓住机会，放手多让宝宝去走平衡木，锻炼宝宝的平衡能力。 2. 在生活中，家长可以有意识地让宝宝参与一些他们力所能及的家务活，培养他们关爱他人的情感意识等。	
活动评析	在玩的基础上，锻炼了宝宝的各种动作技能，同时穿插的故事情节促进培养了宝宝关心他人、不怕困难等良好个性品质的形成，同时使宝宝极大地体验到了帮助他人的快乐。在活动中与家长参与游戏，与宝宝一起分享游戏的喜悦，增进亲子之间的情感交流。	

精选案例之 37　体育游戏活动：小蜜蜂采蜜

适用年龄范围	活动形式	活动设计
2～3 岁	集体	沈敏

活动目标	宝宝	1. 训练跑、跳、钻等动作技能,发展手、眼、脚的动作协调能力。 2. 培养遵守游戏规则的习惯及同伴之间友好协作的能力。
	家长	1. 指导家长积极参与活动,提高亲子互动的配合度。 2. 体会亲子游戏时共同游戏的平等、和谐、愉悦。

活动准备	1. *教具准备*:塑料圈若干个、塑料小花若干个、花篮 1 个、活动音乐。 2. *环境准备*:平整无障碍的户外场地约 40 m²。

活动依据	2～3 岁的宝宝已经掌握了许多的运动技能,他们喜欢自由地在宽敞的场地中来回地奔跑,设计有趣的活动能吸引宝宝积极参加游戏,培养宝宝的集体意识,学会与同伴一同玩乐。在活动中,"勤劳的小蜜蜂"的形象让宝宝主动穿过"花丛"采取"花蜜",既增加了活动的趣味性也加深了亲子之间的情感,让宝宝在感受快乐的同时,也提高了其全身动作的协调性。

活动流程	热身运动:看样学样→练习玩"塑料圈"→学玩"小蜜蜂采蜜"的游戏→小结→放松运动:拉个圆圈走走

活动过程	指导宝宝	指引家长
	一、热身运动:看样学样 　　老师带领宝宝做热身运动,完成左右前后点头、转动脖子、摆动手臂、扭腰、踢腿、跳跃等动作。 **二、练习玩"塑料圈"** 1. 宝宝站在塑料圈中,将圈套在腰间,双手扶住圈,跟着音乐的节奏在场地中慢跑或快跑。 2. 将圈放在地面上,看老师示范跳进跳出的动作。让宝宝练习来回地跳动,注意起跳时双脚并拢同时起跳。 3. 老师拿住塑料圈将其立在地面上,宝宝排好队依次钻过塑料圈。 **三、学玩"小蜜蜂采蜜"的游戏(放音乐)** 1. 情景。 　　春天到了,花园里的花都开了,好漂亮啊。蜜蜂宝宝跟着蜜蜂妈妈去花园里采蜜吧。 2. 介绍玩法。 　　家长把塑料圈立起来排成两队,将塑料小花散落在塑料圈的一头,小蜜蜂排好队钻过第一组圈架,取一朵小花后,再从第二组圈架钻出来,将花放在花篮中,依次进行。 3. 注意事项: 　　(1)家长注意要将塑料圈立稳,控制好圈与圈之间的间隔距离。 　　(2)宝宝在钻圈的过程中要注意低头、屈膝、弯腰。 　　(3)宝宝依次排好队,按照方向和顺序钻圈,不能插队。	👧 家长站在宝宝身后一起做动作,用适当的语言提点宝宝。 🌊 家长注意协调好宝宝之间的距离,避免发生碰撞。 🌊 家长积极参与活动,配合宝宝游戏,将塑料圈的间隔距离控制好,并以积极的态度和表情去感染和鼓励孩子。

四、小结 　　小蜜蜂辛苦啦,帮助蜜蜂妈妈采了这么多的花蜜,真的是勤劳的小蜜蜂。 **五、放松运动:拉个圆圈走走(放音乐)** 　　老师带领宝宝来到较宽的场地,宝宝们手拉手变成一个大圆圈,一起唱"拉个圆圈走走,拉个圆圈走走,走啊走啊走啊走啊,看谁先蹲下。"唱完一段,宝宝们就马上蹲下来。反复几次。	🐟 家长协助宝宝将圆圈拉好,一同游戏。

活动延伸	1. 利用多媒体或故事阅读,进一步了解小蜜蜂,加深对事物的认识。 2. 家长带领宝宝在游戏场所或户外活动时,鼓励宝宝去完成钻、爬等动作。
活动评析	宝宝对蜜蜂这一角色比较熟悉,运用这个角色来贯穿整个活动,能调动宝宝的积极性,借助道具塑料圈帮助宝宝在探索和实践中发现圈的多种玩法。通过玩游戏,不仅让宝宝感受到活动带来的乐趣,家长的参与配合能进一步加强亲子之间的情感交流,同时培养宝宝遵守游戏规则的习惯及同伴之间友好协作的能力,对提高宝宝动作的敏捷性和协调性都有一定帮助。

精选案例之 38　体育游戏活动:小鱼游

适用年龄范围	活动形式	活动设计
2~3 岁	集体	沈敏

活动目标	宝宝	1. 培养听信号的习惯,学会绕障碍物前进。 2. 发展手、眼、脚的动作协调能力,提高身体动作的协调性。
	家长	1. 指引家长与孩子分享集体游戏的喜悦,增进亲子之间的情感交流。 2. 家长能以积极的态度参与游戏,用鼓励的神情去感染孩子。

活动准备	1. 教具准备:塑料圈、小鱼胸饰(与幼儿人数相同)、鱼妈妈胸饰、活动音乐。 2. 环境准备:30 m² 的空旷场地。
活动依据	低幼龄的宝宝,已经学会了一些基本的动作,在游戏中穿插音乐、角色扮演能更好地调动宝宝参与户外运动的兴趣。鱼宝宝灵活的身体,自由地在水中遨游能激发宝宝模仿的想法,主动地思考小鱼游的方法,借助道具能让宝宝挑战一些跑动的方式,从而提高宝宝躲闪的能力和身体动作的协调性。良好的亲子互动也能增进家长与宝宝之间的情感交流。
活动流程	热身运动:看样学样→学习"小鱼游"的动作→学玩"抓小鱼"的游戏→小结→放松运动:我们都是木头人

指导宝宝	指引家长
一、热身运动:看样学样 　　老师带领宝宝做热身运动,完成左右前后点头、转动脖子、摆动手臂、扭腰、踢腿、跳跃等动作。 **二、学习"小鱼游"的动作** 1. 自由游动。 　　小鱼们跟着鱼妈妈到大海里去玩吧。听音乐进入活动场地,在老师带领下,宝宝手臂伸直,手心相对贴紧,随着音乐摆动手臂	🐟 家长站在宝宝身后一起做动作,用适当的语言提点宝宝。

活动过程	学小鱼游的动作。 2. 绕塑料圈游动。 　　将塑料圈间隔一定距离依次排开放在地上,鱼妈妈带着鱼宝宝绕过泡泡向前游动,活动时注意小脚不要踢到塑料圈,宝宝之间保持好距离,避免相互之间撞到碰伤。 3. 绕石头游动。 　　家长蹲下来当石头,鱼妈妈带着鱼宝宝绕过石头向前游动,注意身体不要碰撞到石头。 三、学玩"抓小鱼"的游戏 1. 介绍游戏。 　　请两个家长面对面、手拉手举起来做渔网,鱼宝宝排队依次穿过渔网,当宝宝唱到"快快捉住它"时,渔网就要捉小鱼,捉到的小鱼要停止一次游戏,老师领他在旁边休息。 2. 儿歌:许多小鱼游来了,游来了,游来了。许多小鱼游来了,快快抓住它。 四、小结 　　鱼妈妈和小鱼宝宝玩得很开心,鱼宝宝集体都学会了自己在大海里玩耍,真棒! 五、放松运动:我们都是木头人 　　我们现在来玩个放松游戏,老师边走边念儿歌"我们都是木头人,不许说话不许动",念完儿歌就不许动了,也不能发出声音,摆出一个自己最喜欢的造型不动,看谁坚持的时间长,反复几次。	💧 活动时,家长适当地调整宝宝之间的距离,注意安全。 💧 家长之间注意保持好距离,鼓励宝宝大胆跑动。 💧 家长可轮流当渔网参与游戏,体验集体游戏的乐趣。 💧 家长要照顾好在旁边休息的宝宝。 💧 家长和宝宝一起参加活动,感受活动带来的快乐。
活动延伸	1. 参观海洋馆或者查阅资料了解鱼的种类生活习性,加深对鱼的认识。 2. 在家和家庭人员一起继续"抓小鱼"的游戏,体验亲子同乐。	
活动评析	"小鱼游"的游戏能让宝宝主动积极的跑动起来,锻炼宝宝的大肌肉,同时简单的越障碍跑动,能很好地发展宝宝身体的协调性。在"抓小鱼"的环节中训练宝宝的反应能力,同时体验集体活动的乐趣。	

🎈 精选案例之 39　　模仿游戏活动:照镜子

适用年龄范围		活动形式	活动设计
2～3 岁		集体	沈敏
活动目标	宝宝	1. 萌发认识物体、寻找物体的意识,激发宝宝参与活动的兴趣。 2. 训练模仿动作的能力,发展宝宝肢体动作的灵活性和协调能力。	
	家长	1. 指引家长与孩子进行有效的沟通和良好的互动,体验亲子游戏的乐趣。 2. 提升家长对孩子进行听游戏规则的意识与能力。	
活动准备	1. *知识经验准备*:游戏前家长可以带领宝宝照照镜子,发现镜子的奥妙。 2. *材料准备*:镜子每人一个、平整的室内或室外场地(大小约 20 m²)。		

活动依据	动作的灵活性和协调性直接影响到宝宝其他方面和今后的发展,低幼龄的宝宝对自己的五官、身体有了最基本的认识,"照镜子"的游戏能让宝宝更好地熟悉自己身体的每个部位,发展对自己整体形象的初步认知和感受。同时,通过游戏能很好地训练宝宝的模仿能力,在模仿的过程中锻炼宝宝肢体动作的灵活性和协调能力。	
活动流程	热身运动:拉大锯→认识镜子→学玩"照镜子"的游戏→小结→放松运动:我们都是木头人	
	指导宝宝	**指引家长**
活动过程	**一、热身运动:拉大锯** 　儿歌: 　　拉大锯、扯大锯, 　　外婆门前看大戏, 　　爸爸去、妈妈去, 　　带上宝宝一块去。 　玩法:家长和孩子面对面,手拉手边念儿歌边做动作。念"拉大距、扯大距"时,孩子跟家长前后拉手。念"外婆门前看大戏,爸爸去、妈妈去"时,动作如上。念"带上宝宝一块去"时家长把孩子抱起来在空中飞。最后,让家长略吱小宝宝,以此促进家长和宝宝之间的感情。 **二、认识镜子** 1. 出示大镜子,提问:宝宝在哪里见过镜子?(卫生间、房间、衣柜…)带领宝宝先到镜子前面照照,看看镜子中的自己。 2. 给每个宝宝发个小镜子,听老师的指令,照照镜子,找一找自己五官的位置,在镜子中找到自己的家长。 3. 听老师的指令,宝宝举起手,让宝宝看一看镜子里的其他宝宝也举起了手。多做些好玩动作,激发宝宝参与活动的兴趣。 　发现镜子的秘密:你做什么动作,镜子就会跟你做一样的动作。 **三、学玩"照镜子"的游戏** 1. 老师与宝宝玩"照镜子"的游戏。老师做什么动作,宝宝就做什么动作。 2. 家长与宝宝玩"照镜子"的游戏。家长和宝宝面对面站着,宝宝当镜子,模仿家长的动作。 　儿歌: 　　小镜子,真好玩,我来和你做游戏, 　　举起手,举起手,拍一拍,拍一拍, 　　抬起脚,抬起脚,转个圆圈坐下来。 　　点点头,点点头,拍拍肩,拍拍肩, 　　伸出一只小脚呀,伸出一只小脚呀。 　　宝宝拍手笑哈哈! 　宝宝熟悉游戏玩法后,家长和宝宝可交换角色,家长当镜子,模仿宝宝的动作。 3. 到户外场地,加大游戏难度,将动作的幅度加大,速度加快,鼓励宝宝努力完成动作。	🌊 家长帮助宝宝准确发音,熟悉儿歌内容。 🌊 家长积极投入儿歌游戏,抱起宝宝时,注意安全。 🌊 家长适时地提醒宝宝,和宝宝一起照照镜子。 🌊 家长提醒宝宝注意倾听游戏要求,积极参与游戏。 🌊 家长指导宝宝准确地发音,并注意宝宝动作的协调性。 🌊 家长要注意动作的难易程度,让宝宝独立完成。

活动过程	四、小结 　　我们发现了小镜子的秘密,它可以跟我们做一样的动作,宝宝很能干,都变成了一面小镜子,能变出各种不同的动作,太棒了! 五、放松运动:我们都是木头人 　　我们现在来玩个放松游戏,老师边走边念儿歌"我们都是木头人,不许说话不许动",念完儿歌就不许动了,也不能发出声音,摆出一个自己最喜欢的造型不动,看谁坚持的时间长,反复几次。	🌊 家长可一同参与游戏,体验游戏乐趣。
活动延伸	1. 家长有机会带领宝宝去照一照"哈哈镜",体验照镜子的奇妙乐趣。 2. 其他家庭成员在家可以与宝宝继续同样的游戏,引导宝宝与他人互换角色。	
活动评析	镜子是让宝宝认识自己的好工具。照镜子时能让宝宝对自己的身体发生兴趣,发展自我意识,对自己的身体多一分了解。同时,还可以发展宝宝的感知能力,让宝宝知道身体各部位是非常有用的,"照镜子"游戏让宝宝感到很愉快,通过做动作的环节能很好地训练宝宝的模仿能力,从而达到锻炼身体各部位的灵活性的目标。	

精选案例之 40　　体育游戏活动:捉蝴蝶

适用年龄范围		活动形式	活动设计
2～3岁		集体	沈敏
活动目标	宝宝	1. 掌握双脚向上纵跳摸高的技能,增强下肢力量。 2. 提高上下肢动作的协调性,感受活动带来的快乐。	
	家长	1. 引导家长与孩子一同游戏,改善与孩子的交流,增进亲子之间的情感。 2. 指引家长培养孩子不怕困难、勇于挑战的良好品质。	
活动准备	1. *知识经验准备*:认识蝴蝶,练习向上弹跳。 2. *教具准备*:各种各样的蝴蝶若干、竹竿、棉绳以及平整、无障碍的绿廊或户外场地约30 m²。		
活动依据	2～3岁的宝宝,已经掌握了许多基本的动作技能,可以适当地增加一些复杂、有一定技巧性的动作,如快跑、起跳、独立走平衡木等,这是对宝宝身体机能的挑战。为了训练宝宝向上纵跳摸高的技能,在活动中,我们将五颜六色的飞舞的蝴蝶作为游戏主题,这能引起宝宝极大的兴趣,并愿意主动去接触蝴蝶。设置一定的高度能使宝宝的跳跃能力得到极大的锻炼,训练宝宝摸高的准确度,提高动作的灵活性。		
活动流程	热身运动:看样学样→练习弹跳→学玩"捉蝴蝶"的游戏→小结→放松运动:开火车		

	指导宝宝	指引家长
活动过程	一、热身运动:看样学样 　　老师带领宝宝做热身运动,完成左右前后点头、转动脖子、摆动手臂、扭腰、踢腿、跳跃等动作。 二、练习弹跳 1. 宝宝学小兔子在场地中自由地跑动、跳跃。	🌊 家长站在宝宝身后一起做动作,用适当的语言提点宝宝。

活动过程	2. 老师将手抬到一定高度,宝宝跳起来拍打老师的手掌,老师根据宝宝的情况调整手的高度。 **三、学玩"捉蝴蝶"(放音乐)** 1. 情景。 　　春天到了,花园里的鲜花都开了,五颜六色的花朵把漂亮的蝴蝶都吸引过来了,我们一起和蝴蝶做好朋友吧! 2. 游戏介绍。 　　把蝴蝶用棉绳悬挂在竹竿上,宝宝尝试踮脚举手去捉蝴蝶,如果碰不到蝴蝶,宝宝尝试举起右手,两腿微曲,然后用力向上跳起,用右手去触碰蝴蝶。如果宝宝碰到了蝴蝶,老师就将蝴蝶给他,并加以鼓励。让宝宝反复几次,尝试左手摸高和双手同时摸高。鼓励捉到蝴蝶的宝宝挑战新的高度。 3. 注意事项: (1) 悬挂的竹竿要结实,竹竿两端用布包好,以免碰伤宝宝。 (2) 系在竹竿上的蝴蝶间距要大一点,以免宝宝起跳时太拥挤,产生不必要的碰撞。 (3) 注意控制蝴蝶悬挂的高度,指导宝宝捉适合自己的蝴蝶,避免太低达不到锻炼的效果,太高则易挫伤宝宝对跳跃活动的积极性。 **四、小结** 　　宝宝真能干,每个宝宝都捉到漂亮的蝴蝶,我们一起和蝴蝶做朋友,把漂亮的蝴蝶带回家吧。 **五、放松运动:开火车(放音乐)** 　　宝宝今天玩得很开心,我们坐火车回家啦。(宝宝们一个跟着一个拉好衣服学做小火车)	🎐 家长和宝宝比赛,看谁跳得高。 🎐 家长将手举高,指导宝宝通过跳跃的方式去拍打自己的手掌,适当调整高度。 🎐 家长在场地的另一端给宝宝加油,用积极的语气去感染和鼓励孩子。 🎐 家长鼓励捉到蝴蝶的宝宝勇于挑战新的高度,并给宝宝加油打气。 🎐 家长帮助宝宝将火车连接好。
活动延伸	1. 利用多媒体或资料查阅,增加对蝴蝶的了解,加深对事物的认识。 2. 家长可在家中悬挂一些玩具等物品,鼓励宝宝大胆拿取,锻炼其弹跳能力。	
活动评析	在户外自然的情景中,为宝宝创设一片色彩鲜艳、各种各样、飞舞的蝴蝶,让宝宝在快乐玩耍的基础上,培养自信、勇敢、不怕困难、勇于挑战的良好品质,使宝宝极大地体验到了成功的快乐。活动中充分利用了自然环境,积极调动了宝宝主动参与活动的兴趣,充分感受到在大自然中活动的乐趣。	

精选案例之 41　　体育游戏活动:兔宝宝真能干

适用年龄范围		活动形式	活动设计
2～3 岁		集体	沈敏
活动目标	宝宝	1. 练习双脚向上跳,锻炼宝宝的弹跳能力及协调能力。 2. 激发对活动的兴趣,鼓励宝宝克服困难完成动作。	
	家长	1. 指引家长全身心地参与到活动中来,增强亲子之间的情感交流。 2. 提升家长对孩子弹跳技能的培养。	

活动准备	1. *知识经验准备*：宝宝对小兔子有一定的认识；能原地双脚跳。 2. *教具准备*：小白兔头饰每人 1 个、萝卜若干个、塑料圈（呼啦圈也可）五六个、竹筐 1 个、30 m² 无障碍的平整场地、活动音乐。
活动依据	2 岁的宝宝基本会原地双脚跳，在 2～3 岁期间，他们大部分会掌握双脚向上、向前跳的技巧。当宝宝掌握双脚原地跳的技巧后，训练宝宝双脚向前跳的技能，有利于其身体的平衡力和协调力的进一步增强。
活动流程	热身运动：模仿小动物走路→练习弹跳→玩"小兔跳圈"的游戏→小结→放松运动：开火车

指导宝宝	指引家长
一、热身运动：模仿小动物走路 　　放音乐，老师与宝宝一起模仿小动物走路，老师念儿歌："小猫走路静悄悄，小熊走路咚咚咚，小兔走路蹦蹦跳……" **二、练习弹跳** 　　在场地上，宝宝站着围成一个大圆圈，随着音乐跟着老师做律动：伸耳朵（上肢运动），吃青草（下肢运动），搬蘑菇（转体运动），蹦蹦跳跳（跳跃运动）。引导宝宝注意动作：双脚略微分开，呈半蹲状，小手握紧。 **三、玩"小兔跳圈"的游戏（放音乐）** 1. 跳圈圈。 　　老师将塑料圈分散放在场地中，并鼓励、启发宝宝自由地在塑料圈之间跳进跳出。跳的时候注意把双脚同时抬起来跳跃。 2. 小兔跳圈采萝卜。 　　（1）情景：小兔家的萝卜丰收啦，兔妈妈带着兔宝宝去萝卜地里收萝卜，但是去的路上有一点危险，我们要跳过许多小山坡，兔宝宝要加油哦。 　　（2）老师将塑料圈分两队依次间隔排好，把小竹筐放在圈的起点，把萝卜散在塑料圈终点的地上，小兔依次跳过去，采到萝卜后从另一队依次跳回来，将萝卜放在小竹筐里。 3. 注意事项： 　　（1）宝宝之间的距离要控制好，以免跳跃时拥挤而碰伤。 　　（2）听口令行动，采到一个萝卜后排队进行下一轮游戏。 **四、小结** 　　兔宝宝真能干，把所有萝卜都采回家了，个个都是好样的，兔妈妈太高兴了！ **五、放松运动：开火车（放音乐）** 　　兔宝宝今天采萝卜辛苦啦，兔妈妈带你们坐火车回家啦。（宝宝们一个跟着一个拉好衣服学做小火车）	🌊 家长和宝宝一起做动作，进行热身活动。 　　🌊 家长鼓励宝宝大胆地跳跃塑料圈，并适当地帮助宝宝双腿并拢一起弹跳。 　　🌊 家长要用积极的态度和语言去感染孩子，为孩子加油。 　　🌊 家长注意调整宝宝之间的距离，完成一次的宝宝，家长要引导他排队进行下一轮游戏。 　　🌊 家长也融入到活动中来，和宝宝一起开火车，感受活动带来的快乐。

活动延伸	1. 利用多媒体或资料查阅，了解小兔子的生活习性，加深对事物的认识。 2. 家长带宝宝到户外活动时也进行一些跳跃运动的练习，如"小袋鼠"等活动，加深亲子之间的情感交流。
活动评析	兴趣和需要是宝宝参与游戏的出发点，由于宝宝的年龄特点，喜欢模仿各种小动物。小兔子是宝宝非常喜欢熟悉的小动物之一，通过模仿小兔子的行进方式能很好地训练宝宝双脚同时弹跳的动作技能，加上有趣的故事情节，能激发宝宝自主地参与游戏，主动练习。

一、婴幼儿语言的发展

婴幼儿的语言发展包括对语音、语义和语法的理解和表达。大量的心理学观察和研究表明,婴幼儿语言的发展遵循一定的规律,具有阶段性。虽然不同的婴幼儿达到某一阶段语言水平的时间有早有晚,但发展的基本阶段和先后顺序是一致的。

一般以婴幼儿说出第一批能被理解的词为界,将婴幼儿语言发展分为前语言期和语言发展期两大阶段。

(一) 前语言期

婴幼儿从出生到1岁半左右的语言发展,处于语言获得过程中的语音核心敏感期。围绕着语音,婴幼儿发展了三方面的能力,即前语言感知能力、前语言发音能力和前语言交际能力。

1. 前语言感知能力的发展

前语言阶段感知语音的能力是婴幼儿获得语言的基础。正常婴幼儿在这段时间内不仅能够听到声音,而且还能以某种可以帮助自己学习语言的方式去感知语言。出生后不久就能把语音和其他声音区分开来,并能对其做出不同的反应。一般将出生后大约一年半时间内,婴幼儿逐渐发展起来的前语言感知能力可分成三种水平层次:辨音——辨调——辨义。

(1) 辨音水平(0～4个月)。在出生到4个月左右的时间内,婴幼儿基本上掌握了"听"单一语音的本领,他们首先学会了分辨言语声音和其他声音的区别,辨别不同话语声音,大约在2个月之后,婴儿开始比较清楚地感知因发声位置和方法不同而造成的语音差别。

(2) 辨调水平(4～10个月)。语调是表示情绪状态的一种基本手段。进入辨调阶段后,婴幼儿的前语言感知能力发展很快,他们开始注意一句或一段话的语调,从整段语音的不同音高、音长变化中体会所感知的话语声音的社会性意义,并且能够给予相应的具有社会性交往作用的反馈。

(3) 辨义水平(10～18个月)。10个月之后的婴儿在感知人们说话时开始越来越多地将语音表征和语义表征联系起来,从而分辨出一定语音的语义内容。这时的汉语婴幼儿开始学习通过对汉语声、韵、调整合一体的感知来接受语言。这种感知、分辨语义的能力,在之后的几个月中迅速发展,婴儿很快便积累起大量的理解性语言。

2. 前语言发音能力的发展

前语言发音指婴幼儿正式说话之前的各种语音发声,类似于说话之前的语音操练。有关研究表明,婴幼儿自第一声啼哭到咿咿呀呀做好说话的准备,经过了大量的发音练习过程,这个过程大致可以分为三个阶段,即单音发声、音节发声和前词语发声。

(1) 单音发声阶段(0～4个月)。婴儿的发音是从反射性发声开始的,哭叫是婴儿第1个月主要的发音。他们可能会用不同音长、音量和音高的哭叫声表达不同的生理和情感需求,随后的几个月可能会出现一些简单的元音,类似于汉语单韵母和少量的复韵母。

（2）音节发声阶段（4～10 个月）。大约从第 4 个月起,婴儿发音出现明显的变化。一方面婴儿发音有了一定的指向性,较多的是对成人的社会性刺激做出反应,另一方面发音内容与以前不同,出现了许多辅音和元音的组合。婴儿在这段时间内的发音以辅音和元音相结合的音节为主,并且有一个从单音节发声过渡到重叠多音节发声的过程。

（3）前词语发声阶段（10～18 个月）。经过音节发声阶段之后,婴儿能够发出一连串变化不同的辅音加元音的音节,仿佛一句汉语包含了若干声韵母组成的音节。婴儿不仅能发出英语的语音,而且能发出一些非英语的语音,并出现了语调、节奏、重音和音量的变化,用以表达明确的意义。

3. 前语言交际能力的发展

前语言交际是婴幼儿获得语言之前,用语音及伴随的表情或动作去代替语言进行交往的现象。这种特定的交际能力与婴儿的语言感知和发音经验有密切的关系,在前语言时期亦可划分成三个阶段:

（1）产生交际倾向（0～4 个月）。有关研究发现,婴儿的前语言交际在出生后不久便开始了。如 1 周至 1 个月期间的婴儿,已经能够用不同的哭声表达他们的需要,吸引成人的注意。当需要得到满足时,会报以愉快的情绪反应。

（2）学习交际"规则"（4～10 个月）。4 个月左右的婴儿,在与成人的交往中开始出现明显的变化,如对成人的话语逗弄给予语音应答、出现与成人轮流"说"的倾向、使用不同的语调来表达自己的态度等。应该说,此时婴儿的前语言交际已有明显的"社会性"的成分。

（3）扩展交际功能（10～18 个月）。10 个月之后,婴儿已经能够通过一定语音和动作表情的组合,使这种语音产生具体的语言意义,能够通过重复某一动作或表情表达个人意愿,并开始自己创造相对固定的"交际信号"。

（二）语言发展期

从 1 岁半开始,婴幼儿正式进入语言发展期,其语言发展具体表现在语言形式、语言内容和语言运用技能三个方面的发展上。

1. 语言形式的获得

语言形式是指婴幼儿语言中的约定俗成的符号系统和系列规则。婴幼儿对语言形式的获得包括对语音和语法的获得。

（1）语音的获得。1～1.5 岁的婴幼儿开始发出第一个类似成人说话时用词的音,到 6 岁时,婴幼儿已经能够辨别绝大部分母语中的发音,也基本上能够发准母语的绝大部分语音。但是,对于母语中相似的音常常会出错。从语音辨别能力的发展来看,这一时期婴幼儿语音辨别主要表现在对母语音位的区别性特征的获得上。从发音能力来看,婴幼儿正确发音一般比准确辨别音位要困难,发音能力的发展也晚于辨音能力的发展。2 岁前的婴幼儿尚未产生对语音的意识,他们往往不能辨别自己与他人在发音方面的错误,发音主要受成人的调节,靠成人的言语强化来获得正确的发音。2～3 岁开始出现这种语音意识,开始自觉辨别发音是否正确,自觉模仿正确发音。

（2）语法的获得。语法的获得是指婴幼儿对母语中语句结构的获得,包括理解和产生不同结构的语句。对婴幼儿的句子产生的评定和分析通常采用两种方式:一是考察婴幼儿说出句子的长度;二是考察婴幼儿说出句子结构的完整性和复杂性。婴幼儿句子结构能力的发展大致遵循以下规律:第一,从混沌一体到逐步分化;第二,从不完整到逐步完整,从松散到逐步严谨;第三,由压缩、呆板到逐步扩展和灵活。

2. 语言内容即语义的发展

婴幼儿语义的发展是指婴幼儿对词、句子和语段三个语言结构层次在理解上的发展和获得。婴幼儿语义获得的主要特点:一是根据当前的语境和已有的经验猜测语词的意思,最初的猜测通常是不全面或不正确的。二是对语义的理解,经历理解词或句子所表达的基本语义关系、理解语言的实用意义和理解句子的各个语词的含义等几个阶段。婴幼儿获得词义要比获得语音、句法更加复杂,最早获得的是专用名词,然后逐渐获得普通名词、相对词等。

3. 语言运用技能(语用技能)的获得

语用能力是指交际双方根据交际目的和语言情境有效地使用语言工具的一系列技能。婴幼儿语用技能的发展包括语言操作能力、对交际外在环境的感知能力和心理预备能力等三个方面的获得。

语言操作能力指的是交际双方根据交际的实际需要,灵活而有效地调出已有的语言以及与其有关的非语言知识,并恰当地用于交际过程的能力。婴幼儿的语言操作能力是前面说到的婴幼儿语音、语义、语法的发展特点在交际过程中的具体表现。

对交际外在环境的感知能力就是对言语交际情景的诸多要素的敏感性,和根据需要实现其语言转换的能力。主要包括对交际对象本身特征的敏感性、对实际交际情景变化的敏感性和对交际对象反馈的敏感性等。

心理预备能力指的是交际双方拥有的交往动机、愿望和交流信息必要的知识储备,是产生维持交际行为的基础。这类心理预备能力包括交际双方调节自己的情感、兴趣、动机并使之指向言语交际行为的能力,对同一话题的保持能力和对有关交际内容知识的组织能力等。

二、0～3 岁婴幼儿语言发展的水平

第 1 个月:喜欢听人类的语音。满月时,听到妈妈说话声能暂时停止哭泣。除了发出有意义的哭声外,还会从喉咙里发出细小的喉音,偶尔吐露 ei,ou 等声音。

第 2 个月:发声以哭为主,可以发出 a、o、e 等音。偶尔笑出声来。跟他说话时,他会摆动脑袋,并从喉咙中发出微小的声音。

第 3 个月:能发出拖长的单元音,或连续两个音,如"啊咕""啊呜"等。发声更加自如,乐意与人对答。如果有人对他说话,他会用点头、微笑、动动嘴巴、吵闹、尖叫,或者其他快活的神情做出反应,身体也会兴奋地活动。

第 4 个月:发声能持续 15～20 分钟,能发出一连串类似音节的声音。会有意尖声地叫。

第 5 个月:开始能发出两个双辅音。常"自言自语"。会仔细观察别人的嘴,听到别人的声音后,用自己的嘴练习发音,力图模仿。对人的声音能做出更明确的反应,开始理解自己的名字。

第 6 个月:会发 2～3 个双辅音,如 ka-ka-ka、la-la-la;听到"妈妈"的声音时会看母亲,听到"爸爸"的声音时会看父亲。如果大人边念儿歌边做相应的动作,婴幼儿能记住,也会学着做相应的动作。

第 7 个月:又多听出 1～2 种新的物名,会看或指向物品所在的地方。一口气能说出几个语音,能说"ma-ma""da-da",但经常无所指。能用手势示意"谢谢""再见"等。开始喜欢模仿简单的事情。

第 8 个月:有意识地模仿语音,并以此为乐。听到大人说"不"会停止活动。会用点头或伸手表示"要",用摇头或皱眉表示"不要",开始表达自己,而不是单纯模仿。手势语发展很快。

第 9 个月:能较清晰地发声,来表达自己的意思和感情。能叫"爸爸""妈妈"。知道大人在谈论自己,会表现出害羞。这是婴幼儿理解大人谈话的表现。

第 10 个月:除了"爸爸""妈妈"以外,会说其他几个词,会模仿最后一个音。

第 11 个月:能够有意识地称呼爸爸、妈妈,还能说出两三个词。能理解大人的话并用手势回答,比如问"你几岁啦",会竖起手指表示。爱听熟悉的话,会照着听到的一些话去做,如"坐好"等。

第 12 个月:认物的范围增长很快。除五官外,还认识手、脚、头、肚子等部位。说儿歌时,能做出 4 种以上的动作。对书本上的东西流露出浓厚的兴趣,并希望成人指出它们的名字,可能还会自己认出书中的物体并用手指出。

第 13～15 个月:喜欢说一种他自己才能听懂的语言,如一连串的类似母语的音节,配合着手势和表情,可能还会夹杂着零星的真正的词。懂得一些日常用品的名称,能说出几个词和自己的名字。

还不能流畅地表达需求和愿望。会按照大人的话去做一些简单的事,比如把东西放回原处,自己脱袜子等。

第16～18个月:较多地发叠音词,如 da-da、bao-bao,指出和说出身体的3～5个部位。能指出书中和日常生活中的许多物品,能使用10个左右有意义的词。

第19～21个月:开始明白更复杂的要求,如"把红皮球从床上拿下来"。会说"我的",用"我"代替自己的名字。大约能说出20～30个词语,会说两三个字的短句,如"下地""宝宝喝水"等。知道亲人和最熟悉的小朋友的名字。非常喜欢模仿大人说话,婴幼儿在玩耍时,会跟自己叽叽咕咕地"说话"。会表达个人的愿望和需求,会用其他手势引起你的注意。

第22～24个月:有关物品名称的词汇量飞速增加,会形容物品的颜色,能描述熟悉物品的特征并认出它们。能回答简单的关于生活的问题,并开始提问题。常自言自语,话也变得复杂起来了。懂得等别人说完以后自己再说,能够用语言解决一些问题,比如索要物品、叙述事物等,不过说话还不太清楚。

第25～27个月:会问"这是什么?"会说6～8个字的完整句子或4～6句的儿歌。用"你"提问时,会用"我"回答问题。比如问"你几岁了",会回答"我两岁"。开始理解"你""我"的相对概念,但有时还会混淆。

第28～30个月:能将熟悉的儿歌从书里找出来。知道五种以上颜色和一些数字,能数到3。知道自己的名字,开始问"为什么",会说"不""不要""不行"。

第31～33个月:会讲一些熟悉的物品的用途,如茶杯、刀、梳子等。知道简单的反义词。能按照故事内容回答大人提出的问题,如"这是谁""在干什么"。

第34～36个月:会叙述过去发生的事,还会说"什么""哪儿""怎么了""为什么"。能说5～10个字的有动词和形容词的长句子,说话时也很有信心了。开始用"和"来连接自己的观点。能正确用"我""你""他"之类的代词,有关时间的词也开始多起来了,逐渐理解过去、现在和将来的概念。要促进婴幼儿的语言发展,必须在环境中提供足够的语言互动机会及学习经验。

三、婴幼儿语言学习的方法

1. **增加生活经验。** 婴幼儿的语言发展是通过不断地模仿、练习获得的,教师和监护人不妨让婴幼儿多接触不同的人、事、物,例如:去超市购物、逛公园、探视朋友……经由扩展其生活圈,进而将各种事物、动作介绍给他,教他模仿。

2. **提供认知环境。** 认知发展与语言发展的关系非常密切,婴幼儿会借由操作他拿到的东西,来获得更多的知识。教师和监护人须提供一个安全环境,让婴幼儿去摸、去探索、去操作他所看到的东西,这对语言的发展有很大的帮助。

3. **利用身体器官。** 身体各部位的器官是随手可得的语言学习题材,教师和监护人可随时随地教婴幼儿认识身体各部位的名称,并让他再重复说出一次。例如每天的洗脸时间,就是让婴幼儿学习的最佳时刻。

4. **制造说话机会。** 让婴幼儿学习说出自己的需求,如要人抱、要喝奶、要尿尿等简单的词句。或许,此时他的发音还不清晰,但教师和监护人仍要多给予鼓励,使婴幼儿有信心继续学习说话。

5. **刺激视听感官。** 视觉、听觉是语言发展不可或缺的基本能力。平时让婴幼儿多听童谣、看看卡通等,对于帮助婴幼儿的语言发展有相当大的助益,但值得注意的是,教师和监护人需在一旁解说其内容,将有助于婴幼儿对词句的组合能力。

6. **提供适当玩具。** 提供婴幼儿模拟日常生活的玩具或游戏,如电话、汽车模型等,可增进他对各种词语的认识,教师和监护人如适时加入一些形容词,例如大的车子、红色的球……可借此增加孩子对形容词、副词的应用。

7. **增加亲子互动。** 从婴幼儿一出生,监护人就必须常与婴幼儿说话,让他从小就接触"有声音"的环境。当婴幼儿稍稍具备语言表达能力时,教师和监护人须专心地倾听孩子说话,耐心回答他的疑问,并鼓励他继续发出声音或愿意表达。

8. **选择适宜图书。** 可选择图画简单、色彩鲜艳的绘本吸引婴幼儿阅读,而每次只需介绍少许简单的物件名称及动作,如此,才不致造成婴幼儿对各种事物名称产生混淆。

9. **做口腔运动。** 常常动一动嘴巴、舌头,可帮助孩子咬字清晰、讲话清楚,监护人可以利用婴幼儿刷牙的时候,教婴幼儿动一动舌头,做一做口腔运动,对促进语言的发展是非常有效的。

10. **说话步调一致。** 教婴幼儿说话时,要以孩子的兴趣、喜好为中心,不可强迫他说些艰涩的语句。教师和监护人在跟孩子说话时,应放慢速度,跟随婴幼儿的步调,句子尽量简单。此外,话尾可留一段空白时间,让孩子有机会轮流说话,增强他说话的能力。

四、婴幼儿不同言语发展阶段的指导

(一) 0~1岁婴儿言语发生准备阶段的指导

1. 0~3个月阶段

婴儿的发音是从反射性发声——哭叫开始的,这是婴儿第一个月的主要发音。他们通过不同的哭声表达不同的需求。研究发现,胎儿还在母体内的时候,就已经开始熟悉母亲的声音。因此,0~3个月的婴儿在母亲的怀抱中表现得较为安详,当母亲运用轻柔的话语面对面与其讲话时,婴儿会很愉快地做些肢体上的运动与母亲的话语进行应答。2个月后的婴儿在其感觉舒适或在家长的语言逗弄下,会笑并发出一些单音节的模仿语音。这时的指导要点是:

(1) 成人与婴儿身体接触时,应尽量和孩子对话,重复地说一些简单而又语音清楚的话,为婴儿营造模仿发音的环境与机会。

(2) 多抚摸、拥抱婴儿,并运用愉快的语言与其面对面交流,以积极的情绪去感染他。

(3) 在婴儿睡前或沐浴时,播放节奏舒缓、旋律优美的乐曲,培养婴儿的倾听能力,但避免噪声与强音。

2. 4~6个月阶段

这一阶段婴儿的发音增加了很多重复的、连续的音节,在跟成人对话时,会有一些语音应答,并开始出现与成人轮流"说"的倾向。能辨别一些语调和语气的变化,懂得简单的词、手势和命令,在其独自玩耍时,还会发出一些连续的音节,类似自言自语。这一阶段的指导要点是:

(1) 坚持运用有感染力的语句重复性地与婴儿对话,和孩子接触的每位家庭成员应统一说话语调和手势,保持语言运用的一致性。

(2) 为婴儿设置定时情景对话。

(3) 在指导婴儿发音或进行认知活动时以实物场景来配合。

(4) 睡觉前为婴儿朗诵儿歌,既能丰富婴儿词汇量,又可养成倾听的好习惯。

(5) 为婴儿准备足够的读物绘本,与其一起进行"亲子阅读",并让婴儿学会用手指指认简单常见的物品。

3. 7~12个月阶段

在此阶段的婴儿发音更加复杂多样,固定场景的学说话活动增多。其指导要点如下:

(1) 充分利用自然生活环境,使婴儿与周围的人、物、大自然、社会现象紧密接触,通过各种感官直接感知,通过听、看、摸、尝、闻等行为,获得相关知识,继而发展语言。

(2) 在实际生活场景中模仿和练习说话。

(3) 充分利用"亲子阅读",教婴儿学会看书。

（4）参加"亲子班"的学习,课后家长要及时引导婴儿对课堂内容进行复习巩固。

（二）1～2 岁婴儿正式学说话阶段的指导

此阶段的婴儿所能理解的语言大量增加,但是他能听懂的话比他能说出的话要多得多,所以往往会用一个词语表示一个句子。这一阶段的指导要点是:

1. 充分运用婴儿所喜欢的玩具,扩展其词汇量。
2. 有意识地为婴儿创设谈话交流的机会。
3. 坚持参加亲子课程学习,在专职教师的启发引导下,逐步开发婴儿的语言潜能。
4. 增加亲子游戏的次数及形式。

（三）2～3 岁婴儿基本掌握口语阶段的指导

这一阶段的婴儿基本上能理解成人所用的句子,能主动说出日常物品的名称,疑问句开始出现。在表达语句中会出现一些模仿性的新词,但缺少一定的条理性。这一阶段的指导要点是:

1. 鼓励婴儿在自然环境中主动去感知,多看、多听、多说、多练。
2. 教师通过组织语言教学活动,为婴儿之间提供交谈、相互模仿的机会。
3. 亲子阅读:监护人可以与婴儿共同翻阅一本图书,轮流讲述图片内容,也可以与婴儿共同商讨自己动手制作图书。
4. 把握随机教育。婴儿睡觉前经常会缠着监护人讲故事,监护人可与孩子一人讲一段,有意识地训练婴儿组织言语的逻辑性。
5. 面对婴儿的每一个提问,监护人和教师要耐心回答,满足婴儿的求知欲。
6. 送孩子入托,以便婴儿尽早地在集体环境中得到统一规范的能力训练。

五、婴幼儿语言教育应注意的问题

1. **要避免忽视婴幼儿间的个体差异,使他们在语言自然习得过程中产生不应有的压力。** 每一个婴幼儿似乎在获得语言的过程中都经历了类似的几个阶段,但婴幼儿到达某一语言发展阶段时的年龄不尽相同,这种个体间的差异是很大的。因此,监护人或教师不能用其他婴幼儿语言发展的水平做标准来要求孩子。这样,只会给孩子自然习得语言制造心理障碍。

2. **要注重学习的结果,但更要注重学习的过程。** 教师或监护人教给孩子某句话或某个字词后,更重视孩子是否尽快掌握了学过的内容（如:会说了什么话、认识了多少字词）,而不太关注孩子语言学习的兴趣和习惯。事实上,只要有了良好的语言学习兴趣和习惯,并且处于正常和适宜的语言环境,孩子最终都会获得相应的语言能力。

3. **不要对婴幼儿在语言习得过程中出现的错误过于较劲。** 一般情况下,婴幼儿在学说话和认读汉字过程中,出现一些不准确的发音和认错字的现象是非常正常的,教师或监护人可以及时纠正,但不要过于较劲。否则,将很容易挫伤孩子的自信心,降低语言学习的积极性。我们要做的是:尽可能创设良好的语言示范环境,提供多种多样的语言模仿机会,给予充足的语言练习时间,孩子就能够实现语言的自然习得。

4. **不要过分满足婴幼儿的需要以致造成语言滞后。** "宝宝,是要喝水吗? 妈妈给你拿。"不少教师和监护人过分满足婴幼儿的要求,若婴幼儿指着水瓶,他们立马"领会"婴幼儿想喝水的要求,于是把水瓶递给他(她)。如果经常这样"热心帮忙",可能反而会延迟婴幼儿的语言发展,因为他(她)不用说话,成人就能迅速明白他的意图,并达到他的要求,无形中他就失去了说话的机会。正确的做法是,当成人从婴幼儿的行为举止中发觉他想喝水时,你可以给他一个空水杯,他拿着空水杯,想要得到水时,会非常努力地去说"水"。你可以做此尝试,当婴幼儿把自己喝水的想法落实到语言上,变成"水"字时,仅仅这一个字,就会让他欢欣鼓舞。

5. 不要过多使用叠词。 "宝宝(孩子们),饭饭了!""宝宝(孩子们)看,那是狗狗,那是花花……"用叠词和儿语说话是婴幼儿语言发展特定阶段的表现,一些成人却以为婴幼儿只能听懂这些儿语或觉得有趣,也用同样的语言与婴幼儿讲话,这样做就很可能拖延婴幼儿过渡到说完整语言的阶段。

婴幼儿语言发展一般都经历单词句(用一个词表达多种意思)、多词句(两个以上词表达意思)、说出完整句子这三个阶段,成人应通过正确的教育引导婴幼儿的语言向更高阶段发展。当婴幼儿伸出双手说:"妈妈抱抱。"妈妈就应该给宝宝一个热情的拥抱,并说:"妈妈来抱宝宝了。"用正常的交流方式,尽量缩短婴幼儿叠词或者儿语使用的时间。

6. 模仿婴幼儿的可笑发音造成错误暗示。 婴幼儿在刚学说话的阶段,常常会有一些可笑的不准确的发音,如把"吃"说成"七",把"狮子"说成"希儿","苹果"说成"苹朵"等。有些成人觉得好玩,于是重复婴幼儿的错误语音,以博一笑。

婴幼儿存在着发音不准的现象,是因为婴幼儿的发音器官发育不够完善,听觉的分辨能力和发音器官的调节能力都较弱,还不能完全正确掌握某些音的发音方法。如果教师和监护人将错就错学习婴幼儿的可笑发音,那么婴幼儿就会得到错误暗示,认为自己的发音是对的,这就很可能拖延婴幼儿掌握正确发音的时间。正确的做法是,在听到婴幼儿发音不准时,成人应当用正确的语言与他对话,时间一长,婴幼儿的发音自然会逐渐正确。

7. 多种方言让婴幼儿不知所措。 有些家庭、幼儿园里,成人各有各的方言,这种多种方言并存的语言环境经常使正处于模仿成人学习语言阶段的婴幼儿不知所措,导致婴幼儿说好标准语言的时间推迟。正确的做法是,成人应尽量使用普通话和婴幼儿交流,尤其是在婴幼儿语言发展的爆发期。

精选案例之 42　　语言活动:儿歌"红绿灯"

适用年龄范围		活动形式	活动设计
2~3 岁		集体	孙维求
活动目标	宝宝	1. 正确发准音:"走、手、口、停"等。 2. 激发唱念儿歌的兴趣,在游戏中自然习得儿歌。 3. 丰富简单的交通常识。	
	家长	1. 在孩子习得儿歌的同时,注重丰富日常的安全知识。 2. 学习如何在日常生活中丰富孩子的知识经验。	
活动准备	1. 教具准备:红绿灯一个。 2. 环境准备:室内地板上,用灰色即时贴贴几条斑马线充当红绿灯路口。		
活动依据	2~3 岁的婴幼儿语言发展非常迅速,他们对朗朗上口的唱游儿歌极感兴趣,并会反复唱念,乐此不疲。选择一些反映婴幼儿生活经历或者熟悉的动物等方面的短小儿歌,用游戏方式教给孩子,对婴幼儿的语言发展大有好处。 　　《红绿灯》这首儿歌朗朗上口,它告诉孩子过马路时,看见红灯要停下来,看见绿灯才可以走,引导孩子初步了解基本的安全常识。本活动通过说说、玩玩,引导孩子主动开口说话,丰富了婴幼儿对马路的生活常识,同时,自然愉快地习得这首儿歌。		
活动流程	引出课题→感知儿歌内容→学习儿歌→请宝宝表演儿歌		

续表

	指导宝宝	指引家长
活动过程	**一、引出主题** 　师："宝宝们,今天天气真好,我们一起去逛街吧。要去逛街,得过一条马路哦,这可得小心,宝宝们,谁告诉我,过马路要注意什么?"(看红绿灯、小心车、要和妈妈手拉手等) 　"谁先陪我去逛呀?"请一位宝宝,并说:"我是妈妈,宝宝和妈妈手拉手。"注意"手拉手"的字音练习。 **二、感知儿歌内容** 1. 一手挽婴幼儿,一边过马路,老师念儿歌。重点"看见红灯停一停,看见绿灯开步走",引导说这两句。注意"手、口"的发音。 　师问宝宝:"你在马路上看到了什么?" 2. "真好玩,还有谁陪我去?"(要求同第一遍) **三、学习儿歌** 1. "过马路逛街,真好玩! 现在请宝宝和妈妈手拉手,我们一起去过马路去逛街喽!"妈妈拉着宝宝的手,排好队边念儿歌边走,到了马路口注意引导宝宝观察红绿灯的变化。向宝宝渗透交通规则意识。和宝宝交流:"你在马路上看到了什么?"引导宝宝回忆并表述曾在马路边观察到的物体。 2. "今天的游戏,我们把它编成了一首儿歌呢。"(老师念儿歌,鼓励全体婴幼儿跟老师一起念。) **四、请宝宝表演儿歌** 　请宝宝们当演员,为大家表演儿歌。	🐟 鼓励婴幼儿认真看表演,关注婴幼儿对"手""口""走"等字的发音。 🐟 开始时家长大点声带领宝宝唱念儿歌,等熟悉后再小声,逐步让宝宝声音在前面。 🐟 家长鼓励宝宝大胆在大家面前表演。若孩子胆怯、不愿意,不要勉强,可对孩子说:"宝宝这次愿意当观众,下次再去当演员吧。"
活动延伸	1. 当孩子已经熟悉儿歌内容时,要注意孩子的发音,尽量纠正不清楚的发音,练习说清楚每个字。 2. 在家里鼓励宝宝为全家人表演儿歌,引导宝宝:"妈妈要上班了,还有谁可以带宝宝过马路去逛街?"(爸爸、爷爷、奶奶……)这样不断替换儿歌中的人物名称,进一步增强儿歌的趣味性。	
活动评析	本次活动,通过玩玩、说说、唱念儿歌,进一步激发婴幼儿主动开口说话、愿意与别人交流的意识,并用红绿灯、斑马线巧妙地布置了简易马路口场景,使得婴幼儿很容易进入角色,并开心地和大人、同伴一起玩耍、交流。 　同时家长也学习如何在日常生活中,做个有心人,巧妙运用各种机会丰富孩子的语言,引导孩子观察身边的事物,并用恰当的语言表达出来。活动结束后,老师向家长们推荐了几首琅琅上口又有趣的、适合婴幼儿们平时玩耍时唱念的小儿歌,如《小蚂蚁》《捶捶背》《饼干》等。	
附:儿歌	《红绿灯》 　妈妈走,我也走,我和妈妈手拉手, 　走呀走,走呀走,一走走到大路口。 　看见红灯停一停,看见绿灯开步走。	

精选案例之 43　　语言活动：买菜

适用年龄范围	活动形式	活动设计
2～3 岁	集体	孙维求

活动目标	宝宝	1. 正确发音"ai"，理解词："上大街"。 2. 在游戏中，自然习得儿歌，激发宝宝唱念儿歌的兴趣。
	家长	1. 了解孩子的发展水平，并学习进行适当的引导。 2. 学习如何在家庭中进行相应的语言游戏。

活动准备	1. *教具准备*：提篮宝宝(每人一个小提篮)、玩具(鸡、鱼、青菜)若干。 2. *环境准备*：布置简易的超市柜台。

活动依据	2～3 岁的婴幼儿语言发展非常迅速，他们对朗朗上口的唱游儿歌极感兴趣，并会反复唱念，乐此不疲。首先，选择一些反映婴幼儿生活经历或者熟悉的动物等方面的短小儿歌，用游戏的方式教给孩子，这对婴幼儿的语言发展大有好处。因为这些儿歌朗朗上口，合辙押韵，婴幼儿爱听，也容易跟着妈妈学。其次，儿歌短小精悍，便于婴幼儿记忆，婴幼儿一学就会，可增强婴幼儿的自信心，锻炼婴幼儿的记忆力。第三，通过说儿歌，还能扩大婴幼儿的知识面，使婴幼儿学会使用形象语言描述动物及事物特征。第四，儿歌有明显的节奏感，婴幼儿通过说儿歌能体会语言节奏，练习某些发音。 儿歌《买菜》，短小精悍，朗朗上口，能激发婴幼儿学习的兴趣，增强婴幼儿主动开口说话的积极性，并能引起其情绪上的共鸣，使婴幼儿心情愉快。

活动流程	导入→教师示范→亲子游戏→收拾整理物品

	指导宝宝	指引家长
活动过程	**一、导入** 　　"宝宝们，看我手里拿的什么?"(篮子)"我提着篮子想去干什么?"(买东西……)"哎呀，天不早啦，我们去买菜吧。" **二、教师示范** 1. 师："我来做妈妈，我带着我的小乖乖上大街去买菜喽。"为孩子解释"上大街"的意思：就是去逛街、去超市买东西等。 2. 老师和宝宝挎着篮子手拉手，往布置好的超市场景走，边走边说："小乖乖，上大街，陪妈妈，去买菜。鸡呀鱼呀大青菜，哎哟哎哟抬回来!"请宝宝们看一下，妈妈都买了什么东西。引导宝宝和大家一起说："鸡呀，鱼呀大青菜，哎哟哎哟抬回来!" **三、亲子游戏** 1. 家长和宝宝抬着篮子去买菜，边走边说："小乖乖，上大街，陪妈妈，去买菜。鸡呀鱼呀大青菜，哎哟哎哟抬回来!" 2. 家长引导宝宝看看都买了些什么东西，鼓励宝宝说清楚"乖、街、菜"的字音。 3. 师："宝宝们，我们到街上还可以买些什么东西呀?"鼓励宝宝们回忆自己在市场见过的东西。	🌊 家长可适当给婴幼儿解释"上大街"的意思。 🌊 家长拉着婴幼儿的手，或者两个人抬着篮子，边走边带着婴幼儿唱念儿歌，注意发音"乖、街、菜"。

活动过程	4. 游戏可反复进行。带领宝宝边玩边唱念这首儿歌,练习发音。 **四、收拾整理物品** 师:"今天买了这么多菜,我们把它送到厨房去吧。"请宝宝把小篮子里的物品放回指定的娃娃家厨房的小筐里。	🐟 若婴幼儿会假装买别的东西,可把它们编进儿歌里,增强儿歌的趣味性。
活动延伸	1. 婴幼儿熟悉儿歌后,可以在家里更改名称,如:"陪奶奶,去买菜"或者陪爸爸、爷爷等,增强唱念儿歌的趣味性。 2. 当孩子已经很熟悉儿歌内容了,要注意孩子的发音,尽量纠正不清楚的发音,练习说清楚每个字。 3. 最后的收拾整理非常重要,是培养孩子物归原位习惯的重要环节,家长要持之以恒地要求孩子。	
活动评析	本次活动,把婴幼儿陪大人上街购物的经历,巧妙地融在这首琅琅上口的儿歌中。通过陪妈妈去"超市"买东西的游戏,引导婴幼儿愉快地唱念儿歌,从而练习了部分常用字的发音,如"街、菜、乖"等,引导婴幼儿主动开口说话。 同时家长也学习运用游戏方式来训练孩子的语言(发音),增强孩子学习的兴趣,学习如何对孩子进行随机教育(引导孩子回顾曾经经历过的事情),丰富孩子的语言。	
附:儿歌	《买菜》 小乖乖,上大街,陪妈妈,去买菜, 鸡呀鱼呀大青菜,哎哟哎哟抬回来。	

精选案例之44　语言活动: 小猫

适用年龄范围		活动形式	活动设计
2～3岁		集体	孙维求
活动目标	宝宝	1. 感受儿歌的节奏,乐意跟着同伴唱念儿歌。 2. 在活动过程中,萌发热爱小动物的情感。	
	家长	1. 指引家长与孩子积极互动,增进亲子之间的情感交流。 2. 提升家长对孩子进行情感教育的意识与能力。	
活动准备	1. *知识经验准备*:认识常见的小动物,如小狗、小猫、小兔、小鸡等,并初步了解它们的生活习性。 2. *教具准备*:自制小鱼玩具若干,小猫头饰、小狗套偶等。		
活动依据	2～3岁的婴幼儿已经掌握了一些常用的基本词汇,可以说出简单句,能较清晰地、准确地回答简单的问题,能用如"小猫、来、吃鱼","果果、好大、好吃"等约6～10个字的语句来表达自己的意思。他们非常喜欢与人交流,在沟通与交流中,孩子的口语进步很快,"你、我、他"的人称观念开始建立,能确实地了解语词所代表的意义。 可爱的小动物是婴幼儿最喜爱的,他们往往把可爱的小动物拟人化,跟它们讲话游戏,家长可多利用各种短小、顺口的动物小儿歌,既培养婴幼儿的语言表达能力,同时又发展婴幼儿的注意力和记忆力。儿歌《小猫》非常适合这个年龄段的孩子,可以根据情况引导孩子进行仿编,很有情趣。		

续表

活动流程	知识回忆→老师示范表演→亲子游戏:"小猫"→尝试儿歌创编	
	指导宝宝	**指引家长**
活动过程	**一、知识回忆** 　老师出示小猫头饰,问:小朋友,谁来啦? 小猫怎么叫?(大家学一学)小猫最喜欢吃什么? **二、教师示范表演** 　一位老师戴上头饰扮演小猫,一位老师扮演喂小猫的人。 　小猫边念边做动作:"喵,喵,喵,小猫叫,喵,喵,喵,小猫叫,小猫爱吃鱼,我来喂喂你。"当说到最后一句时,另一位老师双手拿出小鱼,做出喂小猫吃鱼的动作。小猫拿着小鱼,做啊呜啊呜吃的动作。 **三、亲子游戏:"小猫"** 1. 家长带领宝宝做"小猫的游戏":家长手拿小鱼,婴幼儿戴上头饰,家长和婴幼儿面对面站好,和婴幼儿一起念儿歌,当念到"我来喂喂你"时,家长捧着小鱼,做出喂小猫吃鱼的动作。引导婴幼儿拿着小鱼,做"啊呜啊呜"吃小鱼的动作。 2. 游戏反复,直到宝宝熟悉儿歌。 3. 可以互换角色,引导婴幼儿喂家长吃小鱼。 **四、尝试儿歌创编** 1. 师:"小狗也来啦! 小狗最喜欢吃什么?""让我们来编个关于小狗的儿歌吧。" 2. 家长引导宝宝:小狗怎么叫? 小狗要吃什么? 然后和婴幼儿一起按照已经学会的儿歌格式仿编儿歌:汪,汪,汪,小狗叫,汪,汪,汪,小狗叫,小狗吃骨头,我来喂喂你。 3. 家长和宝宝一起唱念自己仿编的新儿歌。	指引家长与婴幼儿一起参与,并给予适当的协助。 指引家长关注游戏过程,记住儿歌内容。 家长跟婴幼儿一起做游戏,引导婴幼儿开口说。在此过程中,关注婴幼儿的发音。 在游戏过程中家长要用积极的态度和表情去感染婴幼儿。
活动延伸	组织家庭成员一起观看婴幼儿表演儿歌朗诵,可以和婴幼儿一起扮演各种小动物,帮助婴幼儿感受朗诵儿歌的快乐与亲情的温馨。	
活动评析	这个活动是一个数字儿歌,朗朗上口,孩子在活动过程中很快就自然习得。家长在引导孩子唱念儿歌时,辅以亲子互动的游戏,在孩子熟悉以后,可以积极鼓励孩子再创编儿歌,既增加了孩子的兴趣,又更好地丰富了孩子的词汇。	

精选案例之 45　语言实操活动:买玩具

适用年龄范围	活动形式	活动设计
2~3岁	集体	孙维求

活动目标	宝宝	1. 在游戏中引导婴幼儿使用完整句"妈妈,我要……"清楚地表达自己的需要。 2. 引导婴幼儿注意听游戏的要求,并鼓励婴幼儿大胆地在别人面前说话。
	家长	指引家长了解培养孩子倾听习惯的重要性,学习在日常生活中培养孩子听辨能力的一些方法。

续表

活动准备	**环境准备**：准备若干孩子们熟悉并喜欢的各种玩具，如毛绒公仔、娃娃、玩具枪、车、电话等；在室内布置卖玩具的商店柜台。	
活动依据	3岁的婴幼儿在表达方面已基本上都是完整句了，他们已经开始能用比较完整的句子与人交往，表达自己的要求与愿望了，句法发展过程从无修饰语的简单句到有修饰语的简单句再到复杂句，需要成人引导与示范，不断促进句法结构成熟。此类语言游戏活动，让婴幼儿置身于场景中，角色促使他们不断用完整句向别人传达自己的需求，从而不断训练他们在交往中口语表达的能力。	
活动流程	导入游戏→教师示范→亲子游戏："买玩具"→以打电话的形式，练习说完整句	
	指导宝宝	**指引家长**
活动过程	**一、导入游戏** 1. 师："小朋友们，告诉你们一个好消息：小猴的玩具商店开张啦！里面的玩具可多啦。你们想不想去看看？" 2. 先请一个宝宝上来，老师当妈妈："宝宝，我们去玩具店看看吧。"做开车动作，来到玩具店。让宝宝跟妈妈说说自己喜欢的玩具。 **二、教师示范** 1. 问宝宝："你想要什么玩具？"宝宝要说清楚："妈妈，我要×××。"妈妈听明白了，才能把玩具买下来送给你。 2. 再请一个宝宝来示范。 **三、亲子游戏："买玩具"** 1. 宝宝开着车，带着妈妈前往玩具店（绕室内一圈）。 2. 到了玩具店，妈妈请宝宝说说自己喜欢哪些玩具。引导宝宝说："妈妈，我要×××。"说清楚了才可以去取。 3. 鼓励宝宝自己到玩具柜上取下自己最喜欢的玩具，并告诉妈妈，自己所拿玩具的名称。 4. 宝宝带着玩具，开车带着妈妈回到家（自己座位）。让宝宝玩一会儿玩具。 5. 把玩具放在妈妈手里，让它休息一会儿。宝宝坐在自己位置上。 **四、以打电话的形式，练习说完整句。** 1. 电话铃响，老师接电话："你好，请问找谁啊？哦，你是妙妙（本班的吉祥物），你马上就回来呀！哦，想听听宝宝们今天买了什么玩具呀？"请每个宝宝跟妙妙说："妈妈给我买了×××。" "妙妙夸宝宝们能干呢，说得清楚又好听！" 2. "玩具想出去玩了，你们带它出去玩吧。"	🌊 家长看清楚游戏要求，准备和婴幼儿一起游戏。 🌊 引导婴幼儿向妈妈表达时要眼睛看着妈妈，并把句子说清楚。 🌊 重点鼓励婴幼儿和旁边的朋友交流，或者两人一起玩。 🌊 鼓励婴幼儿完整表达这句话，及时表扬，支持婴幼儿开口说话。
活动延伸	经常带领孩子去超市购买日常用品，并鼓励孩子自己挑选所需物品，向家长表达清楚："妈妈，我要××××。"培养孩子用清晰的完整句表达自己需求的能力。	
活动评析	本次活动是角色游戏中的模拟活动，孩子们在买玩具过程中，增强了用完整句表达自己需求的能力。这类模拟买东西游戏非常适合两到三岁的孩子，他们在这过程中非常认真，把游戏中的每个过程都当成真的，表达的积极性和主动性都很强。这个游戏的系列还有"买水果""买点心""买菜"等。	

精选案例之 46　　听力语言游戏：我的耳朵灵

适用年龄范围	活动形式	活动设计
2～3 岁	集体	孙维求

活动目标	宝宝	1. 在游戏中学习按指令行动。 2. 培养婴幼儿的语言听辨能力,要专心听,并听懂老师的话。
	家长	指引家长了解培养孩子倾听习惯的重要性,学习在日常生活中培养孩子听辨能力的一些方法。

活动准备	1. 环境准备:较为宽敞的活动场地。 2. 教具准备:有小鸟叫和打雷声音的录音、小鱼卡片若干。

活动依据	人通过听说接收信息包括三个过程:听觉收讯过程、听觉联合过程、语音发讯过程,这三个过程畅通,才能真正听懂信息并做出恰当反应。耳听觉的分辨力是听觉收讯过程的基础环节,婴幼儿只有会准确分辨各种声音,将信息听清楚了,才有可能记住正确的知识并做出准确的反应。孩子学习语言的过程中,听和说是彼此增进、相伴而存的,所以,经常有意识地让孩子听辨一些声音、指令,有助于孩子更好地融入集体,与同伴处好关系。 　本活动是最基本的,也是可以经常和家长一起玩的游戏,可以训练孩子的听辨能力。

活动流程	听一听,说一说→脸上的游戏→身体的动作→手指的动作→我是一只小花猫

	指导宝宝	指引家长
活动过程	**一、听一听,说一说** 1. 师:"小朋友们,听听,这是什么声音?"放鸟叫、打雷的声音录音,引导宝宝说说是什么声音。 2. 师:"宝宝们的小耳朵真灵,请你告诉妈妈,你还听到过什么声音?"让婴幼儿和妈妈交流。 3. 师:"今天我们就用小耳朵来做游戏,比一比谁的耳朵灵,如果听得仔细,那么你就会玩得更加开心。" **二、脸上的游戏** 1. 老师发出口令,孩子做相应的动作。 速度稍慢些:翘起小嘴巴;一只眼睛睁,一只眼睛闭;做笑眯眯的表情;做小猫吃鱼的动作。 速度稍快些:眨眨眼睛;捏捏鼻子;拉拉耳朵;张开嘴巴;拉拉头发。 速度快些:眼睛、鼻子、耳朵、头发、嘴巴、脖子。 2. 表扬所有婴幼儿,小耳朵真灵,听得仔细,做得对,玩得真开心。 **三、身体的动作** 1. 要求婴幼儿们听老师把口令讲完后,再做动作:拍拍腿;拍拍手;踩踩脚;站起来,转个圈;做只小狗啃骨头;扭扭小屁股;做只小兔跳跳跳。 2. 表扬所有婴幼儿,小耳朵真灵,听得仔细,做得对,玩得真开心。	🦀 家长耐心听婴幼儿说自己曾经听到过什么声音,也告诉婴幼儿自己听到过什么声音。 🦀 家长观察婴幼儿的倾听情况,在孩子随着集体跟老师做动作时,不要随便打扰孩子;若婴幼儿不专心听,可轻轻提醒:快听,老师在说什么。

活动过程	**四、手指的动作** 1. 请宝宝用手指来玩游戏:变个望远镜;变一支手枪"叭叭叭";变个锤子"锤锤锤"。 2. 表扬所有宝宝,小耳朵真灵,听得仔细,做得对,玩得真开心。 **五、我是一只小花猫** 1. 请每个宝宝当小猫,先在地上打个滚。 2. 学习小猫叫,小猫睡觉,小猫打呼噜,小猫伸懒腰,小猫抓了一条鱼,"啊呜"一口全吃下,再抓一条鱼,送给好妈妈,回到自己位置上。 3. 师:"宝宝们,玩的开心吗?因为我们有一对耳朵,它们听得清、听仔细,所以我们才会玩得这么开心哦。"	🐳 家长观察婴幼儿是否能够按照老师指令做动作,最后能否按照要求回到自己的位置。需要协助的婴幼儿,家长可适当帮助。
活动延伸	家长平时在家里,可有意识训练孩子听指令行动,例如:请婴幼儿把××拿来;请婴幼儿把桌子上的报纸拿来,等等。可以根据孩子的能力逐步增加指令语句的复杂性,以增强孩子的理解力,也为孩子即将进入小班的集体生活做准备。	
活动评析	3岁的孩子即将进入小班,独立在幼儿园过小班的集体生活,孩子对老师指令的理解和执行非常重要,这个听辨游戏,是孩子们平时都可以玩的,简便易行,又能培养孩子的倾听能力。它从孩子的头部开始,到手指,到整个身体,直到后来全身的动作,引得孩子开心不已。它也让家长明白,在孩子的语言能力发展中,听力训练非常重要,家长要学习怎样利用简便易行的方法培养孩子良好的倾听习惯。这类的听辨游戏可以经常玩,内容可以不断更换。	

🎈 **精选案例之47** **语言活动:我们散步去**

适用年龄范围	活动形式	活动设计
2～3岁	集体	孙维求

活动目标	宝宝	1. 认知身边的常见物品,继续学习礼貌用语,会用句式"××,你好!"。 2. 通过游戏活动,使得婴幼儿保持愉快的情绪,愿意和同伴一起散步、玩耍。
	家长	1. 指引家长耐心协助婴幼儿观察身边事物,学说常见礼貌用语。 2. 指引家长认识到:婴幼儿的语言发展依赖于日常引导。
活动准备		**环境准备**:1.活动前,孩子有与家长一起散步的经历。2.室内孩子们活动常用的物品有序地摆放好。 **教具准备**:自制三幅连环画(《小老鼠,去散步》)、小老鼠手偶。
活动依据		散步是极其平常的行动,但也是孩子最为喜欢并能从中收获丰富信息的活动,尤其是2～3岁的婴幼儿,他们对周围环境充满了好奇,非常喜欢走走看看说说。散步,不仅是亲子共度的愉悦时光,也是教育孩子的极好机会,孩子可以看到很多家里没有的东西,丰富知识和交往经验。特设计本活动,旨在指引家长在日常生活中,抽出时间,有耐心地陪着婴幼儿走出房屋,轻松散步,引导孩子看看远处、说说玩玩,孩子和大人都会有不同收获。
活动流程		看连环画,听故事→教师指引示范→走出户外,向大自然问好

	指导宝宝	指引家长
活动过程	**一、看连环画,听故事** 1. 出示小老鼠:"吱吱吱!看,谁来啦?""小老鼠今天心情真好,它吃过饭坐在门口想:嗨!我去散步吧。于是,小老鼠就出门散步啦。" 2. 出示三幅连环画: (1)"看,小老鼠一出门就遇到了谁?(小老鼠和小鸟手拉手,开开心心去散步!)""它们抬头看见白云在飘,就使劲伸长手臂向白云招手,大声说:白云,你好!""看看白云的脸上是什么表情?笑眯眯地对它们说什么?(你们好!真是有礼貌的好宝宝!)" (2)"小老鼠和小鸟手拉手,开开心心去散步,它们又看见了什么?(大树)它们对大树招招手,说什么?(大树,你好!)大树笑眯眯地对它们说什么?(你们好!真是有礼貌的好宝宝!)" (3)"小老鼠和小鸟手拉手,开开心心去散步,它们又看见了什么?(小花)它们对美丽的小花招招手,说什么?(美丽的小花,你好!)小花笑眯眯地对它们说什么?(你们好!真是有礼貌的好宝宝!)"天黑了,小老鼠和小鸟说再见,回家睡觉了。 **二、教师指引示范** 1. 师:"哦,天亮啦,小老鼠还想去散步。它想和宝宝们一起去散步,谁想最先和它去散步?"请一个宝宝和小老鼠手拉手:"小老鼠和××手拉手,开开心心去散步。"走到附近的桌子跟前,大声说:"桌子,你好!哦,桌子夸宝宝真有礼貌!"走到屏风前,大声说:"漂亮的屏风,你好!哦,屏风真高兴,夸宝宝是个有礼貌的好孩子。" 2. 回到原位。师:"小老鼠还想请更多的宝宝去散步呢,请宝宝找一个好朋友手拉手,我们去散步喽!"每两个宝宝手拉手:"两个宝宝手拉手,开开心心去散步!(伸长手臂向台阶打招呼)台阶,你好!""墙壁,你好!" **三、走出户外,向大自然问好** 1. 家长随宝宝们出门,带领宝宝向看到的物品打招呼:小花、芒果树、秋千、滑轮车、大操场等,鼓励宝宝伸长手臂打招呼,大声向打招呼的对象问好。 2. 引导宝宝仔细观察周围的环境,主动向自己看到的物品大声问好。及时鼓励宝宝仔细看,问好的声音要好听。	🐟 指引家长协助婴幼儿一起参与看连环画,并及时鼓励婴幼儿回答问题。 🐟 家长在引领婴幼儿过程中始终面带微笑,感染婴幼儿,使之保持愉快的情绪。 🐟 鼓励孩子和旁边认识的朋友手拉手,若孩子不愿意,大人不必勉强,可自然地让婴幼儿邀请自己手拉手去散步。 🐟 家长鼓励婴幼儿大声说话,并指引孩子观察到更多的事物。
活动延伸	家长要多带领孩子去户外散步,散步中不断引导婴幼儿观察见到的实物,并主动向这些物品打招呼,问早问好。	
活动评析	跟大人或自己的好朋友散步,是一件令孩子十分开心的事,到户外去散步,不仅可以认识大自然,丰富孩子的感性认识,也是让孩子运用语言与其他人交往的好机会。通过活动的展示,也使家长意识并学习到如何在"散步"这样的日常活动中,引导孩子观察周围事物,大声、有礼貌地跟别人打招呼,加强对孩子的语言训练和礼貌习惯的培养。	

精选案例之 48　　语言活动：小兔过生日

适用年龄范围	活动形式	活动设计
2～3 岁	集体	孙维求

活动目标	宝宝	1. 在游戏中鼓励婴幼儿开口说话。 2. 学习正确使用"上、下、里、外"等方位词。 3. 能用短句表达自己的要求。
	家长	1. 指引家长耐心地与孩子游戏,引导孩子说出恰当的方位词。 2. 增强家长随机教育的意识。

活动准备	1. *知识经验准备*:平时家长要引导孩子认识室内的各种大件物品,如"桌子、椅子、床、屏风"等,正确说出其名字;熟悉并能说出活动中的玩具、日常用品的名字。 2. *教具准备*:小兔的木偶、在室内某个角落布置个简易的小兔的家、孩子自己选一个小礼物带来(如糖果、果冻、各种小玩具等)。

活动依据	2～3 岁婴幼儿在词汇方面,能说出自己熟悉物品的名字;"你、我"的人称观念开始建立,逐渐开始正确使用"你""我";仅能使用少量高频量词"只""个",常用这两个词概用其他;逐渐开始正确使用方位词"上""下",能理解"里面""外面",但是有时不能正确使用。 　　这个年龄段的婴幼儿开始进入完整句阶段。2 岁婴幼儿的话语大部分是短句,3 岁婴幼儿已基本上都是完整句,句法发展过程从无修饰语的简单句到有修饰语的简单句再到复杂句,需要成人引导与示范,不断促进其句法结构成熟。 　　"小兔,我送给你一……"句式,让婴幼儿学习说交往中的主谓宾结构的完整句,让婴幼儿逐渐掌握复杂句法结构并不断丰富词汇。

活动流程	接听小兔电话→到小兔家做客→亲子游戏→收拾整理

	指导宝宝	**指引家长**
活动过程	**一、接听小兔电话** 1. 电话铃声响。"咦!是谁的电话呀?"接电话:"你好,我是小兔,今天我过生日,想邀请宝宝们到我家来做客。"问宝宝们:"你们到小兔家去做客吗?" 2. "我们带什么礼物给小兔呢?"请每个宝宝说说自己准备带什么礼物。如"我带一个苹果""我带一块糖果"等。 **二、到小兔家做客** 　　"我们坐什么车到小兔家呢?"(大巴、公共汽车、汽车等)"我们一起坐大巴去吧。"宝宝们接在老师后面,做开汽车动作向前走,来到小兔家。 **三、亲子游戏** 1. "请把礼物送给小兔吧。"宝宝们把手中的礼物送给小兔,并对小兔说:"小兔,生日快乐!" 2. 小兔请大家玩玩具:"宝宝们,我把好玩的玩具都藏在不同的地方了,快去把他们找出来吧。"宝宝们开始去找玩具,找到了就拿出来,对小兔说:"××玩具藏在××的下面呢。"	若婴幼儿用错量词,不用着急,帮助他说一遍正确的量词即可。 　　家长指引婴幼儿寻找到一样玩具,并且引导他对小兔说"玩具藏在××下面"等,练习用方位词说完整句。

活动过程	3. 大家一起玩玩具。 **四、收拾整理** 　　和孩子一起把这些物品送到它自己的家里去,摆放整齐,并跟小兔道别:"再见,小兔!"	若婴幼儿找不到,家长可用"再去桌子下面找找看吧"等语言暗示孩子按相应的方位寻找。 　指引家长耐心引导婴幼儿将物品归位,家长可以用语言指令某些物品的位置,让婴幼儿自己去放。及时给孩子鼓励。
活动延伸	1. 平时在家里,可以有意识地把孩子熟悉的物品收集在一起,和孩子玩这样的游戏,不断强化孩子说完整句。 2. 最后的收拾整理非常重要,是培养孩子物归原位习惯的重要环节,家长要持之以恒地要求孩子。	
活动评析	本次活动,运用了婴幼儿最喜欢的情景表演形式,引导他们积极参与游戏,让婴幼儿在与成人或同伴的语言交往中,通过模仿,练习说完整句并不断丰富词汇。 　　同时也引导家长逐步掌握运用游戏方式来丰富孩子的词汇,指引家长学习使用暗示性的语言,协助孩子获得成功,增强孩子的自信心。	

精选案例之 49　语言活动:小猪滑滑梯

适用年龄范围		活动形式	活动设计
2～3 岁		集体	孙维求
活动目标	宝宝	通过游戏,使孩子感受语言的趣味性,愿意模仿游戏中小猪的动作和发出的声音。	
	家长	1. 指引家长积极地与孩子游戏,引导孩子开口说话。 2. 提升家长陪伴孩子的有效性。	
活动准备		1. *教具准备*:家长和婴幼儿一起制作手指偶:家长画个漂亮的小猪头,请孩子涂色,协助孩子剪下来,粘贴在信封上,做成小猪指偶。每人一个。	
活动依据		2～3 岁是婴幼儿语言发展的最积极时期,他们喜欢与人进行语言交流,词汇量、语感都在迅速增强,此时的婴幼儿变得特别喜欢说话,尤其对重叠词、象声词感兴趣,比如"轰……啪!""哗呦……"等,喜欢反复模仿这些象声词,乐此不疲。此时,需要成人有意识地抓住有利时机,用各种不同的方法和婴幼儿交流,不仅能和谐亲子及家庭关系,更能丰富婴幼儿的口语表达。 　　本活动的形式应是这段时期的孩子最喜欢的活动之一,家长通过与孩子的游戏,指引家长在日常生活中,用不同的方式方法和孩子交流游戏。	
活动流程		教师表演→亲子游戏	

	指导宝宝	指引家长
活动过程	**一、教师表演** 1. 拿着指偶,抱着宝宝面对面坐好。 2. 手套上指偶,从宝宝手臂爬到肩膀,边爬边说:"小猪小猪爬滑梯,嘿哟!嘿哟!嘿哟!"爬到肩膀时,手指偶对着宝宝的小脸,说:"×××(婴幼儿的名字),你好!" 3. 手指偶从肩膀滑下来,说:"小猪滑滑梯啦,呜——" **二、亲子游戏** 1. 家长抱着婴幼儿面对面坐好,拿着手指偶从宝宝的手臂爬到肩膀,边爬边说:"小猪小猪爬滑梯,嘿哟!嘿哟!"(很用力的语气) 2. 爬到宝宝肩膀时,对着宝宝小脸:"×××(婴幼儿的名字),你好!"宝宝:"小猪,你好!" 3. 手指偶从肩膀滑下来:"小猪滑滑梯喽,呜——",此动作可以反复进行。 4. 手指偶举起来,对着宝宝:"小猪回家喽!×××(婴幼儿名字),再见!"	🐟 指引家长关注和婴幼儿的交流方式。 🐟 家长跟婴幼儿一起说,可以稍大声点,带动婴幼儿开口说。熟悉玩法后,让孩子拿着套偶玩。 🐟 指引家长跟婴幼儿说部分内容,如"小猪小猪吃草啦,吧唧!吧唧!""小猪,小猪闻花香,嗯——真香啊!"等。
活动延伸	在家里,可以用同样的方法,做小狗、小猫、小兔等不同的手套偶,还可以从地板往桌上、床上爬,引导孩子开口说。	
活动评析	念儿歌游戏中伴随形象生动的语言,边玩边做动作可以更有效地开发孩子语言的感知力和接受力。亲子互动的游戏更增进了亲子之间的亲密关系。	

精选案例之 50　语言活动：这里有什么

适用年龄范围	活动形式	活动设计
2～3岁	集体	孙维求

活动目标	宝宝	1. 学习说"我有……""给你……"的句式。 2. 感受对话游戏的趣味性。
	家长	1. 了解孩子的发展水平,学会适当的引导。 2. 学习如何在家庭中进行相应的语言游戏。

活动准备	1. *知识经验准备*:婴幼儿熟悉并能说出活动中的玩具、日常用品的名字。 2. *教具准备*:娃娃家的小碗、勺子、娃娃、衣服、毛巾等;自由活动的积木等玩具;孩子日常用品,如:牙刷、小杯子、袜子等;每人一个小篮子。

活动依据	在词汇方面,2～3岁婴幼儿对日常生活物品比较熟悉,能说出大部分物品的名字;"你我"的人称观念开始建立,逐渐开始正确使用"你""我";仅能使用少量高频量词"只""个",常用这两个词概用其他。

	指导宝宝	指引家长
活动依据	在句法结构上,2岁婴幼儿开始进入完整句阶段。2岁婴幼儿的话语大部分是短句,3岁婴幼儿已基本上都是完整句,句法发展过程从无修饰语的简单句到有修饰语的简单句再到复杂句,需要成人引导与示范不断促进句法结构成熟。 "我有……"句式,让婴幼儿学习说主谓宾结构的完整句(我有苹果),"给你……"则练习主谓双宾结构的完整句(给你苹果),并适当增加简单修饰词(我有一个大苹果),让婴幼儿逐渐掌握复杂句法结构并不断丰富词汇。		
活动流程	教师示范→亲子游戏→收拾整理		

活动过程	**一、教师示范** 　　老师拿一件小衣服,放在自己的小篮子里,边放边说:"我有一件衣服。你呢?" **二、亲子游戏** 1. 家长和孩子坐在一起,家长先拿一样东西放在自己的小篮子里,边放边说:"我有一个娃娃。"婴幼儿也拿一样东西,边放边说:"我有一个大苹果。" 2. 小篮子放满后,家长和婴幼儿轮流从自己的篮子里拿出物品,边拿边说:"给你一个小娃娃。""给你一个大苹果。"直到篮子空了为止。 3. 家长与孩子一起自由找好朋友进行对话游戏 **三、收拾整理** 　　和孩子一起把这些物品送到它自己的家里去,摆放整齐,并跟它道别:"再见,×××"。	🌊 指引家长示范规范完整的句子。 🌊 指引家长根据婴幼儿的水平适当增加词汇及其趣味性,如"我有一个大苹果,啊呜咬一口,好好吃啊"。 🌊 若孩子说错,不直接批评或否定,可反问:"你是说,你有×××吗?" 🌊 引导婴幼儿礼貌地与其他家长、小朋友进行对话,不抢话。 🌊 指引家长耐心引导婴幼儿将物品归位,家长可以用语言指令某些物品的位置,让婴幼儿自己去放,及时给孩子鼓励。
活动延伸	1. 平时在家里,可以有意识地把孩子熟悉的物品收集在一起,和孩子玩这样的游戏,不断强化孩子说完整句。 2. 最后的收拾整理非常重要,是培养孩子物归原位习惯的重要环节,家长要持之以恒地要求孩子。		
活动评析	本次活动,运用了婴幼儿熟悉的物品与孩子进行一对一的语言游戏,让婴幼儿在与成人或同伴的语言交往中,通过模仿,练习说完整句并不断丰富词汇。 　　同时家长也学习到运用游戏方式来训练孩子语言(对物品描述)和探究(体验形成问题、猜测、探究)能力,学习如何以较生动活泼的言语表情、如何根据孩子的表达水平进行适当的引导以及如何利用日常生活用品培养孩子的认知、探究能力。		

精选案例之 51　　**语言活动：五只猴子荡秋千**

适用年龄范围	活动形式	活动设计
2～3 岁	集体	谢丽敏

活动目标	宝宝	1. 运用肢体动作感知数的递减关系。 2. 能有节奏地念唱儿歌,体验不同语言的趣味性。
	家长	1. 指引家长与孩子积极参与到活动中,共同感受活动的快乐。 2. 在活动中学会方法,在家里对同类型的儿歌可以尝试应用。

活动准备	1. *教具准备*:猴子头饰 5 个、猴子指偶 5 个、鳄鱼嘴巴 1 个、响板人手 1 个。 2. *知识经验准备*:通过家长的辅导,让婴幼儿认识猴子和鳄鱼两种动物。

活动依据	2～3 岁的婴幼儿语言学习往往与日常生活密切相关,在生活中婴幼儿喜欢重复做同样的事情,在语言表达方面喜欢重复使用固定的句式,把说话当成一种游戏,在游戏中开口表达。这首儿歌念起来琅琅上口,儿歌里面不但存在数字 1～5 的递减关系,还可以通过手指游戏锻炼婴幼儿的手指灵活度。本活动设计利用儿歌的趣味性、游戏性特点,调动婴幼儿口语表达的积极性,通过游戏的方式让婴幼儿体验口语表达和语言学习的乐趣。

活动流程	互动问好→讲故事→学做手指动作→语音节奏练习→亲子游戏

	指导宝宝	指引家长
活动过程	**一、互动问好** 　　教师出示小猴子指偶与宝宝、大朋友问好。 **二、讲故事** 1. 以故事形式讲述儿歌内容。 　　(左手戴上猴子指偶,右手戴上鳄鱼嘴巴) 2. 提问:宝宝们,你们荡过秋千吗? 好不好玩? 　　鳄鱼生活在什么地方? **三、学做手指动作** 1. 帮助婴幼儿把 1～5 按照递增递减关系复习一遍。 2. 教师带领大朋友和宝宝们一起边念儿歌边学做手指动作。儿歌: 　　五只猴子荡秋千,嘲笑鳄鱼被水淹, 　　(左手五指表示五只猴子,按节奏左右摇晃) 　　鳄鱼来了,鳄鱼来了, 　　(右手拇指和另外四指一分一合表示鳄鱼张大嘴巴) 　　嗷! 嗷! 嗷! 　　(每说一次"嗷"就用右手咬左手指一下) 　　四只猴子荡秋千,嘲笑鳄鱼被水淹, 　　(伸出四个指头表示四只猴子,按节奏左右摇晃) 　　鳄鱼来了,鳄鱼来了, 　　(右手拇指和另外四指一分一合表示鳄鱼张大嘴巴) 　　嗷! 嗷! 嗷!	指引家长根据婴幼儿的生活经验提示婴幼儿,比如:有没有在动物园、电视上看过鳄鱼。 　　第一次进行游戏时,婴幼儿可能会不适应角色的转换,指引家长要耐心引导婴幼儿。

活动过程	(每说一次"嗷"就用右手咬左手指一下) 三只猴子荡秋千,嘲笑鳄鱼被水淹, (伸出三个指头表示三只猴子,按节奏左右摇晃) 鳄鱼来了,鳄鱼来了, (右手拇指和另外四指一分一合表示鳄鱼张大嘴巴) 嗷!嗷!嗷! (每说一次"嗷"就用右手咬左手指一下) 两只猴子荡秋千,嘲笑鳄鱼被水淹, (伸出两个指头表示两只猴子,按节奏左右摇晃) 鳄鱼来了,鳄鱼来了, (右手拇指和另外四指一分一合表示鳄鱼张大嘴巴) 嗷!嗷!嗷! (每说一次"嗷"就用右手咬左手指一下) 一只猴子荡秋千,嘲笑鳄鱼被水淹, (伸出一个指头表示一只猴子,按节奏左右摇晃) 鳄鱼来了,鳄鱼来了, (右手拇指和另外四指一分一合表示鳄鱼张大嘴巴) 嗷!嗷!嗷! (每说一次"嗷"就用右手咬左手指一下) **四、语音节奏练习** 1. 发响板。 2. 演示使用方法并使用响板按节奏念唱儿歌。 3. 自由练习。 **五、亲子游戏** 1. 请婴幼儿做猴子,家长做鳄鱼,当说到"鳄鱼来了"时,按节奏搂住婴幼儿模拟吃掉猴子。 2. 请家长做猴子,婴幼儿做鳄鱼,当说到"鳄鱼来了"时,按节奏抓住大朋友的手模拟吃掉猴子。 3. 邀请五位小朋友戴猴子头饰上台,大朋友站婴幼儿身后,由另外一位家长和婴幼儿做鳄鱼来进行情境表演,吃掉一只就下去一个家庭,其他人念唱儿歌边用响板打节奏。依次轮完全部人结束。	
活动延伸	1. 在区域活动中提供相关的手偶,让婴幼儿可以进行复习、表演。 2. 当婴幼儿熟悉儿歌后,家长可以鼓励婴幼儿创编其他的小动物。
活动评析	婴幼儿们对这首琅琅上口的儿歌非常喜欢,在游戏中自然习得儿歌,并在游戏当中表现得非常开心,特别是说到抓猴子的拟声词时产生出非常兴奋和激动的表情和动作,家长在婴幼儿对儿歌非常熟悉之后,可以鼓励婴幼儿创编不同的对应关系的动物到儿歌里,增加其兴趣和新鲜感。

精选案例之 52　　故事活动：水果色拉

适用年龄范围	活动形式	活动设计
2～3岁	集体	李云艳

<table>
<tr><td rowspan="3">活动目标</td><td>宝宝</td><td>1. 聆听故事，学会大胆讲述。
2. 初步掌握水果色拉的制作方法，并能体验动手制作的乐趣。</td></tr>
<tr><td>家长</td><td>了解水果有多种吃法。在共同制作色拉的过程中，增进亲子关系。</td></tr>
</table>

活动准备	*教师准备：* 故事《水果色拉》。 *家庭准备：* 1.每人两种洗净的水果、一把婴幼儿可操作的刀、自备盘、勺或叉。2.个别家长带色拉酱一瓶、搅拌盆两个、漏勺一把、搅拌勺一把。
活动依据	秋天是水果丰收的季节，水果又是婴幼儿生活中常见的事物，它既有丰富的营养，又贴近孩子的生活。对于婴幼儿而言，丰富他们的生活经验，让他们掌握一些生活小技能是非常必要的，尤其对于现在的独生子女，很多事情都是家长包办代替，缺乏自己动手的机会。于是，我们开展此次活动，目的是让婴幼儿亲自尝试制作水果沙拉，锻炼其手部精细动作，利用视觉、触觉和味觉进一步了解水果，知道水果的多种吃法，并体验分享的乐趣。而且也想通过活动让家长能够改变以往对孩子过多包办代替的做法，把更多的动手机会还给孩子。
活动流程	分享阅读→实践操作→分享体验→收拾整理

活动过程	指导宝宝	指引家长
	一、分享阅读 1. 出示做好的水果色拉，引起婴幼儿兴趣。 　指导语：今天老师带来一份很好吃的水果色拉，大家知道是怎么做出来的吗？ 　指导：请几位婴幼儿讲述一下。 2. 出示故事书《水果色拉》，逐页讲述画面内容。 　指导：练习句式"如果你要吃色拉，你会加一些——" 3. 亲子小书阅读。 **二、实践操作** 　步骤：制作前洗手→在自带盘里切水果→切好的水果到老师处过盐水→排队盛水果色拉 **三、分享体验** 　指导：引导婴幼儿少量多次食用，不浪费劳动成果。 **四、收拾整理**	🐟 关注和婴幼儿的交流方式。亲子阅读时引导婴幼儿在每种水果前加形容词，如"红红的草莓"。 🐟 提示婴幼儿注意水果刀的使用，不使用时马上收好。

活动延伸	1. 整理完毕做律动《吃水果》。 2. 在家里由婴幼儿做小厨师制作色拉。
活动评析	通过亲身体验，班上一位从不吃水果的婴幼儿竟也吃了一些水果色拉，其家长非常高兴。在活动中婴幼儿们感受到了快乐，增强了自信心，同时也增进了亲子关系。

精选案例之 53　　　语言活动：传统童谣《城门》

适用年龄范围	活动形式	活动设计
2～3 岁	集体	

活动目标	宝宝	1. 能有节奏地念唱童谣，调动口语表达的积极性。 2. 感受口语表达和民间童谣的趣味。
	家长	1. 指引家长与孩子共同感受活动的快乐，增进亲子之间的语言交流。 2. 提升家长对孩子进行良好语言教育的意识、能力以及方法。

活动准备	1. *知识经验准备*：通过家长的指引，让婴幼儿对城门有基本的认识和了解。 2. *教具准备*：相应的情景图片、道具、场地。

活动依据	2～3 岁的婴幼儿语言学习往往与日常生活密切相关，在生活中婴幼儿喜欢重复做同样的事情，在语言表达方面喜欢重复使用固定的句式，把说话当成一种游戏，在游戏中开口表达。本活动设计，利用了童谣的重复句式、节奏感强、琅琅上口、易记易诵的特点，给婴幼儿带来成就感和心理上的安全感，调动了婴幼儿口语表达的积极性，以游戏的方式让婴幼儿体验到口语表达和语言学习的乐趣。

活动流程	经验交流→学习童谣→游戏→结束

指导宝宝	指引家长
一、经验交流 　　结合图片，引导婴幼儿关注画面内容，结合经验，描述细节。 　　提问：（1）画面上有什么？ 　　　　　（2）你见过城门吗？是什么样子？ 　　　　　（3）娃娃在干什么，脸上什么表情？ **二、学习童谣** 1. 结合图片学习童谣。 　　（1）（结合图片，用生动的故事情节引出童谣）提问：童谣里的城门有几丈高？ 　　（2）（提出问题，再次熟悉童谣）提问：小娃娃骑着什么？身上挎着什么？走到城门时发生了什么事情？ 2. 搭配动作背诵童谣。 　　（1）教师示范，孩子跟学。 　　（2）师幼一起来表演。 　　（3）家长一同加入表演。 **三、游戏** 1. 游戏规则。 　　（1）述说规则及要求。 　　（2）试玩游戏，遵守规则，掌握具体游戏环节。 2. 开心游戏。 　　（1）带婴幼儿玩游戏（数遍）。	🌊 指引家长与婴幼儿一起观察，给予适当的引导与协助。 🌊 家长协助婴幼儿跟读儿歌，积极思考并回答问题，注意纠正孩子的错误发音。 🌊 家长引导婴幼儿认真学做动作，大胆表现，并用积极的态度和表情去感染婴幼儿。 🌊 家长引导婴幼儿认真学习游戏规则。

	（2）家长加入玩游戏。 **四、结束** 　　边玩游戏边走出教室，延伸到户外。	🐟 教育婴幼儿在游戏的过程中注意安全，保护自己，并用积极的态度和表情去感染婴幼儿。
活动延伸	1. 在每天户外自由活动前集中玩此游戏。 2. 上学回家的途中可引导婴幼儿和大朋友一起背诵。	
活动评析	游戏是孩子最喜欢的活动方式，它的活动性和广泛性特点，符合孩子的兴趣，可以比较容易地把他们吸引到学习活动中来。在学童谣的过程中，加入游戏、表演的环节，并结合童谣的短小精悍、内容生动、琅琅上口、易记易诵的优点，激发了婴幼儿学习童谣的兴趣，从而促进其语言表达能力的提高。	

🎈 **精选案例之 54**　　语言活动：有礼貌的小公鸡

适用年龄范围	活动形式	活动设计
2～3岁	集体	孙维求

活动目标	宝宝	1. 学习礼貌用语："你早！""你好！""再见！"等。 2. 培养婴幼儿良好的礼貌习惯。	
	家长	1. 指引家长协助婴幼儿学说常见礼貌用语。 2. 用自己投入的表演吸引婴幼儿参加活动。	
活动准备	*教具准备：小公鸡、小鸭、鹅的头饰。*		
活动依据	这个年龄段的婴幼儿交往面不断扩大，但是自我中心意识很强，缺乏交往方法。通过故事欣赏与模仿表演，以游戏的方式不断强化婴幼儿的礼貌意识，增强其交往能力。		
活动流程	教师示范表演→亲子游戏→活动拓展		

指导宝宝	**指引家长**
一、教师示范表演 1. 老师戴上头饰，表演故事"有礼貌的小公鸡"。 2. 跟着"小鸭"学说礼貌用语：你早！你好！ **二、亲子游戏** 1. 家长戴上小公鸡头饰，婴幼儿戴上小鸭头饰。根据老师的讲述进行表演：小公鸡一早出门去散步，看到小鸭也在散步，就对小鸭说："小鸭，你早！"小鸭："小公鸡，你早！" 2. 小公鸡和小鸭一起去散步，看到小鹅："小鹅，你早！"小鹅："你们早！"游戏可反复进行。 **三、活动拓展** 　　带领孩子去见一起活动的同伴，主动向同伴打招呼："×××，你早！""×××，再见！"	🐟 指引家长协助婴幼儿一起参与观看。 🐟 指引家长投入地表演，并协助婴幼儿练习说正确的礼貌用语。 🐟 家长跟婴幼儿一起做游戏，引导婴幼儿开口说。在此过程中，关注婴幼儿的发音。

（此处 **活动过程** 为左侧合并单元格标题）

续表

活动延伸	平时,家长带领婴幼儿外出,主动向见到的人打招呼,鼓励婴幼儿大声向人问好问早,不断巩固礼貌用语。
活动评析	通过故事欣赏与表演,运用有趣的游戏形式,让孩子学习运用礼貌语言与他人进行交往。

精选案例之 55　语言活动：儿歌"爬大山"

适用年龄范围	活动形式	活动设计
2～3 岁	集体	孙维求

活动目标	宝宝	1. 通过游戏,使婴幼儿自然习得儿歌,在有节奏的念诵中,培养婴幼儿语言能力。 2. 感受儿歌的趣味性。
	家长	1. 指引家长与孩子积极沟通,增进亲子之间的情感交流。 2. 提升家长陪伴孩子的有效性。

活动准备	教具准备：小兔手偶一只。
活动依据	这个年段的婴幼儿非常喜欢有节奏的三字儿歌,随着孩子年龄增长,语言的发展进入快速时期,类似这样的儿歌可以很好地丰富孩子的语言,训练发音。不断地积累,孩子的用词会越来越丰富、贴切。
活动流程	亲子谈话→习得儿歌→亲子游戏

	指导宝宝	指引家长
活动过程	**一、亲子谈话** 1. 引导孩子伸出小手,先点数指头 123,再倒着数 321。 2. "你的鼻子在哪里?"让婴幼儿摸摸鼻子拍拍腿,看谁动作最快,摸得最准。 **二、习得儿歌** 1. 老师边念儿歌,边做动作："一二三"——用手点数另一手的指头;"爬大山"——两只手做交替上升动作,做爬大山动作;"三二一"——再用手点数另一手的指头;"拍皮球"——做单手拍皮球动作或双手拍球动作;"拍拍手"——做拍手动作;"摸摸鼻子点点头"——用一只手摸摸鼻子,再点点头。 2. 婴幼儿跟着念,边念边做动作。 **三、亲子游戏** 　　婴幼儿和家长面对面坐好,家长带着婴幼儿唱念儿歌、做动作;为增加趣味性,"爬大山"可以改做手指在对方的身体上爬的动作,"摸摸鼻子"可以摸对方的鼻子,吸引婴幼儿参与唱念儿歌活动。	🦔 指引家长与婴幼儿谈话,并给予适当的协助。 🦔 家长跟婴幼儿一起说,可以稍大声点,带动婴幼儿开口说。并协助婴幼儿跟着老师一起做动作。 🦔 指引家长积极投入地唱念儿歌,和婴幼儿保持眼神交流,暗示并鼓励婴幼儿跟着学习。

续表

活动延伸	当婴幼儿熟悉儿歌后,可以鼓励婴幼儿创编最后一句:"摸摸鼻子拍拍脸""摸摸鼻子眨眨眼"等,提高婴幼儿对唱念儿歌的兴趣。
活动评析	这个活动是一首数字儿歌,朗朗上口,孩子在活动过程中很快就自然习得。家长在引导孩子唱念儿歌时,积极鼓励孩子创编不同的部位名称到儿歌里,既增加了孩子的兴趣,又更好地丰富了孩子的词汇。有个孩子中途离开,不强迫他回来,家长找到机会再和孩子交流,玩这个游戏。

精选案例之 56　语言活动：捉迷藏

适用年龄范围	活动形式	活动设计
2～3岁	集体	孙维求

活动目标	宝宝	1. 在游戏中学习使用方位词"下面、上面、后面"。 2. 感受与成人、同伴一起游戏的快乐。
	家长	1. 指引家长耐心与孩子游戏,引导婴幼儿说出恰当的方位词。 2. 增强家长随机教育的意识。
活动准备		1. *知识经验准备*:平时引导孩子认知室内的各种大件物品,如"桌子、椅子、床、屏风"等,正确说出其名字。 2. *环境准备*:适合躲藏的室内(有桌子、椅子、沙发、门等大件物品)及户外环境(有花、草、树等)。
活动依据		30个月大的孩子正在学习如何使用语言,他们所能理解的词语远远多于他们所能使用的词语。这段时间是孩子词语快速增长期,成人必须多提供使用所学词语的机会。本活动侧重于各种方位词的学习,通过与成人的互动,不断加深婴幼儿对方位词的理解和使用。
活动流程		找找室内有什么→亲子游戏:捉迷藏→拓展活动

指导宝宝	指引家长
一、找找室内有什么 1. 请孩子拉着大人的手,四散在室内,把自己找到的物品告诉大人,如:这是玩具柜子、这是镜子、这是椅子等。 2. 大家听指令,坐回到位置上。 **二、亲子游戏:捉迷藏** 1. 家长蒙住眼睛,让孩子躲起来,家长问:"×××,躲好了吗?"孩子大声回答:"躲好啦!"大人开始找,边找边有意识地大声说:"让我来找找,你躲在椅子后面吗? 哦,没有!"如此强化语句中的方位词。最后,家长说:"你躲在哪里呢? 我找不到。"孩子:"我躲在桌子下面呢!"家长拥抱一下孩子。 2. 孩子熟悉玩法后,角色互换。请孩子闭上眼睛,家长躲起来。当孩子找到家长后,问:"宝宝,你在哪里找到我的?" **三、拓展活动** 1. 带领婴幼儿到户外,请婴幼儿躲在一个地方,大声喊:"我躲好啦!"方法同上。家长和婴幼儿互换角色。 2. 此游戏可反复进行。	🌊 指引家长与婴幼儿一起参与,并给予适当的协助。 🌊 家长有意识地往孩子躲的地方靠近些,以便孩子听得见大人问话。 🌊 开始时,家长不要躲得过于隐蔽,让孩子一下就能找到,慢慢加深难度。 🌊 室外游戏时,注意关注并教育婴幼儿不要躲在有危险的地方。

活动延伸	1. 在家里,家长可以经常带领婴幼儿玩"捉迷藏"游戏,可以引导婴幼儿自己寻找地方躲起来,如:纸箱里、被子下面、沙发后面等。 2. 平时散步或外出时,可以引导婴幼儿观察周围事物的方位,如:那楼房在马路旁边,书报亭就在大树后面,我走在妈妈前面等。
活动评析	本次活动通过充满趣味的游戏方式,让孩子乐于参与,让孩子运用多种感官进行体验和探索,也使家长学会如何通过具体形象的刺激和游戏来训练孩子的空间认知能力。

精选案例之 57　　语言活动：自我介绍

适用年龄范围		活动形式	活动设计
2～3 岁		集体	孙维求
活动目标	宝宝	1. 通过游戏,让婴幼儿熟悉新的环境,引导婴幼儿在亲切、温馨、愉快的氛围中渐渐融入活动。 2. 感受集体活动的趣味性。	
	家长	1. 指引家长耐心对待孩子哭闹、乱跑等各种表现,知道孩子在新环境中的不适是正常的。 2. 指引家长积极参与活动,以带动孩子的愉快情绪。	
活动准备	*教具准备：魔术(大变活金鱼)的道具*		
活动依据	2～3 岁的婴幼儿交往圈不断扩大,但是在同伴和陌生人面前还表现得胆怯、退缩,通过"自我介绍"这一活动,可让婴幼儿大胆、自信地面对大家说出自己的名字,对新的集体产生兴趣,并且愿意和他们在一起玩耍。		
活动流程	教师自我介绍→亲子游戏→音乐游戏："找位置"		

	指导宝宝	指引家长
活动过程	**一、教师自我介绍** 1. 老师向大家做自我介绍:"大家好,我是×老师!"然后走到每个小朋友面前,蹲下来,对他说:"你好,我是×老师!" 2. 变魔术:"大变活金鱼",欢迎小朋友和家长们的到来。 **二、亲子游戏** 1. 按照顺序,请家长牵着宝宝走到大家面前来,向大家做自我介绍:"大家好,我是×××的妈妈。"然后鼓励孩子说:"我是×××"。 2. 每个人介绍后,大家鼓掌:"×××,欢迎你!" 3. 鼓励每个婴幼儿都说出自己的名字。 **三、音乐游戏："找位置"** 　家长带着婴幼儿站到空地方,跟着音乐自由做动作,音乐一停,家长立刻带着婴幼儿坐回椅子。	指引家长与婴幼儿谈话,并给予适当的协助。 家长跟婴幼儿一起说,可以稍大声点,带动婴幼儿开口说,并协助婴幼儿跟着老师一起做动作。 指引家长协助孩子了解听指令做动作的简单规则,让孩子知道活动中不能随便乱跑。

活动延伸	活动结束后,家长带着婴幼儿看活动室内的环境,包括墙壁布置、自由活动玩具、区域活动的布置等,带着孩子到室外看看,关注洗手间位置。其中,要特别注意孩子对新环境中某一物品的兴趣,以便吸引婴幼儿第二天高兴来园。
活动评析	通过自我介绍,在促进孩子、老师、家长之间相互认识的同时,也增强了孩子的胆量和自信,使孩子能很好地适应亲子班的环境。

2~3 岁婴幼儿认知发展活动设计与指导

一、婴幼儿认知发展概述

(一) 什么是认知发展

所谓认知是指个体通过心理活动(如形成概念、知觉、判断或想象)获取知识的过程,是一种思考的历程,是信息接收、加工到提取的心理过程。认知发展是指个体成长中的感知觉、记忆、想象、思维等各方面复杂行为的发展。从信息加工观点来看,认知发展就是人的信息加工系统不断改进的过程。

(二) 婴幼儿认知发展的内涵和重点

根据皮亚杰的认知发展阶段论,0~2 岁的婴幼儿主要通过感官、肌肉与环境交互作用认识世界,称为感觉动作期。这一时期婴儿主要的认知发展任务是获得"客体永存"的观念、延迟模仿能力等。而 2~7 岁的婴幼儿处于前运算阶段。可见 2~3 岁的婴幼儿刚好跨入了前运算阶段,其认知发展特点为:感知觉发展迅速,成为孩子获取外界信息的主要渠道;以无意注意为主,注意发展水平低;记忆能力发展,但记忆保持时间较短;想象形成并发展起来;思维由动作思维向具体形象思维过渡。

(三) 认知发展对婴幼儿发展的作用

认知发展包括感知觉、记忆、思维、语言等的发展,是智力发展的重要部分。婴幼儿认知发展是幼儿个体发展的基础。2~3 岁婴幼儿通过感知觉接收来自外界的信息,探索、了解自己周围的环境,获得生存与发展的基本技能。尤其是语言发展,使得幼儿可以与成人或同伴沟通,使自己从生理人向社会人迈进。这一时期婴幼儿大脑也迅速发展,成为其认知发展的生理结构,而认知发展程度也反过来促进了脑的发展。婴幼儿认知发展越快,大脑突触连接就越紧密。总之,认知发展在一定程度上决定着婴幼儿其他领域的发展。

二、婴幼儿认知发展活动的设计

(一) 目标设计

婴幼儿感知发展迅速,是其获取外界信息的主要渠道,因此认知发展目标就是要在促进婴幼儿感知觉进一步发展的基础上,获取更加丰富的认知经验,为幼儿思维发展奠定基础。同时在婴幼儿认知发展过程中,还要渗透其情感和行为习惯的培养。因此婴幼儿认知活动的目标要从三个维度考虑:一是通过感知觉获取外界认知经验;二是激发婴幼儿与外界环境中人与物的情感;三是培养婴幼儿良好的生活习惯。

（二）内容设计

婴幼儿认知活动的内容选择原则是贴近婴幼儿的生活。根据维果斯基的最近发展区理论,婴幼儿的早期经验决定着其对某一事物的接受程度,只有建立在婴幼儿早期生活经验基础上的活动内容才比较容易被其所接纳。根据此原则,本活动设计多选择幼儿生活中常见的具体事物,如水果、饼干等。还选择了一些婴幼儿生活中常见的自然现象,如白天、黑夜,为婴幼儿将来抽象概念的获得打基础。

（三）方法设计

婴幼儿认知发展活动方法形式多样,如集体游戏、情景表演等,用婴幼儿喜欢的方式,让婴幼儿在活动参与中,完成认知任务,达到活动目标。游戏是婴幼儿最喜欢的活动方式,在本课例中多数活动都用到游戏的方式,不仅可以促进婴幼儿的认知发展水平,还让婴幼儿在参与的同时完善着自己的认知地图。

（四）流程设计

在活动流程设计上,婴幼儿认知活动设计采用:激活婴幼儿已有经验——多种感官参与——成人示范——幼儿模仿等,一系列活动过程让幼儿在开心愉快的游戏情景中获得新的感官经验。

（五）评估设计

活动的有效性评估,关键是看婴幼儿在活动中的情绪状态,以及其参与的积极程度。

（六）对监护人的指导设计

婴幼儿认知发展活动的重点并不是知识的记忆,而是通过感官去体验、探索外界事物,建构自己的经验体系。所以在家中照顾者要让孩子充分利用触觉、嗅觉、味觉、平衡觉等多种感知觉系统去认识事物,而不是单纯地看和听。

精选案例之 58　认知活动：白天和夜晚

适用年龄范围		活动形式	活动设计
2～3岁		集体	董玉玲
活动目标	宝宝	1. 能正确区分白天和夜晚,了解白天与夜晚的差别。 2. 能用简单的句子描述白天和夜晚可以做什么。 3. 乐于参与集体游戏。	
	家长	1. 让家长了解在与孩子互动时所扮演的角色,增进亲子之间的情感交流。 2. 提升家长通过拟人化的故事手段和游戏方式来增进孩子的认知发展的能力。	
活动准备	1. *知识经验准备*:幼儿已经认识了太阳哥哥和月亮姐姐。 2. *教具准备*:太阳、月亮头饰各一,教师用白天、夜晚的图片四张,幼儿用白天、夜晚小图片若干。 3. *环境准备*:挂好有白天和夜晚场景的大挂图。		
活动依据	2～3岁的孩子能够根据情境回忆一些具体的时间,用图片帮助幼儿理解时间的概念,只有把生活中具体的事情与时间建立联系,通过拟人化的故事手段和游戏方式,才能让幼儿对时间有具体的认识。在活动中可以让孩子学习用完整的句子表达,如:白天去上幼儿园。		

活动流程	听故事→说一说→看谁分得对→游戏：白天和夜晚	
	指导宝宝	**指引家长**
活动过程	**一、听故事** 1. 用太阳哥哥和月亮姐姐争吵引入活动。（他们都想白天出来玩） 　　(1) 引导幼儿讨论太阳哥哥和月亮姐姐能不能一起出来玩，为什么不能？ 　　(2) 知道太阳哥哥是白天出来，月亮姐姐是晚上出来的，他们有不同的分工。 **二、说一说** 1. 请太阳哥哥站在白天场景的挂图旁边，月亮姐姐站在晚上场景的挂图旁边。 　　(1) 老师出示四幅图片，观察上面的小朋友在做什么？（起床、上幼儿园、游戏、睡觉） 　　(2) 请小朋友说一说这些事情是在白天做还是晚上做的。 　　(3) 根据孩子的表述把图片分别放到不同的场景中去。 　　(4) 太阳哥哥问小朋友：除了起床、上幼儿园、玩游戏，你们白天还会做些什么呢？ 　　(5) 月亮姐姐问：除了睡觉，你们晚上还会做什么呢？ 2. 小结：白天，太阳哥哥出来了，我们要起床上幼儿园，可以玩游戏、看书、学本领、吃东西；到了夜晚，月亮姐姐出来了，我们要洗澡睡觉，有些小朋友睡觉前还会听故事。 **三、看谁分得对** 1. 给幼儿每人发一张小卡片，让他们看看卡片上有什么，跟旁边的小伙伴说一说。 2. 请小朋友根据卡片的内容把卡片送到太阳哥哥和月亮姐姐手里，并说出卡片上是白天还是夜晚。 **四、游戏：白天和夜晚** 　　太阳哥哥和月亮姐姐跟小朋友玩游戏。 　　当太阳哥哥把双手举高站起来的时候小朋友可以随意活动，当月亮姐姐把手举高站起来的时候小朋友就要蹲下休息。	🐚 观察孩子的表达与理解，了解孩子对时间概念的分辨情况。 🐚 家长帮助孩子回忆生活中的经验，哪些事情是白天做的，哪些事情是夜晚做的。 🐚 家长观察孩子的表现，了解孩子对白天和夜晚的理解能力。 🐚 家长与孩子一起游戏，体验快乐。
活动延伸	1. 在生活中继续区分白天和夜晚，增加随机对话：我们在×××，现在是白天还是夜晚？ 2. 故事《我要回家》，通过小鸭的故事巩固对白天和夜晚的认识。 3. 在区域活动中增加"分卡片"游戏，把太阳哥哥和月亮姐姐的形象带入到活动中。	
活动评析	活动中巧妙地引入了"太阳哥哥"和"月亮姐姐"两个具体生动的形象，帮助幼儿区分白天与夜晚，从生活经验的分享中继续了解白天与夜晚会做不同的事情，明白他们的差别，在最后的游戏环节让孩子巩固对白天和夜晚的认知，在游戏中体验快乐。	

精选案例之 59　　认知活动：摸摸小兔

适用年龄范围	活动形式	活动设计
2～3岁	集体	董玉玲

活动目标	宝宝	1. 能观察、了解兔子的主要外形特征和生活习性。 2. 丰富词汇：毛茸茸、三瓣嘴、蹦蹦跳跳。 3. 培养热爱小动物的情感。
	家长	1. 让家长了解在与孩子互动时所扮演的角色,增进亲子之间的情感交流。 2. 提升家长通过拟人化的故事手段和游戏方式来增进孩子的认知发展。
活动准备		1. *知识经验准备*：孩子听过小兔子的故事,会小兔子的儿歌。 2. *教具准备*：小兔一只,草、白菜、胡萝卜若干,音乐《小兔跳跳》。
活动依据		孩子天生就有强烈的好奇心,这使每个幼儿都有一双敏锐的眼睛,任何身边的新鲜事物都能引起他们的注意。孩子们总是不厌其烦地谈论小动物、模仿小动物。让孩子能近距离地观察动物是满足孩子好奇心,激发其求知欲望的最佳途径,在这样的近距离接触中,孩子观察到动物的外形特征、走路方式、生活习性等,不仅发展了观察力,还能培养孩子热爱小动物的情感。
活动流程		观察小兔→摸摸小兔→喂喂小兔→小兔跳跳

指导宝宝	指引家长
一、观察小兔 1. 猜谜语：耳朵长、尾巴短、只吃菜、不吃饭。 2. 以欢迎小客人的方式欢迎小兔子出场。 3. 观察小兔子长什么样子。(引导幼儿有序观察：长长的耳朵、三瓣嘴、胖胖的身体、短短的尾巴等) 4. 小兔子走起来是什么样子的?(请幼儿模仿) **二、摸摸小兔** 1. 你们喜欢小兔子吗? 喜欢它什么呢?(请幼儿说说) 2. 请愿意抱抱小兔的宝宝尝试摸摸小兔,说说摸起来是什么感觉。 3. 还有哪些小动物有和小兔子一样的毛呢?(请幼儿回忆自己见过的动物,再次运用词汇) **三、喂喂小兔** 1. 你们知道小兔子最爱吃什么? 2. 它是怎样吃东西的呢? 3. 请小朋友自己选一种食物喂小兔,观察小兔是怎样吃东西的。 **四、小兔跳跳** 1. 小兔子最喜欢蹦蹦跳跳玩游戏了,你们知道小兔子是怎么蹦蹦跳跳的吗?(请小朋友模仿蹦蹦跳跳的动作) 2. 放音乐玩小兔跳跳的游戏：小兔和妈妈去采蘑菇去喽。	🐟 引导孩子描述观察的结果。 🐟 家长鼓励孩子抱抱小兔、摸摸小兔并说出感觉。 🐟 家长引导孩子正确喂小兔,注意安全。

活动 延伸	1. 提供很多动物的图片让孩子观察描述。 2. 可带孩子去动物园找找还有什么动物也有毛茸茸的毛，长长的耳朵、短短的尾巴等。 3. 在区域活动中投放小兔的头饰，让孩子扮演游戏。
活动 评析	本活动从观察小兔子入手，让孩子学会有序观察的同时，运用语言描述的方式讲述自己看到的事物，这是培养孩子观察能力和发展语言能力的好机会，"摸摸小兔"让孩子体会到和小动物近距离接触的温暖，可以引发孩子热爱小动物的情感。经常引导孩子有意观察可以帮助孩子养成观察的好习惯，做一个会观察生活、关爱生活的人。

精选案例之 60　认知活动：大猫小猫

适用年龄范围	活动形式	活动设计
2～3 岁	集体	董玉玲

活动 目标	宝宝	1. 学习用目测的方法比较物体大小。 2. 初步培养幼儿的观察比较能力。 3. 体验数学活动的快乐。
	家长	1. 让家长了解在与孩子互动时所扮演的角色，增进亲子之间的情感交流。 2. 提升家长通过拟人化的故事手段和游戏方式来增进孩子的认知发展。

活动 准备	1. *知识经验准备*：幼儿已学过《大猫小猫》的律动。 2. *教具准备*：音乐《大猫小猫》，大猫小猫头饰，大皮球小皮球贴纸，大猫小猫作业单。 3. *环境准备*：地上放好大垫子和小垫子，一大块蓝色的布上散放着大大小小的鱼卡片。
活动 依据	2～3 岁的幼儿思维呈具体形象思维，要借由具体形象的事物理解大与小的概念，并在游戏中不断反复练习，在多次重复的过程中获得具体直观的体验。视觉辨识是孩子发展认知能力的基础能力，能分辨事物的异同，才有区辨事物的能力。在游戏中提供视觉辨识的锻炼可以激发孩子的学习动机，这一点值得大家尝试与应用。
活动 流程	认识大猫小猫→游戏：抓鱼→送礼物→结束

	指导宝宝	指引家长

活动
过程
	一、认识大猫小猫
	1. 律动：大猫小猫
	   (1) 大猫是怎样唱歌的？(声音大大的)小猫是怎样唱歌的？(声音小小的)
	   (2) 你们猜猜大猫和小猫长什么样子？
	2. 出示大猫和小猫图片，引导幼儿观察。(大猫有大大的爪子、大大的嘴巴；小猫有小小的爪子、小小的嘴巴)
	二、游戏：抓鱼
	1. 你们看到地上大大的垫子吗？那儿就是大猫的家，小小的垫子是小猫的家。猫妈妈要去河里抓鱼给大猫小猫吃，你们谁要帮忙？
		🐟引导孩子描述观察的结果。

活动过程	2. 你们知道大猫小猫爱吃什么样的鱼吗?(大猫吃大鱼,小猫吃小鱼) 3. 请幼儿抓一条鱼,送到相应的家里去。 4. 再次游戏:请幼儿抓一条大鱼一条小鱼分别送给大猫和小猫。 三、送礼物 1. 大猫小猫真开心,今天有这么多鱼吃,吃饱了要去做运动,干什么好呢?(请幼儿说一说自己喜欢的运动) 2. 出示皮球贴纸和作业单。 　　今天我们要请大猫小猫玩皮球,你们说说看这些皮球该怎么分?(大皮球给大猫、小皮球给小猫) 3. 请幼儿拿好作业单和贴纸给大猫小猫送皮球。 四、结束 　　大猫小猫谢谢小朋友的帮助,下次一定还要来和你们玩。幼儿跟大猫小猫说再见。(可用不同的表达方式)	🐟 家长鼓励孩子上去抓鱼给小猫吃,适当引导孩子送到相应的家里。 🐟 家长引导孩子给小猫送皮球。
活动延伸	1. 引导幼儿观察生活中的大和小,能说出××是大的,××是小的。 2. 玩吹泡泡的游戏,观察大泡泡与小泡泡的不同。 3. 在区域活动中投放"送礼物"游戏,学会按照大小来分类。	
活动评析	2～3岁的孩子对大小的概念并不陌生,本次活动围绕孩子心理发展的特点,在目测中比较大小的不同,形成概念,体验给大猫小猫送礼物的快乐。在活动中不但激发了孩子快乐的情绪体验,也让孩子在快乐中分享生活中的一些经验,如自己喜欢的运动等。	

🎈 **精选案例之61**　　认知活动：**好吃的水果**

适用年龄范围		活动形式	活动设计
2～3岁		集体	董玉玲
活动目标	宝宝	1. 认识各种各样的水果,能区分并正确说出水果的名字。 2. 了解水果对于人的意义,知道水果是有营养的。 3. 建立对水果的亲近感,养成吃水果的好习惯。	
	家长	1. 学习如何引导孩子通过多种感官认识身边常见事物。 2. 帮助宝宝了解吃水果的意义,养成吃水果的好习惯。	
活动准备	1. *知识经验准备*:幼儿能说出常见水果的名称,知道水果的吃法。 2. *教具准备*:水果头饰,苹果、香蕉、橙子若干(幼儿自带),水果刀、切菜板各一,摸箱一个。		
活动依据	孩子在生活中能接触各种各样的水果,但有些孩子不喜欢吃水果,如何让孩子了解水果对于健康的意义? 让婴幼儿知道水果是有营养的,在活动中产生对水果的亲近感,养成吃水果的好习惯,这是我们想要努力实现的。		
活动流程	说一说→摸一摸→尝一尝		

	指导宝宝	指引家长
活动过程	一、说一说 1. 情境表演：水果宝宝(家长戴头饰表演)。 　师：我是红苹果,我的本领大,谁要是来吃我,力气会变大;我是黄香蕉,我的本领大,小猴最爱我,每天吃得多;我是甜橙子,味道真不错,要想身体好,快来亲亲我! 讨论： (1) 你们看到了什么水果? (2) 这些水果有什么本领? 　师小结：水果的本领可大了,能让我们的身体变得壮壮的,给身体提供好多营养,谁要跟水果做好朋友? 2. 水果宝宝要跟我们玩游戏喽,出示摸箱,把水果一个个放进去,边放边提示幼儿：红红的苹果藏起来啦,让幼儿和老师一起说。 二、摸一摸 1. 谁能把长长的香蕉摸出来?(请一名幼儿到摸箱中摸出水果,并说出"长长的香蕉"。) 2. 再依次请两名幼儿摸出光滑的苹果和粗糙的橙子,说一说。 3. 给每个孩子两种水果放在小袋子里,请小朋友摸一摸。(跟家长互动游戏) 4. 宝宝本领真大,你们吃过这些水果吗? 是什么味道的呢? 三、尝一尝 1. 老师跟幼儿讨论苹果和香蕉的吃法,知道苹果要"削一削",香蕉要"剥一剥"。 2. 老师示范削苹果,请一个幼儿同时剥香蕉,老师把苹果和香蕉都切成小块。 3. 请幼儿品尝苹果和香蕉,说说吃起来是什么感觉,有什么不一样。(苹果硬硬的,香蕉软软的,都是甜甜的) 4. 讨论：今天吃的水果味道都不一样,你们还喜欢吃什么水果? 是不是每天都要吃一点水果呢? 　师：水果的本领可真大,谁要跟水果宝宝做好朋友呢? 跟着老师一起来表演《我是一个大苹果》吧!	🌊 引导孩子说完整话：红色的苹果、黄色的香蕉、橙色的橘子。 🌊 家长跟孩子一起互动游戏,家长提出要摸的水果,幼儿摸一摸。 🌊 家长引导幼儿说说吃水果的感觉是怎么样的。
活动延伸	1. 孩子跟家长共同制作水果娃娃、水果沙拉等,让孩子喜欢上吃水果。 2. 带孩子去超市观看各种水果,鼓励孩子自己选购水果。 3. 了解一些常见水果的英文名称,会说简单的单词。	
活动评析	在情景表演活动中,孩子对水果宝宝建立了情感联系,通过小儿歌的方式孩子了解了水果对健康的意义,又在后面玩一玩、尝一尝的游戏中感受到水果带来的乐趣,表演活动让孩子明确了"多吃水果身体好",知道要每天吃水果,借由这样的活动让孩子喜欢上水果。	

精选案例之 62　　认知活动：冷和热

适用年龄范围	活动形式	活动设计
2～3 岁	集体	董玉玲

活动目标	宝宝	1. 感知物体的冷、热。 2. 能分辨冷的东西和热的东西。 3. 分享生活中的经验，知道一些安全小常识。
	家长	1. 学习通过多种感官感知让孩子认识身边的事物。 2. 提升引导孩子学习过程中的安全意识。
活动准备		1. *教具准备*：3 瓶白色的冷水，3 瓶红色的热水，温度计 3 个，冰块若干，杯子人手 1 个。 2. *环境准备*：教室里有冰箱、风扇和空调。
活动依据		在经历了婴儿期的身体触觉刺激基础上，到了 2～3 岁的幼儿已经能够辨识物体的软、硬、粗糙、光滑、冷、热等感觉，手部的触觉是较后期发展的能力。依据孩子这样的发展特点，我们在活动中可以通过手的触摸让孩子感知冷热，在讨论中分享生活经验，归纳、总结、提升孩子的认知，建立基本的自我保护意识。
活动流程		感知冷热→区分冷热→观察变化→冰块不见了

指导宝宝	指引家长
一、感知冷热 1. 教师出示一红一白两瓶水提问。 　　(1) 这里有几瓶水？这两瓶水有什么不一样？ 　　(2) 把装水的瓶子依次给幼儿摸一摸，请小朋友看看有什么不同。 2. 小结：白色的是冷水，摸上去冰冰的；红色的是热水，摸上去热热的。 **二、区分冷热** 1. 请小朋友想一想生活中有哪些东西是冷的，哪些东西是热的？ 　　(1) 请小朋友说一说吃的东西有什么是冷的，什么是热的？冷的东西能多吃吗？ 　　(2) 我们什么时候会觉得很冷？什么时候会觉得很热？ 　　(3) 人很冷的时候会怎么办？很热的时候怎么才能不热？ 　　(4) 生活中哪些热的东西小朋友不能碰？怎么样才安全？ 2. 小结：在我们的生活中有很多冷的东西和热的东西，我们不能吃太多冷的东西，也要注意不要靠近太热的东西，这样才安全。 **三、观察变化** 1. 把小朋友分成三组围坐在桌子旁边，桌子上放好一瓶白色的冷水和一瓶红色的热水。 2. 出示温度计，问："你们知道这是什么吗？它有什么用呢？" 3. 把温度计分别放到冷水瓶中和热水瓶中，让孩子观察温度计的变化。	🐚 家长观察孩子对于冷和热的认知，能否正确描述。 🐚 家长帮助回忆生活中的经验，和大家一起分享。 🐚 家长协助幼儿放好温度计，适当更换冷热水瓶，帮助孩子观察变化。

活动过程	4. 说一说当温度计放在冷水里会怎么样？放在热水里又会怎么样？ 5. 小结：原来温度计上的红线长高了就是很热,变矮了就是很冷。 **四、冰块不见了** 　　给每个小朋友发一块冰块,放到小杯子里,比比看谁的冰块最快融化;鼓励小朋友想办法让冰块快快融化。	🍴 家长和孩子一起想办法让冰块尽快融化。
活动延伸	1. 讲述《冷饮甜甜》的故事,进一步帮助幼儿建立自我保护意识。 2. 冰块融化游戏,感知物体的冷热变化。 3. 在区域活动中增加"温度计"小实验,体验温度的变化。	
活动评析	这次的活动建立在观察与尝试的基础上,通过触觉感知冷热,通过观察发现变化,在讨论中整合与提升已有的经验。尤其是最后的"冰块游戏"给家长和孩子提供了更广阔的探索空间,让孩子能在活动之后继续研究冰块迅速融化的秘诀。	

精选案例之 63　　认知活动：捉迷藏

适用年龄范围		活动形式	活动设计
2～3 岁		集体	董玉玲
活动目标	宝宝	1. 在观察与游戏中了解"里、外"方位,能正确区分。 2. 能根据指令找到相应的方位,尝试将物品放到指定位置。 3. 在游戏中体验快乐。	
	家长	学习运用游戏的方法训练孩子的方位感知能力。	
活动准备	1. 教具准备：玩具筐一个,动物玩具若干。 2. 环境准备：地上放好呼啦圈、大布袋、小帐篷。		
活动依据	2～3 岁婴幼儿对于里外已有一定生活经验基础;进一步理解"里外"这个概念使孩子对空间的认识进一步细化,有利于孩子正确地表达。		
活动流程	认识方位→找找小动物→游戏：捉迷藏→小结		
	指导宝宝		**指引家长**
活动过程	**一、认识方位** 1. 以接电话的情景引入。 　(1) 老师表演接电话："你好,是熊妈妈啊,你请小动物来跟小朋友玩游戏？小动物在哪里呢？在小帐篷里？" 　(2) 请小朋友帮忙找出帐篷里面的小动物,说一说谁在帐篷里。 　　　（小熊躲在帐篷里） 2. 请小朋友跟小熊玩游戏："小乌龟爬呀爬,爬到手心里,小兔子跳跳跳,跳到手心外。"(幼儿一只手张开手心向上,另一只手食指中指模仿小乌龟和小兔爬一爬、跳一跳) **二、找找小动物** 1. 小熊请来了好朋友跟大家一起玩,你们欢迎吗？		🍴 家长和孩子一起玩手心游戏,可用互动的方式进行游戏。

活动过程	（1）出示装有小动物的篮子,让小朋友说说谁在篮子里。 （2）请幼儿邀请小动物到篮子外面玩,学说:×××,请到篮子外面来。 2. 小动物要跟小朋友玩游戏,请小朋友把眼睛闭起来。 　（1）老师迅速把小动物放在圈里,让幼儿找找小动物在哪里,邀请小动物出来玩游戏。 　（2）第二次游戏请小朋友把小动物分散放在圈、布袋和小帐篷里,要听老师的指令,如:"小鸭请到小帐篷里"等。 3. 请幼儿和家长藏小动物,老师闭上眼睛,藏好后请幼儿说说把小动物藏在了哪里。 **三、游戏:捉迷藏** 1. 把幼儿分成两组,一组幼儿做躲起来的人,另一组幼儿闭上眼睛数5个数再睁开眼睛。说一说小朋友躲在哪里。 2. 游戏交换进行。 **四、小结** 1. 我们在生活中经常会用到"里"和"外",这些都是告诉我们位置的,还有什么词也是告诉我们位置的呢? 引导幼儿说出一些方位词。	🔵 家长鼓励孩子参与游戏,观察孩子听指令的能力及对方位的理解能力。 🔵 家长可参与到游戏中,躲起来让孩子找,感受亲子乐趣。 🔵 家长了解孩子对方位的掌握情况,根据孩子的情况适当做延伸活动。
活动延伸	1. 在户外和孩子玩方位的游戏,巩固练习。 2. 学习有关方位的儿歌和律动。 3. 在生活中贯穿方位的练习,如:请××小朋友把书包里面的衣服取出来。
活动评析	本次活动围绕"里和外"的方位进行了多次的练习与尝试,针对2～3岁孩子好奇心强的心理特点开展了"捉迷藏"的活动,深受孩子喜爱,孩子在不断地藏起来、找出来的过程中学说方位词,能正确理解老师所说的方位,从自身方位的理解开始,明白手心里和手心外到周围环境的里外方位,这样的迁移和过渡是能够被孩子所接受的,在知识的递进过程中实现了经验的迁移。

🎈 **精选案例之64**　　认知活动：下雨了

适用年龄范围	活动形式	活动设计
2～3岁	集体	董玉玲
活动目标	宝宝	1. 引导幼儿用多种感官感受雨声、下雨时的景象。 2. 能大胆用语言表达自己的感受,会使用象声词。 3. 培养幼儿对雨的喜爱之情及对自然现象的关注。
	家长	提升家长引导孩子通过亲身体验、探索去认识身边的自然现象的意识及能力。
活动准备		1. *教具准备*:每个孩子准备一套雨具:一双雨鞋、伞或雨衣,一些接雨的器具:如盆、碗等(可以是不同材质做的)。 2. *环境准备*:选择下雨的天气(雨不能太大)。

续表

活动依据	孩子对水很感兴趣,雨是一种动态的水。孩子在生活中看过雨,但较少有机会运用感官去体验身边的这些自然现象,或具体的体验不多。孩子有了解这些自然现象的欲望,有近距离感受雨水的欲望。	
活动流程	看雨→听雨→接雨→踩雨	
	指导宝宝	**指引家长**
活动过程	**一、看雨** 1. 老师带孩子站在走廊上。 　(1) 引导幼儿观察下雨的情景,说说下雨的时候人们需要怎么避雨。(学说:千条线,万条线,落在地上看不见) 　(2) 雨落下来的时候像什么呢?(孩子可利用眼睛观察到的及平时积累的下雨经验展开想象,如:像线、像珠子等) **二、听雨** 1. 雨落下来会有什么声音? 引导幼儿用象声词描述雨落下来时的声音。 　(1) 听一听雨落在地面上是什么声音?(淅沥沥) 　(2) 雨从屋檐下落下来有什么声音?(滴答滴答) 　(3) 雨落在窗子上是什么声音?(叮叮当当) 　(4) 雨落在小草上是什么声音?(沙沙沙沙) 2. 小结:大雨会哗啦啦地下,小雨会淅沥沥地下,雨落在不同的地方也会发出不同的声音。 3. 引导幼儿发现雨中更多的声音,说一说听到了什么。 **三、接雨** 1. 让我们用手去接一下雨,看看有什么感觉? 　幼儿描述用手接雨的感觉:湿湿的、凉凉的。 2. 我们的小手只能接一点点雨水,怎样才能接更多的雨水呢? 　引导幼儿用各种器具尝试接雨,发现不同材质的器具接雨会有不同的声音。 **四、踩雨** 1. 请小朋友穿好雨衣雨鞋,到雨中去感受。 　他们可以去雨中踩水、在雨里跳舞,感受雨点打在脸上、身上的感觉。	🚢 和孩子一起观察下雨的情景,讨论下雨的时候该怎么办。 🚢 家长帮助孩子描述下雨时的声音,让孩子使用象声词。 🚢 家长观察引导孩子寻找不同的器具接雨,在比较中发现不同的声音。 🚢 家长鼓励孩子大胆尝试在雨中的感觉,快乐地体验下雨带来的乐趣。
活动延伸	1. 观看有关下雨的片子,帮助幼儿回忆下雨的感觉。 2. 在玩水的游戏中了解雨落到地上就变成了水,知道要节约用水。 3. 在区域活动中增加"水的沉浮"小实验,体验玩水的乐趣。	
活动评析	下雨是生活中常见的自然现象,孩子们也异常喜爱雨天,本次活动抓住下雨的机会,让孩子通过看雨、听雨、接雨和踩雨的方式来感受下雨天的乐趣,在发展听觉辨识能力的同时学会使用象声词来表述下雨的声音,尤其在最后的踩雨环节里充分满足了孩子的好动和好奇心的心理特点,使整个活动达到高潮,从而真正体现《纲要》中提出的将教育生活化、生活教育化的精神。	

精选案例之 65　　认知活动：颜色宝宝玩游戏

适用年龄范围	活动形式	活动设计
2～3 岁	集体	董玉玲

<table>
<tr><td rowspan="2">活动目标</td><td>宝宝</td><td>1. 巩固对颜色的认知和经验；能理解游戏指令，提升语言理解能力。
2. 乐于参与游戏。
3. 积极关注生活中的色彩，感受色彩美。</td></tr>
<tr><td>家长</td><td>1. 了解孩子对颜色的认知水平，能根据孩子的需要进行延伸练习。
2. 在游戏活动中学会一些游戏方法，能在家里尝试应用。</td></tr>
<tr><td>活动准备</td><td colspan="2">1. 教具准备：红黄蓝三色圆片挂饰若干，大灰狼头饰一个，游戏音乐。
2. 环境准备：地上有红黄蓝三种颜色画好的大圈（可用即时贴）。</td></tr>
<tr><td>活动依据</td><td colspan="2">　　从 1 岁之后最先认识红色，到 2 岁半以前，宝宝已经认识 3 种以上的颜色，但有时会混淆，需要不断进行练习巩固。
　　红黄蓝是大部分 2～3 岁宝宝已经认识的三种颜色，他们大多能说出这三种颜色的名字，并能正确指认。通过"颜色宝宝"游戏，让宝宝在说颜色名字、找对应颜色、将颜色配对的一系列游戏中，由浅入深，不断激发学习兴趣，体验成功的乐趣。巩固已有经验的同时，也让宝宝对颜色认知活动持有良好的体验和兴趣。</td></tr>
<tr><td>活动流程</td><td colspan="2">认识颜色宝宝→颜色宝宝找妈妈→游戏：大灰狼来了→颜色宝宝跳舞</td></tr>
</table>

	指导宝宝	指引家长
活动过程	**一、认识颜色宝宝** 出示不同颜色，与宝宝进行互动提问。 1. 出示红色。提问：这是什么颜色？我们的教室里有红色吗？ 2. 出示黄色。提问：这是什么颜色？什么水果是黄色的呢？ 3. 出示蓝色。提问：你们认识它吗？你们在哪里见过蓝色？ **二、颜色宝宝找妈妈** 1. 给每个孩子挂上不同颜色的挂饰，请宝宝介绍自己的是什么颜色。 2. 教师出示红色并用语言提示幼儿：红色宝宝请学小兔跳到妈妈这里来。 3. 出示蓝色：请蓝色宝宝学小蝴蝶飞到妈妈这里来。 4. 出示黄色：请黄色宝宝学小乌龟爬到妈妈这里来。 5. 教师根据每次宝宝的表现进行表扬或提示。 **三、游戏：大灰狼来了** 1. 介绍游戏规则。 　（1）让宝宝看看地上三种不同颜色的圆圈，它们表示颜色的"家"。 　（2）颜色宝宝听音乐在场地四周玩游戏，音乐一停大灰狼就来了，颜色宝宝得马上找到自己的家躲起来，否则就要被大灰狼捉住了。 2. 玩游戏。更换宝宝身上的颜色挂饰，再进行游戏。 **四、颜色宝宝跳舞** 　　大灰狼被赶走了，播放欢快的音乐，颜色宝宝跳胜利的舞蹈。	🌊 指引家长适当提示宝宝生活中的经验。 🌊 指引家长在日常也可以让宝宝寻找身边的颜色。 🌊 家长引导孩子完整说出"我是×色宝宝"。 🌊 请一位家长协助扮演大灰狼，发现没有找到家的宝宝就抓住。

活动延伸	1. 家长注意引导幼儿在平时的生活中观察颜色,说出颜色名称。 2. 在美术活动中可适当设计一些有关颜色的练习,帮助幼儿巩固。 3. 在区域活动中设置相关找颜色的游戏帮助幼儿辅助练习。
活动评析	孩子对颜色并不陌生,在生活中总能见到各种各样的颜色,有了生活经验的积累,在这样的游戏活动中可以进一步巩固对颜色的认识,能正确说出颜色的名字,能找到对相应的颜色,并在后续的延伸活动中对颜色产生兴趣,关注生活中的各种色彩,发展孩子的有意注意力。 　　家长也在此过程中不断观察孩子的水平,根据孩子的能力进行活动后的延伸练习。

精选案例之 66　　认知活动: 小猪吃饼干

适用年龄范围	活动形式	活动设计
2～3 岁	集体	董玉玲

活动目标	宝宝	1. 巩固幼儿对图形的认识。 2. 辨认这些图形的外形特征,正确说出名称并进行简单的分类。 3. 体验与同伴分享食物的快乐情感。
	家长	学习通过故事、游戏的方式训练孩子对形状的认知。

活动准备	1. *知识经验准备*:孩子听过《三只小猪》的故事,喜欢小猪。 2. *环境准备*:猪妈妈头饰、围裙,三角形、圆形、正方形卡片若干,分类盒人手一个(里面贴好圆形、三角形、正方形标记),圆形、三角形、正方形的实物饼干若干。

活动依据	生活中的孩子都是被照顾者,他们希望通过照顾小动物或娃娃的方式模仿生活中的场景,也在不断的练习中更加社会化。故事表演的情景带入,满足了孩子天生的好奇心,可引发其极大的兴趣。

活动流程	猪妈妈的饼干→看看谁不见了→我会分饼干→饼干真好吃

	指导宝宝	指引家长
活动过程	**一、猪妈妈的饼干** 1. 老师戴上猪妈妈头饰,围好围裙向小朋友问好。 　(1) 我有三个孩子,你们认识他们吗? 　(2) 今天猪妈妈要做饼干,你们愿意帮忙吗? 　(3) 先考考你们,看谁认识这些形状。(出示三角形、圆形和正方形) **二、看看谁不见了** 1. 三种图形宝宝要捉迷藏喽,请小朋友把眼睛闭上从 1 数到 5,等图形宝宝藏好再睁开眼睛说说谁不见了。 2. 老师藏起一个图形,请宝宝说一说谁不见了。 3. 老师可以同时藏起两个图形,请宝宝说一说什么图形不见了。 4. 小结:你们本领真大,认识这么多的图形宝宝,猪妈妈给小猪做好多饼干,可是猪大哥只喜欢三角形的饼干,猪二哥只喜欢圆形的饼干,猪小弟只喜欢正方形的饼干,这可怎么办?	🐾 引导孩子说完整话:这是××图形。 🐾 家长协助幼儿遵守规则。

续表

活动过程	三、我会分饼干 1. 出示一盘有不同形状的卡片饼干,请宝宝按照形状分一分,找到分类盒里的图形标记,把相应的图形放进去。 　　(1) 请一个小朋友做示范,拿好一个图形放进相应的分类盒中。 　　(2) 请宝宝边放图形边说一说:圆形宝宝请回到圆形的家。 2. 幼儿分饼干,把相同的形状放在有相应标记的地方。 3. 请幼儿把分类盒中的三角形饼干取出来放在给猪大哥的盘子里;圆形饼干放在给猪二哥的盘子里;正方形的饼干放在给猪小弟的盘子里。 四、饼干真好吃 1. 猪妈妈:今天你们帮猪妈妈分饼干,真是能干的宝宝,猪妈妈特别留了一些饼干给你们,你要告诉猪妈妈你喜欢什么形状的饼干,猪妈妈会请你吃好吃的饼干。 2. 请小朋友吃饼干,并跟小伙伴说说自己吃的是什么形状的饼干。	🐦 家长观察孩子操作并进行指导。
活动延伸	1. 找找生活中有哪些不同形状的物品,他们都有什么用处。 2. 引导孩子讨论图形的特性,为什么车轮是圆形等,提升孩子在生活中的观察能力。 3. 在区域活动中设置"喂小动物吃饼干"的游戏帮助幼儿辅助练习。	
活动评析	在整个活动中孩子们对圆形、三角形、正方形的图形特征有了进一步的巩固认识,利用情节贯穿整个活动,从游戏的角度真正体现了以幼儿为主体,发挥幼儿的主体性,在动手能力、语言表达能力等方面都有了很大的提高。	

精选案例之67　　认知活动:找朋友

适用年龄范围		活动形式	活动设计
2～3岁		集体	董玉玲
活动目标	宝宝	1. 学习将帽子、围巾和手套进行归类。 2. 能使用量词说简单的话。 3. 培养幼儿爱劳动的习惯。	
	家长	学习如何在生活中运用日常物品培养孩子的分类概念。	
活动准备	1. 教具准备:小朋友带来的帽子、围巾和手套若干。 2. 环境准备:选择下雨的天气(雨不能太大)贴好标记的玩具柜(标记用围巾、帽子、手套的图片)。		
活动依据	2～3岁的孩子已经能按照事物的某些特征分类,可以按照颜色、大小、形状、用途分类。在生活中孩子都有参与做事的欲望,也是其建立自信、形成自我概念的关键时期,适当的归类练习可以让孩子获得成功的体验。		
活动流程	看一看→分一分→说一说		

	指导宝宝	指引家长
活动 过程	**一、看一看** 1. 老师请小朋友把带来的物品摆在桌子上 　　(1) 你们带来的是什么啊?(请小朋友跟旁边的小伙伴说说自己带来的物品) 　　(2) 能不能给一样颜色的找到朋友呢?请宝宝边唱歌边找到一样颜色的朋友。 　　(3) 再找一次朋友,要找一样名字的:帽子找帽子、围巾找围巾,看看能找到多少个朋友。 **二、分一分** 1. 看看柜子上有什么?它告诉我们什么呢? 2. 让幼儿了解柜子上的标记代表了物品的家,要帮助帽子、围巾和手套找到它们的家。 3. 请宝宝说一说自己带来的物品家在哪里,说一说有什么颜色的帽子、什么形状的围巾和什么颜色的手套? 4. 请小朋友把自己带来的物品放到相应的家中。 　　引导幼儿共同检查有没有放错家的物品。 　　师:这是谁的家?看看里面都有谁?(红色的帽子、蓝色的帽子) **三、说一说** 1. 请三位家长做售货员,小朋友到超市买东西。 　　老师示范买东西的方法:我想买一顶红色的帽子,我想买一条黄色的围巾,我想买一双蓝色的手套。 2. 请一名幼儿尝试买东西,能正确使用量词。 3. 请所有的幼儿到超市买东西,买好后告诉伙伴自己买了什么。	🐟 鼓励孩子向小伙伴介绍自己带来的物品,引导宝宝使用量词。 🐟 家长引导孩子描述自己带来的物品,在检查的过程中也能正确描述。 🐟 家长鼓励孩子大胆去买东西,学习使用量词。 🐟 家长协助孩子找到物品的家,给孩子适当的帮助。
活动 延伸	1. 在家里可以帮忙整理物品,知道每样东西都有自己的家。 2. 请幼儿一起整理教室的玩具,找一找有没有去错家的玩具。 3. 在区域活动中增加"配对卡片",学习一一对应,找出事物间的联系。	
活动 评析	这个活动通过整理物品、买东西等环节让孩子建立起分类的概念,在这个活动中老师有意识地让孩子进行量词的练习,并让幼儿在买东西中不断重复使用,语言的发展就是在这样的运用过程中不断发展的。我们要强调的是,孩子的能力要在生活中培养,仅仅通过一个活动是不能够让孩子有很好的发展,要持之以恒在生活中不断练习才能做到量的积累,从而达到质的变化。家长可以在此类的活动中发现孩子的能力并学习在生活中给孩子练习这种能力的机会,这对孩子的发展将会有极大帮助。	

🎈 **精选案例之 68**　　认知活动:春游

适用年龄范围	活动形式	活动设计
2～3岁	集体	李玲

活动 目标	宝宝	1. 认识常见的一些旅行用品。 2. 学习自己整理春游的物品。

	家长	1. 指引家长与孩子积极沟通,增进亲子之间的情感交流。 2. 提升家长陪伴孩子的有效性。	
活动准备		教具准备:书包一个、帽子一顶、伞、旅游鞋和手帕。	
活动依据		春天是万物复苏、草木争荣的季节。一方面,大自然的奇异变化为宝宝提供了丰富的认识对象;另一方面,也使宝宝脱去了厚厚的棉衣,在风和日暖中获得了身体运动的更充分的条件。春游的准备活动的设计,可以帮助宝宝学会安排自己的物品,提升宝宝的自理能力。	
活动流程		猜一猜→介绍春游的物品→梳理春游需要带的物品,并以儿歌的形式说出来→亲子儿歌对答游戏	

指导宝宝	指引家长
一、猜一猜 　　情景:老师背着背包很夸张地走进教室,吸引宝宝的注意。 　　老师提问:1. 猜猜老师今天要去做什么? 　　　　　　　2. 我这个包里有好多出去要用的东西,宝宝想知道它们是什么吗? 二、介绍春游的物品 1. 引导宝宝认识春游时需带的物品。 2. 这些物品是在什么情况下用到的。 三、梳理春游需要带的物品,并以儿歌的形式说出来 　　附儿歌: 　　　水壶和雨伞放进书包里, 　　　毛巾放在口袋里, 　　　穿上运动鞋,戴上小帽子, 　　　春天你好,我来啦! 四、亲子儿歌对答游戏 　　宝宝和家长面对面坐好,家长带着宝宝念儿歌的物品部分;让宝宝回答物品所放的位置,最后一起大声地说:春天你好,我来啦!	🚤 指引家长与宝宝观察并谈话,并给予适当的协助。 🚤 家长跟宝宝一起说,可以稍大声点,带动宝宝开口说。 🚤 指引家长积极投入地唱念儿歌,和宝宝保持眼神交流,暗示并鼓励宝宝跟着学习。

活动延伸	1. 当宝宝熟悉儿歌后,可以鼓励宝宝创编最后一句:莲花山,我来啦,等等,促进宝宝对唱念儿歌的兴趣。 2. 在家里,尽量提供宝宝自己动手操作的空间,锻炼宝宝的生活自理能力。
活动评析	宝宝对于老师外出的包包非常感兴趣,通过宝宝自己的生活经验,让宝宝学会了自己安排自己的物品,提升了宝宝的生活自理能力。

精选案例之 69　　认知活动：会说话的石头

适用年龄范围	活动形式	活动设计
2～3 岁	集体	董玉玲

活动目标	宝宝	1. 感知石头与各种物体碰撞发出不同的声音。 2. 初步培养幼儿的观察比较能力。
	家长	1. 观察、比较生活中物体的异同。 2. 训练孩子对声音的敏感，找找相同的声音。

活动准备	1. *教具准备*：宝宝可抓握的石头若干，质地不同的物品，如铁盒、皮球、塑料瓶子、纸盒等。（由家长带来） 2. *环境准备*：检查过的环境，将玻璃器皿等易碎物品收起来。

活动依据	2～3 岁的孩子乐于观察周围的环境，容易对一些会动的、有声音的物体产生兴趣，对事情的理解有自己的简单逻辑。在孩子的世界里，一切的物体都是有生命的，可以跟任何物体直接对话。

活动流程	猜猜谁说话→小石头会说话→互动游戏

	指导宝宝	指引家长
活动过程	**一、猜猜谁说话** 1. 老师将两块石头藏在身后相互敲击，请宝宝猜一猜是谁在说话。 　（1）听一听，是谁在说话？ 　（2）你们知道小石头在说什么吗？ **二、小石头会说话** 1. 出示准备的物品（铁盒、皮球、塑料瓶子、纸盒）。 2. 选择两种质地差别很大的物品，如铁盒和皮球，用小石头去敲击它们，引导宝宝分辨两种声音的不同。 师：听！小石头跟饼干盒说话时是什么声音？（当当当） 小石头跟皮球说话时是什么声音？（嘭嘭嘭） 3. 引导宝宝选择自己喜欢的石头，与不同的物品敲击，感受声音的不同。 4. 提醒宝宝不要用小石头敲击玻璃或镜子，那样会敲碎的。 **三、互动游戏** 1. 老师当大朋友（家长），示范跟宝宝互动游戏：家长先用石头敲一敲两种不同的物体，让宝宝听清楚不同的声音，再让宝宝闭上眼睛猜一猜小石头在和谁说话。 2. 家长和宝宝一起游戏。	引导孩子描述听到的结果。 家长鼓励孩子玩游戏，让孩子说一说。

活动延伸	1. 引导幼儿观察生活中的石头，比较不同。 2. 玩敲一敲的游戏。 3. 在区域活动中投放各种各样的小石头和放大镜。

活动评析	宝宝喜欢运用敲敲打打的方式去探索周围的环境，在活动中感知事物的不同。老师鼓励宝宝用石头跟各种材料说话，让宝宝的好奇心得到满足，同时训练了宝宝听音、辨音的能力。

精选案例之 70 认知活动：小冰块不见了

适用年龄范围	活动形式	活动设计
2～3岁	集体	董玉玲

<table>
<tr><td rowspan="2">活动目标</td><td>宝宝</td><td>1. 感知、发现冰块的特征。
2. 对物体的变化产生兴趣，能持续观察。
3. 尝试想办法解决问题。</td></tr>
<tr><td>家长</td><td>1. 学习通过多种感官感知让孩子认识身边的事物。
2. 引导孩子仔细观察物体变化的过程，尝试用语言描述。</td></tr>
<tr><td>活动准备</td><td colspan="2">1. 教具准备：小冰块每人一块，冰块里冻上一个色彩鲜艳的小物品。
2. 环境准备：教室里准备几个小水盆，里面装小半盆水。</td></tr>
<tr><td>活动依据</td><td colspan="2">孩子天生是好奇的，喜欢色彩鲜艳的、多变的东西。让孩子观察物体的变化过程不仅可以有效地吸引孩子的注意力，还可以培养其良好的观察习惯，让孩子通过本次活动学会寻找生活中会变化的东西，培养爱观察的习惯。</td></tr>
<tr><td>活动流程</td><td colspan="2">摸摸小冰块→我会想办法→得到小礼物</td></tr>
</table>

指导宝宝	指引家长
一、摸摸小冰块 1. 将小冰块分给每个宝宝一块。 　（1）小冰块是什么样的？放在手里是什么感觉？ 　（2）看看小冰块里面有什么？ 2. 引导宝宝从各个角度观察小冰块，知道冰块是透明的、凉凉的，握一会儿手就湿湿的。 **二、我会想办法** 1. 请小朋友想一想怎么样才能把小冰块里面的小礼物取出来？ 　（1）请小朋友说一说冰块怎么才能融化。 　（2）鼓励小朋友尝试把冰块放到有水的水盆里或者放到太阳底下晒一晒，观察小冰块的变化。 　（3）小冰块在变化的时候让宝宝尝试用语言描述小冰块的变化过程。 **三、得到小礼物** 1. 引导宝宝取出小礼物后互相欣赏。 2. 提醒宝宝不要把小礼物放到嘴巴里。 3. 小结： 　（1）帮助宝宝回忆冰块融化的过程。 　（2）表扬宝宝遇到问题会想办法解决。	🐟 家长观察孩子对于冷和热的认知，能否正确描述。 🐟 家长引导宝宝观察冰块的变化并用语言描述。

（活动过程 是左侧合并单元格的标题）

活动延伸	1. 宝宝回到家里可以继续尝试把水变成冰块（家长帮助）。 2. 比较两块一样大的冰块，放到水里和放到太阳下哪个融化得快。
活动评析	这个年龄的孩子喜欢探究，老师创设了从冰中取出礼物的问题情境，让宝宝自己想办法取出礼物。宝宝在尝试和动手过程中感受到了冰的特性，好奇心和探索欲望得到了满足。

第6单元

2~3岁婴幼儿艺术活动设计与指导

一、婴幼儿艺术发展概述

（一）什么是婴幼儿艺术教育

艺术以活生生的感性形态存在于时空之中，以能激发人们的情感、情绪为最大特色，这与婴幼儿时期的认知心理特征完全吻合。如鲜艳的色彩、美妙的声音、明快的节奏以及形形色色的空间造型，都是一种能激发和感染婴幼儿情绪的感性形象。很小的婴儿也会对这样的形象产生定向和无意注意，仅从这点就充分显露了早期教育的必要性。

早期艺术教育重在启蒙。也就是说让婴幼儿处在一个充满音乐、色彩或美妙声音、图形的环境中，或者在有目的的艺术活动中，以引起他的审美兴趣和敏感，从而产生初浅的审美情感、审美理解力、审美想象和创造力。

创造的艺术环境是指2～3岁幼儿在家庭和幼儿园中接触到的一种包含音乐、美术的可视、可听、可动、可感、可想、可创造的适合2～3岁婴幼儿年龄特点的、显性的、隐性的审美环境。

（二）婴幼儿艺术教育的内涵和重点

前苏联教育家苏霍姆林斯基说："美是一种心灵体操——它使我们精神正直、良心纯洁、情感和信念端正。"艺术教育是素质教育中的一个重要环节，它通过美的形象和令人愉悦的形式，潜移默化地感染着婴幼儿。

根据一些实验证明，两个月的婴幼儿视觉已经能够集中于某个物体，三四个月开始对颜色有分化反应，偏爱红色，红色能引起他们注视，刺激其手足欢动。两三个月的婴幼儿能听音乐和说话声，对有节奏的声音表现出愉快情绪。一岁左右的儿童已具有对声音、颜色、形态初步的分辨能力。婴幼儿的这种能力不是先天赋予的，而是在教与学的过程中获得的。

婴幼儿艺术启蒙教育的目的不在于培养艺术家，而是通过生动有趣的艺术活动培养婴幼儿的兴趣及初步的感受美的能力，培养其积极情感，促使其形成活泼、愉快、开朗、康健的个性，促进其智力的发展。

（三）艺术教育对婴幼儿发展的作用

对2～3岁婴幼儿实施艺术启蒙教育，即在幼儿园或家庭生活中融入婴幼儿可接受的艺术形式或手段，发挥艺术"润物细无声"的作用。在进行艺术启蒙教育的同时，发挥婴幼儿的艺术素质，同时有助于婴幼儿在感知觉、运动、思维、人际交往能力等方面的自然发展、和谐发展、充分发展。

具体可从以下两方面阐述：

1. 为将来的艺术才能打基础

婴幼儿时期是早期艺术教育的一个关键阶段。历史上很多伟大的文学家、艺术家之所以成才，大都与他们的早期家庭艺术教育有密切关系。鲁迅幼年时期在其祖父的影响下熟读了白居易、陆游、李白等人的诗歌和中国古典名著《西游记》和《千家诗》。日本著名儿童教育家铃木镇一教授,在世界上首次发明才能教育法,日本接受这种训练的儿童达二十多万。铃木曾经组织 1 800 名儿童参加小提琴大合奏,令全世界都赞赏不已,称之为 20 世纪的奇迹。由于接受了铃木的早期艺术教育,不少人现在已经成为世界各地音乐学院的著名教授和交响乐团的小提琴手。

2. 促进人的身心全面发展

婴幼儿时期的家庭美育不但对培养艺术才能至关重要,而且对于促进人的身心的全面发展(包括思维能力)都有重要作用。一些科学家的发明创造,比如海森堡创立量子力学,爱因斯坦创立广义相对论,都与他们儿时的审美活动有关。有人对 1450 年至 1850 年四百年间出现的 301 位杰出人物做了调查,发现他们的成就与他们从小培养的超常的兴趣、情感、意志等非智力因素有着密切联系。有人问一位诺贝尔奖获得者:"您在哪所大学、哪个实验室学到了您认为是主要的东西呢?"这位白发苍苍的科学家回答:"是在幼儿园。"那人又问:"在幼儿园学到些什么呢?"这位著名科学家回答道:"把自己的东西分一半给小伙伴们;不是自己的东西不要拿;东西要放整齐;吃饭前要洗手,做错了事要表示歉意;午饭后要休息;要仔细观察周围的大自然,从根本上说,我学到的全部东西就是这些。"这些回答看来极其平常,但却说明了婴幼儿时期艺术审美教育的重要性。

二、婴幼儿艺术活动的设计

（一）目标设计

1. 运用音乐、美术中不同的艺术形式使婴幼儿获得美的熏陶,让婴幼儿在自然、和谐、优美、开放的生活空间里开发艺术潜能,在提高艺术基本素质的同时,发展其对周围事物的认识兴趣、敏感性、审美力和创造力。

2. 培养婴幼儿对音乐的兴趣和敏感性,并愿意参加活动,对活动有一定的积极性。

3. 培养婴幼儿对色彩、线、型的兴趣和敏感性,通过涂鸦、玩纸、欣赏成人的作品等,发展初浅的美术能力。

4. 让家长初步了解对婴幼儿进行艺术启蒙教育的作用,并在教师的指导下配合做好家庭艺术启蒙教育。

（二）内容设计

婴幼儿艺术教育内容主要包括:

1. 进行室内艺术环境创设

创设宽松、自由、开放的室内艺术环境,给予婴幼儿各种欣赏艺术的机会和条件;提供丰富的视听及感染型艺术环境,并保证其丰富、多变,促使婴幼儿身心愉悦、主动活泼。如室内充满童趣的装潢、便于婴幼儿亲子活动的空间结构布置、室内色彩的和谐、风格各异的美术作品、幼儿参与布置的主题内容以及以听觉参与为主的大环境背景音乐和班内各具个性的小环境信息音乐,使幼儿在和谐、优美的环境中保持情绪稳定、开朗、积极,形成婴幼儿生活的秩序感。

2. 建立以艺术为手段的生活辅助活动

针对 2～3 岁婴幼儿的身心发展特征,选择、改编、创作婴幼儿易于接受且与生活、学习环节等内容相匹配的乐曲、歌曲,并辅以动作,设置游戏环境。在参与过程中通过听听、想想、说说、动动、唱唱、做做等获得亲身体验,掌握洗手、如厕、搬椅子、收拾玩具等简单的生活技能。在乐曲、歌曲、韵律、动作的配合下愿意学习并逐渐养成良好的生活习惯,充分体现生活的规律性、教育的有序性、情绪的稳定性和集体生活的适应性。

3. 建立以艺术形式参与为手段的学习内容

在亲子班学习活动中尽可能将音乐、美术或文学作品作为学习领域中的手段之一,运用同构理论,充分挖掘各领域中与艺术相通的审美要素,形成婴幼儿感兴趣的各类活动。如美术活动根据 2～3 岁婴幼儿小肌肉发展不完善的特点,提供简单易操作的材料,让幼儿通过涂鸦、添画、玩纸、玩色等,体验到成功。

4. 提供家庭艺术氛围创设指导

对亲子班家长提供家庭艺术氛围创设指导,通过以下几种方式帮助家长提高家教理念及行为能力:

(1)定期召开家长会,推荐教育文章,提供家庭保教咨询。

(2)指导家长选择适合幼儿的经典乐曲及童话,在适当时候进行亲子音乐欣赏(一次20～30分钟,每周3次左右),增强幼儿对音乐的敏感性和兴趣,提供其情绪的稳定性。

(3)提供有益画册、美术作品,进行亲子欣赏及涂鸦,提供其对美术的兴趣。

(4)指导家长选择适合孩子年龄段特征的图书进行阅读。

(三) 方法设计

婴幼儿艺术教育活动设计主要采取教师示范、集体游戏、亲子指导、亲子参与体验等方式,帮助家长掌握亲子教育技巧。

(四) 流程设计

亲子艺术教育方案的流程一般为:教师示范→亲子模仿→集体游戏→亲子共同参与→回顾总结→作品展示等过程。

(五) 评估设计

活动的评估通过教师观察亲子在活动中的互动情况,观察孩子在活动中的情绪状态,评估此次活动对孩子发展的作用,并及时给予指导。

(六) 对监护人的指导设计

每次活动,教师都会参与、观察、评估家长在亲子活动中的互动行为,根据具体情况给予适时指导。

三、婴幼儿艺术活动的指导

(一) 指导重点

重点指导家长与孩子的互动语言与行为,指导家长在恰当的时机干预孩子的活动。

(二) 应注意的问题

1. 活动内容的选择必须符合婴幼儿的年龄特点,尊重他们的意愿,成人切忌把自己的喜好强加给孩子,以及盲目跟风单科拔高。

2. 活动过程中给孩子充分的自由,允许他们根据自己的经验、认知水平及特有的方式表现和表达,切忌过多地干预和强行灌输。

3. 用积极的语言对孩子的活动过程和结果进行评价,切忌以成人的审美要求去评价孩子的创作萌芽。

4. 生活有挑战,不断地打破婴幼儿生活中原有的平衡,产生矛盾与冲突,促使婴幼儿通过直接经验发现事物间的联系,创造新的平衡。生活中有规则,婴幼儿需要在生活实践中学习。

5. 游戏是婴幼儿学习的主要方式。婴幼儿学习的内驱动力是"兴趣",游戏是婴幼儿最喜欢的事。让孩子们在游戏中学习,能收到事半功倍的效果。

6. 在游戏过程中,婴幼儿的身心是愉悦的、轻松的,他们的各种感官都被充分地调动起来,他们的各种能力得到最大程度发挥。他们所积累的经验,有机会得到运用和施展。学习成了一件愉快的事。

精选案例之71　　　美术活动：对称印画《漂亮的蝴蝶》

适用年龄范围	活动形式	活动设计
2～3岁	集体	沈敏

活动目标	宝宝	1. 了解对称印画的特点,激发想象力,用不同的方法进行创作。 2. 学习掌握对称印画的创作方法,大胆尝试操作。 3. 培养对色彩画的兴趣,发展创造性思维能力。
	家长	1. 让家长了解在与孩子互动时所扮演的角色,增进亲子之间的情感交流。 2. 与孩子一起创作,培养和提升家长的审美眼光。

活动准备	1. *知识经验准备*：在进行亲子阅读或者在户外游玩时,抓住契机让宝宝认识蝴蝶,初步了解毛毛虫成为蝴蝶的演变过程。观察蝴蝶翅膀的花纹。 2. *教具准备*：蝴蝶成长的图卡、范画、各色卡纸(已剪好蝴蝶形状)、水粉颜料、水粉笔、毛根。

活动依据	涂鸦时期的宝宝最喜欢用颜料乱涂乱画,并且喜欢借用颜料、水粉笔等工具进行创作,绘画作为宝宝的"第二语言",能有效地抒发宝宝的情感,表达出自己的想法和感受。宝宝对蝴蝶也有一定的认识,"漂亮的蝴蝶"活动中采用对称印画这一特殊的艺术手法,能激发宝宝的好奇心,满足宝宝爱涂鸦的想法,同时能让宝宝充分感知对称印画的特点和纹理美。

活动流程	欣赏各种漂亮的蝴蝶→展示蝴蝶成长过程的图片→亲子创作：对印美丽的蝴蝶→展示作品,相互欣赏

	指导宝宝	指引家长
活动过程	**一、欣赏各种漂亮的蝴蝶** 1. 出示各种颜色,形状不同的蝴蝶,请宝宝欣赏。 2. 蝴蝶有一对漂亮的翅膀,蝴蝶的身体细细的,头上有长长的触角。 **二、展示蝴蝶成长过程的图片** 　　出示蝴蝶成长的图卡,与宝宝进行互动提问。了解蝴蝶是要经历圆圆的卵——毛毛虫——蛹——蝴蝶的变化过程。 **三、亲子创作：对印美丽的蝴蝶** 1. 出示范画,引起宝宝的创作兴趣。 　　出示色彩不同、图案不同的作品给宝宝欣赏,刺激宝宝的想象力。对比蝴蝶的左右两边是否相同(颜色、形状、大小),告诉宝宝蝴蝶翅膀的秘密。 2. 示范对称印画。 　　将蝴蝶形状的纸对折后打开,宝宝自由选择颜色,用水粉笔蘸好颜料画上花纹,涂好形状,印画时宝宝用小手在纸上反复用力地压,每一处都要压到,移动位置时,把手稍微提一下,以免花纹模糊,提示宝宝注意绘画时间不要过长。打开纸就可变成一只有对称花纹的蝴蝶。最后将毛根系在蝴蝶的头部作为蝴蝶的触角。 3. 交代要求、亲子创作。 　　(1) 水粉笔不要蘸太多的颜料,涂画时要把颜料涂在画纸上,水粉笔从哪里拿的就放回哪里去,不要把颜料弄混了。	🐟 指引家长适当地提示宝宝,用正确完整的语言进行描述。 　🐟 宝宝在练习对折动作时,家长要适时地给予帮助。 　🐟 用水粉笔涂画颜料时,家长要提醒宝宝颜料不要蘸得太多,笔从哪个颜料桶拿的就放回哪个桶里去。 　🐟 绑毛根时家长要给予一定的帮助。

活动过程	（2）有颜料的蝴蝶面要放在下面,从上往下用手掌按压。 （3）打开蝴蝶时要轻轻的,做好后放在桌上将颜料晾干。 4. 用湿毛巾擦干净小手。 **四、展示作品,相互欣赏** 　　鼓励大胆创作的宝宝。	🐟 家长帮助宝宝将手擦干净。
活动延伸	1. 条件允许的情况下,通过参观蝴蝶馆、观看短片等进一步了解蝴蝶的知识。 2. 在日常生活中,家长注意提醒宝宝观察有什么东西是对称的。 3. 宝宝学会对折的技能后,可根据自己喜欢的颜色做不同形状的对印画。	
活动评析	"漂亮的蝴蝶"活动中最为重要的部分就是让宝宝学会对折的技能,从而发现对印画的特点。采用蝴蝶作为对印画的素材,是从宝宝现有的认知基础出发,通过活动,宝宝能更进一步了解到蝴蝶的成长过程。同时,丰富的操作材料以及自由的创作空间,锻炼了宝宝小手肌肉的发展和眼手协调的能力。另外,提升了宝宝的观察能力和语言表达能力,在亲子互动创作中,改善了家长与宝宝之间的沟通协作方法。	

精选案例之 72　美术活动：滚珠画《花手帕》

适用年龄范围		活动形式	活动设计
2～3 岁		集体	沈敏
活动目标	宝宝	1. 感知色彩,巩固对红、黄、绿三种颜色的认识,提高对色彩的兴趣。 2. 初步学会玻璃珠滚画的方法,锻炼对手的掌控能力。 3. 提高动手能力、创造力和简单的口语表达能力的发展。	
	家长	1. 指引家长与孩子进行有效的沟通,适时地帮助宝宝,用恰当的方法帮助宝宝完成作品。 2. 引导家长帮助宝宝发现生活中的美。	
活动准备	1. 知识经验准备:课前与宝宝一起欣赏各种手帕,感受其丰富的颜色。 2. 教具准备:彩色手帕、示范画、白纸剪成的手帕若干、托盘、小勺子、玻璃珠、红黄蓝颜料盒、湿毛巾。		
活动依据	2～3 岁宝宝的年龄特点决定了宝宝的认知水平和技能水平有限,但是他们却喜欢形象生动又有趣的东西,在活动中要刺激宝宝主动参与活动并乐于自主探究。"花手帕"活动中有宝宝喜欢的颜料和圆圆的玻璃珠,通过玻璃珠的滚动形成作品,对于宝宝而言生动又有趣,也使宝宝较容易得到成功感,从而激发他们主动参与活动并能建立自信心。		
活动流程	欣赏花手帕→了解手帕的作用→亲子创作:滚珠画"花手帕"→展示欣赏作品		

指导宝宝	指引家长
一、欣赏花手帕 1. 出示各种各样的手帕,请宝宝观察手帕的颜色、图案、形状,让宝宝学会观察与欣赏。 2. 请宝宝说一说自己的手帕是什么样子的。	🐟 家长适当地提醒宝宝。帮助宝宝用完整的语言描述手帕的样子。

	二、了解手帕的作用
	1. 做手帕的材料不同,摸上去的感觉也不同,棉质的摸上去软软的,丝绸的摸上去滑滑的。
	2. 手帕可以用来洗脸、擦汗、擦眼泪、擦鼻涕等。
	
	三、亲子创作:滚珠画"花手帕"
	1. 欣赏范画、认识颜色。
	    请宝宝观察花手帕的范画,"你觉得手帕上的图案是什么样子的,看看上面有些什么颜色,你们认识吗?"
	2. 介绍工具、示范方法、演示操作。
	    (1) 介绍工具名称。
	        介绍工具——玻璃珠、红黄蓝颜料、小勺子、托盘。
	    (2) 示范滚珠的方法。
	        玻璃珠的形状是圆圆的,把玻璃珠放在托盘里,双手拿好托盘,随意倾斜,玻璃珠会随着手的动作而上下左右滚动。
	    (3) 演示操作。
	        先把手帕平铺在托盘里,然后将玻璃珠放在颜料盒里,让玻璃珠沾满颜料,再用小勺子将玻璃珠取出来放在托盘的边角上,双手握住托盘,任意上下左右倾斜托盘,让这个玻璃珠在托盘里来回滚动,把颜色都滚在纸手帕上。玻璃珠没有颜色后,将它放回颜料盒蘸上颜料后再次操作,可以选择多种颜色,反复几次。
	        "玻璃珠,本领大,滚呀滚!滚成一块花手帕。"
	3. 交代要求,亲子操作。
	    (1) 宝宝用手摇晃托盘时不要过猛,以免把玻璃珠晃到托盘外面。
	    (2) 玻璃珠上的颜色用完才能换另一种颜色。鼓励宝宝尽量尝试多种颜色,从中感受各种色彩的美。
	    (3) 宝宝用完玻璃珠后要放回原处。
	    (4) 粘在手上的颜料要用湿毛巾擦干净。
	    (5) 作品完成后轻轻地将纸手帕从盘子里揭下来,放在桌子上晾干。
	
	四、展示欣赏作品
	    老师出示用不同色彩滚出的手帕,让宝宝欣赏、感受色彩的搭配、深浅变化给人带来的视觉美。
		🌊 家长与宝宝一起认识材料工具,帮助宝宝巩固对颜料的认知。
		
		🌊 家长跟宝宝一起操作时,适当地帮助他,避免玻璃珠掉出托盘。
		
		🌊 使用颜料时,家长提醒宝宝用完一种颜色再换另一种颜色,不要将颜料弄混了。
		
		🌊 家长帮助宝宝将手擦干净。
		
		🌊 与宝宝一起欣赏,并鼓励宝宝大胆表达对作品的认识。

活动延伸	1. 家长引导宝宝观察家里的手帕、毛巾是什么颜色的,有什么样的图案。 2. 生活中多使用手帕,少用面纸,培养宝宝的环保意识。	
活动评析	手帕是宝宝每天要用的必需品,采用手帕作为活动主题,宝宝会感到熟悉并有一定的亲切感,通过活动加深对手帕的认识,也学会正确使用手帕。花手帕的颜料采用红黄蓝三原色,亮丽鲜明的颜色,宝宝容易接受并且也能巩固对红黄蓝的认识。通过玻璃珠的滚动完成作品,宝宝会觉得非常有趣。滚画的创作方式满足了宝宝的好奇心,激发了宝宝的创作思维,也发展锻炼了宝宝对手的掌控能力。	

精选案例之 73　　美术活动：简笔画《给泡泡穿新衣》

适用年龄范围	活动形式	活动设计
2～3 岁	集体	沈敏

活动目标	宝宝	1. 学习正确的握笔姿势,能完整地画出圆形。 2. 尝试在轮廓内涂色,锻炼小肌肉的控制能力。
	家长	1. 指引家长用正确的方法帮助宝宝学会握笔。 2. 在活动中家长要鼓励宝宝自己尝试操作。

活动准备	1. *知识经验准备*:户外活动时给宝宝提供泡泡水,通过吹泡泡,宝宝可以观察泡泡的形状和颜色。 2. *教具准备*:泡泡水、吹泡泡宝宝的操作纸若干、蜡笔、勾线笔。

活动依据	处于涂鸦期的宝宝,很喜欢自由地涂画,对于图形的认识,最早认识的就是圆形,圆形的物体容易为宝宝接受。最初学习图形的勾勒可以选取宝宝最喜欢的泡泡作为描形的切入点,圆圆的、五颜六色的泡泡可以调动宝宝参与活动的主动性和积极性,以拟人化的"穿衣"形式练习涂色,不仅可以锻炼宝宝的小肌肉的控制能力,也符合宝宝的发展需要。

活动流程	欣赏歌曲《吹泡泡》→讲解示范过程→亲子创作:勾画涂色泡泡→户外游戏:吹泡泡

活动过程	指导宝宝	指引家长
	一、欣赏歌曲《吹泡泡》 1. 听歌曲《吹泡泡》,激发宝宝的活动兴趣。 　　"吹呀吹泡泡,有大又有小,飞呀飞上天,飞呀飞上天,泡泡,泡泡,咦?泡泡不见了!" 2. 与宝宝互动提问。 　　泡泡是什么形状的? 泡泡是什么颜色的? 　　用吹泡泡的工具蘸好泡泡水后,鼓起小嘴巴对准它轻轻地一吹,就可以吹出大大小小的、圆圆的、五颜六色的泡泡。 **二、讲解示范过程** 1. 出示操作纸。 　　出示印有吹泡泡宝宝的操作纸,引导宝宝观察画面上都少了些什么。 2. 勾画圆圈。 　　拿好勾线笔,示范画出一个完整的圆形,注意圆形一定要闭合。 3. 涂画颜色。 　　鼓励宝宝用蜡笔涂色,将颜色都涂在圆形图案里。 　　"小彩笔呀跑呀跑,圆圈里面跑一跑。泡泡泡泡穿新衣,彩色衣服真美丽。" **三、亲子创作:勾画涂色泡泡** 1. 提出要求,亲子创作。鼓励宝宝大胆用色,多用颜色。 如果宝宝涂在轮廓外,或总在一个地方涂,或不能坚持涂完所有的泡泡,可适	🐟 家长与宝宝一起聆听歌曲,拍打节奏。 🐟 家长适时地提醒宝宝。帮助宝宝用完整的语言描述。 🐟 家长协助宝宝使用勾线笔。 🐟 家长可握着宝宝的手勾画涂色,让宝宝感受握笔和涂色的方法。

活动过程	时引导宝宝。如观察到宝宝的画纸总是移动,影响宝宝涂色,可引导宝宝用一只手按住画纸,一只手涂色,以增强宝宝活动的成效。 2. 鼓励宝宝欣赏自己的作品,并将蜡笔收好。 **四、户外游戏:吹泡泡** 　通过吹泡泡,让宝宝更为形象生动地认识泡泡。	
活动延伸	1. 在美工区放置一些操作纸,鼓励宝宝在美工区去练习涂色。 2. 户外活动时,老师和宝宝可以一起玩吹泡泡的体育游戏。 3. 可以给宝宝分发泡泡水,让宝宝自己感受吹泡泡的乐趣。	
活动评析	这一活动从宝宝喜欢的泡泡水和发展需要出发,在宝宝现有的认知基础、动手能力上,尝试拿笔画圆涂色,不但锻炼了宝宝的手部肌肉发展与手眼协调能力。同时通过宝宝与家长的共同操作,也增进了亲子交流与沟通,亲子共乐。	

精选案例之74　　美术活动: 手工制作《传声电话》

适用年龄范围		活动形式	活动设计
2～3岁		集体	沈敏
活动目标	宝宝	1. 认识通讯工具,了解通讯工具的作用。 2. 尝试用涂、画、粘贴的方法装饰物品,锻炼小手的灵活性。	
	家长	1. 帮助家长掌握一些基本的美工技巧,陪同孩子一起制作。 2. 通过亲子协助完成作品,指引家长与孩子进行良好的亲子互动。	
活动准备	1. *知识经验准备*:认识一些通讯工具,在生活区投放仿真电话让宝宝玩打电话的游戏。 2. *教具准备*:一次性纸杯、30 cm的棉绳、大头针、贴纸、蜡笔。		
活动依据	电话是宝宝日常生活中常见的物品,在娃娃家玩耍时宝宝都喜欢拿起电话或者手机玩具,模拟给别人打电话,可见宝宝对电话有一定的认识和了解。这堂手工课以传声电话为内容,能吸引宝宝的制作兴趣,通过与家长一同制作的手工电话,能让宝宝更进一步认识了解电话之类的通讯工具,懂得相关的知识,同时在亲子协助共同制作的氛围下,更好地增进亲子感情。		
活动流程	欣赏歌曲《两个娃娃打电话》→讨论:认识电话→亲子创作:制作传声电话→游戏:打电话		
	指导宝宝		**指引家长**
活动过程	**一、欣赏歌曲《两个娃娃打电话》** 1. 放歌曲《两个娃娃打电话》引出课题。 "两个小娃娃呀正在打电话呀, 喂,喂,喂,你在哪里呀? 诶,诶,诶,我在这里啊!" 2. 老师与宝宝互动提问。 歌曲里的两个小娃娃在干什么?(打电话) 你们在哪里见过电话?		家长同宝宝一起欣赏歌曲。

活动过程	二、讨论：认识电话 1. 电话的用途：电话是通过电线向对方传送声音信号的通讯工具，即使见不到面也可以听到对方声音，是联系他人的工具。 2. 如何使用电话：拨通对方的电话号码，对着话筒讲话，通话完毕挂断电话。 3. 你还知道哪些通讯工具：手机、电脑等。 三、亲子创作：制作传声电话 1. 拿出两个一次性纸杯，用大头针在杯底穿出两个小洞。 2. 用棉绳将两个纸杯穿起来，将线头打一个小结，避免纸杯滑落掉出来。 3. 宝宝发挥创意，大胆地在纸杯上涂鸦涂色，贴贴纸，装饰话筒。 四、游戏：打电话（放音乐） 　　家长和宝宝一人拿一个话筒，相互之间模拟打电话的游戏。家长可以和宝宝说说悄悄话，宝宝可以向家长问好。	🌊 家长与宝宝一起讨论，告诉宝宝一些关于电话的知识。 👶 家长负责使用大头针，避免宝宝受伤。同时协助宝宝将棉绳穿过纸杯，给棉绳打结。 👶 家长投入地和宝宝一起表演。
活动延伸	1. 在日常生活中给宝宝介绍一些简单的通讯工具、小电器等。 2. 家长与宝宝一起给亲人、朋友打电话，联络感情。	
活动评析	2~3岁的宝宝好奇心强烈而且有着好动的本能，容易对手工工具材料发生兴趣，喜欢自发地进行操作，进入目的不十分明确的模仿活动，这是宝宝学习手工活动的开始。"传声电话"的活动内容，是家长与宝宝一起以游戏的方式，按一定的顺序方法来操作完成的手工作品。在边玩边做的同时，初步锻炼了宝宝的思维，丰富了宝宝的知识，发展了小手的肌肉的灵活性和协调性。	

精选案例之 75　美术活动：撕贴画《香喷喷的面条》

适用年龄范围		活动形式	活动设计
2~3岁		集体	沈敏
活动目标	宝宝	1. 对撕纸活动感兴趣，在撕纸的基础上，学习撕长纸条的技能。 2. 教会用手撕纸和粘贴的动作。 3. 懂得爱惜粮食，珍惜食物。	
	家长	1. 与宝宝一起玩撕纸的游戏，鼓励宝宝自主独立地完成撕纸的动作。 2. 家长抓住契机培养孩子进餐的好习惯，同时教育孩子懂得爱惜粮食。	
活动准备	1. 知识经验准备：在区角玩具中，放置仿真食物的玩具，让宝宝对食物有一定的认识和了解。 2. 教具准备：食物图卡、黄色绿色红色皱纹纸、固体胶棒、一次性盘子。		
活动依据	宝宝的饮食习惯是普遍存在的问题，可以采用多种方法引导宝宝形成良好的习惯。《香喷喷的面条》用撕纸的形式激发宝宝活动的参与性，进一步丰富宝宝的想象力和观察力，使宝宝思路更加开阔，培养宝宝的想象力和创造力，培养宝宝的手眼协调能力。同时也能渗透给宝宝良好的饮食卫生习惯。宝宝在享受撕纸乐趣的同时，自觉地遵守各种规则，养成好的习惯。		

续表

活动流程	认识食物→示范操作→亲子创作：撕贴香喷喷的面条→宝宝相互欣赏交流	
	指导宝宝	**指引家长**
活动过程	**一、认识食物** 1. 出示食物的图片,让宝宝跟着老师大声地说出食物的名称。 2. 介绍面条的优点:营养丰富、容易消化、味道多变、形象多样。 **二、示范操作** 1. 出示一碗面条,引起宝宝的制作兴趣。 　　提问:这是一碗什么? 是什么颜色的? 是用什么做的? 　　鼓励宝宝大胆地讲述自己的看法,探索制作的方法。 2. 示范撕的动作,用两只手的大拇哥和二拇弟拿住皱纹纸,一只手往前一只手往后用力地撕,将黄色皱纹纸撕成细条。引导宝宝一条接着一条慢慢地撕长纸条,不要撕得太快。红色、绿色的皱纹纸揉成纸团。 3. 涂胶水,认识胶棒的盖子和拧的位置。打开盖子把胶水涂在碗里的位置。 4. 将做好的材料粘贴在面条碗里,贴的时候要注意别把面条贴在碗外面,贴完以后要用小手按一按。 **三、亲子创作:撕贴香喷喷的面条** 　　家长与宝宝一起撕贴面条,家长鼓励独立宝宝自己制作,并指导用正确的方法撕皱纹纸。把撕好的材料都粘贴在碗里,这样面条营养好,颜色也漂亮,宝宝可喜欢吃了。 **四、宝宝相互欣赏交流** 　　作品完成后,宝宝之间相互交流,介绍自己碗里的面条,再假装吃面条,感受交流和吃面条的快乐。	家长与宝宝一起认识各种食物,并可以了解宝宝最爱吃什么食物。 撕纸的部分,家长要帮助宝宝学会正确的撕纸方法。 家长可以一同与宝宝操作,抓住契机教育宝宝要爱惜粮食。
活动延伸	1. 与宝宝一起逛超市,让宝宝有机会认识更多的食物。 2. 鼓励宝宝从好吃的食物里联想出更多的物品。 3. 在以后的生活中培养进餐的良好习惯,同时教育宝宝爱惜粮食。	
活动评析	"香喷喷的面条"这一活动从宝宝的心理特点和发展需要出发,运用宝宝容易操作的材料,以宝宝熟悉且喜欢的食物为载体,通过撕、捏、撮、涂、粘等多种动作,锻炼宝宝的手部精细动作与手眼协调能力。通过宝宝与家长的共同操作,也增进了亲子交流与沟通,亲子共乐。	

精选案例之76　　美术活动：拓印画《大果树》

适用年龄范围	活动形式	活动设计
2～3岁	集体	沈敏
活动目标　宝宝	1. 认识常见的水果,并了解正确的吃法。 2. 感受拓印活动的乐趣,锻炼小手的灵活性。	

	家长	1. 指引家长与孩子进行有效的互动,通过活动了解孩子的喜好。 2. 让宝宝了解水果的营养,鼓励宝宝多吃水果。
活动准备		1. *知识经验准备*:在区角玩具中,放置仿真水果和水果切切乐的玩具,让宝宝对各种水果有一定的认识和了解。 2. *教具准备*:示范画、杨桃、苹果、番茄和切开的水果片若干,水粉颜料,塑料小刀,小盘子,画有大树的操作纸,湿毛巾。
活动依据		宝宝对拓印有了一定的认识,在此基础上借用工具进行拓印能调动宝宝参与活动的积极性,激发其创作的想法。在色彩上给予宝宝多些选择,刺激宝宝的视觉,"大果树"活动借用宝宝日常生活中常吃的水果作为创作的工具,宝宝会觉得既新鲜又好玩,在操作的过程中发展宝宝的观察、想象和语言表达能力,同时引导宝宝与家长一起参与活动,学会一些简单的交往和协作的技能,使宝宝体验到合作的愉快。
活动流程		认识水果→了解水果的吃法→观察水果的切面→亲子创作:拓印大果树

	指导宝宝	指引家长
活动过程	**一、认识水果** 1. 出示水果篮,请宝宝观察有哪些水果。 2. 请宝宝说一说自己最喜欢吃的水果。 　　水果是我们每天的必需品,水果中含有丰富的维生素,多吃水果对身体好。 **二、了解水果的吃法** 请宝宝说一说水果应该怎么吃。 1. 洗干净吃的水果有:杨桃、番茄、苹果。 2. 剥皮吃的水果有:香蕉、桔子、荔枝。 3. 切开吃的水果:西瓜、菠萝。 **三、观察水果的切面** 1. 请宝宝摸一摸水果的形状,闻一闻水果的味道。 2. 切开水果,将水果的横切面展示给宝宝看。 　　杨桃是五角星形的,番茄是圆形的,苹果切开几刀后是半圆形的。 **四、亲子创作:拓印大果树** 1. 出示范画,激发宝宝的制作兴趣。 　　观察大树上的树枝、树叶,还有各种形状的果子。 2. 尝试切水果。宝宝自选水果制作印章,家长与宝宝一起用塑料小刀在小盘子里将水果切开。切的时候注意切厚一点,便于宝宝拿放。 3. 拓印水果印章。 　　将切好的水果印章放在颜料盘里,水果印章一面蘸好颜料后,用小手将水果印章拿起来印画在果树的操作纸上,印章没有颜色后,将它放回颜料盒蘸上颜料再次操作,可以选择多种颜色,反复几次。注意将水果印章拓印在树枝上。 4. 数一数大果树上盖了几个印章,都有哪些颜色。 5. 粘在手上的颜料要用湿毛巾擦干净。 6. 作品完成后放在桌子上晾干,宝宝之间相互欣赏。	🌊 指引家长适当地提示宝宝。帮助宝宝组织好语言。 🌊 家长与宝宝一同观察水果的切面,启发宝宝的想象力。 🌊 家长鼓励宝宝自主切水果,适当地帮助宝宝,注意安全。 🌊 使用颜料时,家长提醒宝宝用完一种颜色再换另一种颜色,不要将颜料弄混了。 🌊 家长帮助宝宝将手擦干净。

活动延伸	1. 户外活动中去蔬果园,发现水果更多的秘密。 2. 除了水果,也可以利用蔬菜等材料进行作画。
活动评析	生活中很多的东西都可以用来和宝宝一起玩游戏,回家可以用黄瓜、花菜、菜根、苹果、橘子等蔬果再玩印章画的游戏,颜料也可以调味料来代替,这能锻炼宝宝的手眼协调能力,而且让宝宝喜欢上学本领,觉得很快乐。

精选案例之 77　　　美术活动: 橡皮泥《糖葫芦》

适用年龄范围		活动形式	活动设计
2～3岁		集体	沈敏
活动目标	宝宝	1. 初步掌握团圆球的方法,锻炼小手肌肉。 2. 自己完成串、插的动作,锻炼手部肌肉的灵活力。	
	家长	1. 与宝宝一起进行泥塑游戏,以趣味的游戏锻炼宝宝的动手能力。 2. 鼓励宝宝自主操作,不做过多干涉。	
活动准备	1. *知识经验准备*:在美工区放置橡皮泥,让宝宝接触橡皮泥,感知橡皮泥的质地。 2. *教具准备*:彩色橡皮泥、泥工板人手一块,一次性竹筷。		
活动依据	橡皮泥的可塑性和五彩缤纷的颜色对宝宝而言充满了吸引力,所以宝宝们对玩橡皮泥非常感兴趣,宝宝在玩橡皮泥的过程中,很自然地了解到橡皮泥的特点。通过宝宝的主动探索,都可以完成一件独立的作品,这样既满足了宝宝好奇的想法,也锻炼了宝宝小手肌肉的发展,同时在揉、捏、搓的动作中,加以操作工具后,宝宝还可以自创许多橡皮泥的新玩法。		
活动流程	欣赏歌曲《冰糖葫芦》→玩橡皮泥→亲子创作:好吃的冰糖葫芦→展示作品		

	指导宝宝	指引家长
活动过程	**一、欣赏歌曲《冰糖葫芦》** 1. 放歌曲《冰糖葫芦》引出课题。 2. 老师与宝宝互动提问。 　你们吃过冰糖葫芦吗？请宝宝讲出冰糖葫芦的形状、颜色、味道。 **二、玩橡皮泥** 1. 出示橡皮泥,演示拿放橡皮泥的方法。 　宝宝一只手扶好盒子,另一只手打开橡皮泥的盖子,用小手把橡皮泥拿出来放在泥工板上,再将橡皮泥盒子的盖子盖好。 2. 带领宝宝一起活动手指,锻炼小手的灵活性。 　"一根手指头点点,两根手指头剪剪,三根手指头弯弯,四根手指头插插,五根手指拍一拍。" 3. 自由玩橡皮泥。 　宝宝和橡皮泥一起做手指操,锻炼宝宝搓、捏、按、揉等动作。 **三、亲子创作:好吃的冰糖葫芦** 1. 将橡皮泥分成很多份,把每份橡皮泥搓成圆球。把橡皮泥放在手心上,两个手掌相互用力搓成圆球,鼓励宝宝多搓一些,注意每一个圆球的大小要适中。	🌊 家长与宝宝一起聆听歌曲,感受歌曲内容。 🌊 帮助宝宝梳理言语,完整表达。 🌊 家长协助宝宝打开橡皮泥盒子的盖子。 🌊 家长与宝宝一人一半橡皮泥,一起玩橡皮泥。 🌊 家长与宝宝分工协作,帮助宝宝一起团圆球。提醒宝宝每个圆

活动过程	2. 将这些圆球用小竹筷串起来,宝宝一只手拿圆球,一只手拿小竹筷,对准圆球的中间串过去,过程中一定要注意安全。 **四、展示作品** 　　宝宝手拿糖葫芦,分组进行角色游戏,卖糖葫芦。鼓励宝宝相互之间可交换分享。 　　作品完成后,将橡皮泥放回盒子收好。	球的大小要适中,方便串起来。 🐟 串圆球时家长要给予一定的帮助,注意安全。
活动延伸	1. 在美工区放置橡皮泥,鼓励宝宝主动去玩橡皮泥,发现其他的玩法。 2. 学会了团圆球的方法后,用圆球拼捏出其他物体,比如毛毛虫、葡萄等。 3. 家长可以与宝宝一起用面粉搓捏一些食物,比如汤圆、花卷等。	
活动评析	开展橡皮泥活动,要体现玩中学,学中乐的教育思想。这样宝宝在活动过程中基本处于一种自主参与活动,并且能认真操作的状态。宝宝在创作中不用给予严格的标准要求他,教给宝宝基本的操作方法,配以一些操作工具,宝宝可以自主积极地玩乐。同时在活动后要指导宝宝收拾整理好游戏材料,帮助宝宝养成做事有始有终的良好习惯。	

精选案例之 78　　美术活动：手指点画《小蝌蚪找妈妈》

适用年龄范围	活动形式	活动设计
2～3 岁	集体	沈敏

活动目标	**宝宝**	1. 感知故事内容,感受故事情感,引发参与活动的兴趣,体验手指点画的乐趣。 2. 通过手指点画的创作形式,锻炼小手肌肉的发展和眼手协调的能力。 3. 初步了解青蛙的成长过程,萌发对妈妈的情感。
	家长	1. 指引家长与孩子进行有效的沟通,改善亲子交流的技巧,通过亲子协助完成作品,分享成功的喜悦。 2. 让家长了解在与孩子互动时所扮演的角色,增进亲子之间的情感交流。
活动准备		1. *知识经验准备*：亲子阅读或者在户外游玩时,抓住契机让宝宝认识小蝌蚪,初步了解小蝌蚪变成青蛙的演变过程。 2. *教具准备*：青蛙成长过程的图片、操作纸、湿毛巾、绿色手工纸、剪刀、胶棒、勾线笔、墨汁、小碟子、小筐。（所有工具放在小筐里,人手一份）
活动依据		2～3 岁的宝宝在儿童绘画阶段处于涂鸦期,其特点就是游戏性的乱涂乱画。有趣的美术活动能调动宝宝参与活动的热情,激发宝宝的自信心;同时良好的美术活动,也是情感教育的一种重要方式,互动合作的创作方式能促进家长与宝宝之间的情感交流,培养宝宝活泼开朗的性格;另外,宝宝可以通过绘画这种"第二语言"抒发情感,表达自己的想法和感受。本活动将通过情境性的小故事《小蝌蚪找妈妈》,以宝宝熟悉的小动物作为切入点,让宝宝在欣赏、阅读、绘画、创作中,感受妈妈与宝宝的亲密关系,体验游戏作画的乐趣。
流程		阅读故事→展示青蛙成长过程的图片→亲子创作：点画小蝌蚪→展示作品

	指导宝宝	指引家长
活动过程	**一、阅读故事** 　　以3分钟的故事表演让宝宝参与到故事情境中,调动宝宝的积极性。 　　　　　　　　**小蝌蚪长大了** 　　春天的时候,小蝌蚪慢慢地从水底冒了出来,它摇摇大大的脑袋,摆一摆细细的尾巴,很高兴地去找东西吃,它发现岸边鸭宝宝有妈妈,草地上小鸡有妈妈,池塘里小鱼也有妈妈,而自己的妈妈却不知道去了哪里。它有点难过了,乌龟婆婆告诉小蝌蚪:"你妈妈穿着绿色的衣服。"小鸟告诉小蝌蚪:"你妈妈跳起来可高啦!"小兔告诉小蝌蚪:"你妈妈唱歌可好听了,你听,呱呱呱,呱呱呱。"小蝌蚪宝宝按照大家的指引,慢慢地慢慢地往前游,终于在一片大荷叶上找到了自己的妈妈。 **二、展示青蛙成长过程的图片** 1. 出示图卡,与宝宝进行互动提问。 　　(1) 出示青蛙的图片。 　　　　小青蛙长什么样子? 它生活在什么地方? 最喜欢吃什么? 　　(2) 出示小蝌蚪的图片。 　　　　小蝌蚪是什么样子? 2. 展示青蛙的成长过程图,让宝宝来说一说图片的变化。 　　小蝌蚪大脑袋、小尾巴→变出两条后腿→变出两条前腿→尾巴褪去→变得和青蛙妈妈一样了。 　　请宝宝从颜色、形态、大小仔细观察青蛙和蝌蚪的不同。 **三、亲子作画:点画小蝌蚪** 1. 剪贴荷叶。 　　(1) 用剪刀把绿色手工纸剪出圆形当荷叶,剪出3～4片。 　　(2) 用胶棒把胶涂抹在荷叶的背面,将荷叶粘贴在操作纸上,粘贴好后用小手拍一拍。 　　(3) 数一数画面上有几片荷叶。 2. 点画小蝌蚪。 　　(1) 用手指轻轻蘸上墨汁,然后将手指在操作纸上按一下,点画出蝌蚪圆圆的大脑袋。鼓励宝宝在画面的空白处点画,家长与宝宝一同参与创作。 　　(2) 用湿毛巾把手指擦干净,再进行下个环节。 　　(3) 用勾线笔在蝌蚪大脑袋的后面画上小尾巴。 3. 老师巡回进行指导,鼓励宝宝积极参与创作。 **四、展示作品** 　　展示作品,宝宝之间相互欣赏。 　　小蝌蚪是青蛙妈妈的宝宝,青蛙是益虫,帮助我们捉小虫子,是我们的好朋友,我们要保护它们。	指引家长参与故事阅读,适当地提示宝宝。 　家长跟宝宝一起说一说,可以给予一些提示和梳理,尽量让孩子自己说出来。 　家长用剪刀剪出荷叶的形状,可带领宝宝一起使用剪刀,注意宝宝的小手安全。 　家长指导宝宝正确使用工具,用完后放回小筐,帮助宝宝把手指擦干净。 　家长协助宝宝使用勾线笔。

续表

活动 延伸	1. 利用周末与宝宝一起外出游玩的时间,找一找小蝌蚪的家会在哪里。 2. 条件允许的情况下,通过阅读、观看短片等进一步了解青蛙的知识。 3. 让宝宝学会关爱大自然,保护小动物。
活动 评析	这一活动从宝宝的心理特点出发,通过讲故事、游戏等方法激发了宝宝的创作兴趣。从宝宝现有的认知基础中使其更进一步地了解到蝌蚪的成长过程。活动运用丰富的操作材料以及自由的创作空间,锻炼了宝宝小手肌肉的发展和眼手协调的能力。另外,活动还提升了宝宝的观察能力和语言表达能力,在亲子互动创作中,改善了家长与宝宝之间的沟通协作方法。

精选案例之 79　美术活动：亲子夹夹乐

适用年龄范围	活动形式	活动设计
2～3 岁	集体	沈雪娟

活动 目标	宝宝	1. 练习夹夹子动作,锻炼拇指、食指的咬合力。 2. 愿意动手操作,尝试运用夹子探索造型,萌发想象并大胆表达。
	家长	1. 在活动中观察孩子,了解孩子的发展水平与需求。 2. 学习运用玩夹子这一方法来锻炼孩子的精细动作,了解其方法与意义。 3. 学习用积极、生动的语言引导,营造轻松、愉快的氛围与孩子游戏。

活动 准备	1. *教师*：准备大小不一、颜色各异的夹子若干,小木棍、毛线、一次性纸盘、硬纸板及剪刀若干;提前告知家长准备夹子及在家中让孩子练习夹夹子。 2. *家长*：在家中准备 10～20 个夹子(注意根据孩子力量选择),引导孩子认识夹子的颜色,说说夹子的用途。练习夹夹子,如玩"变刺猬"的游戏(互相夹夹子在衣服上)。

活动 依据	2～3 岁的宝宝只有通过动手操作,在与材料的直接互动中,才能进行思维,获得对事物的认知。他们想象的内容简单贫乏,当他们展示作品时,想象的事物往往限定在某几个事物的范围之内。动作可以帮助宝宝去感知眼前的事物,从而出现新的形象。成人的语言提示也能在一定程度上促进宝宝想象的发生,如提问或提示,能唤起宝宝大脑中的有关形象,从而促进想象的产生。 　　2～3 岁宝宝在日常生活中大多见过夹子,也基本能运用拇指、食指、中指的力量夹夹子,但在力量及灵活性上存在差异。夹夹子可以进一步增强拇指、食指的咬合力,为握笔打下基础;另外,通过自由玩夹夹子,宝宝可以感知并形成新形象,在成人的语言提示下,宝宝思维得到表达,想象能力也得到发展。

活动 流程	认识夹子,练习夹夹子动作→夹子变变变——教师示范操作游戏→亲子操作：我会变魔术→分享交流与小结

活动 过程	**指导宝宝**	**指引家长**
	一、认识夹子,练习夹夹子动作 1. 教师出示大夹子,示范用食指和拇指用力对捏将夹子口张开的动作,请幼儿拿出自己的夹子"张开嘴巴"跟"大夹子"打招呼,让幼儿练习夹夹子的动作。	引导宝宝捏夹子打招呼,观察宝宝是用哪几个手指捏的,引导宝宝用拇指和食指。

活动过程	2. 引导孩子观察夹子的颜色、大小等,并说说平常用夹子来做什么? **二、夹子变变变——教师示范操作游戏** 1. 教师出示在一次性纸盘四周夹上夹子而成的"太阳",让孩子观察,说一说,引发孩子的兴趣。 2. 教师示范操作——变魔术,如将夹子一个接一个夹成直排,问孩子,变成什么? 如变成火车,可念唱"轰隆隆隆,火车要开",增强其趣味性。 **三、亲子操作游戏:我会变魔术** 　教师发放材料,让家长与幼儿动手操作,教师进行巡回指导。 **四、分享交流与小结** 1. 请小朋友上前介绍自己的作品——"我变出了××",教师给予适当整理,大家鼓掌。 2. 教师总结回顾小朋友的操作、作品、与家长和孩子互动的情况,说明延伸活动。	🌀 亲子操作时也可以编一些简单的儿歌引导孩子,如"小夹子,张开嘴;啊呜一口咬下来""小夹子,排排坐,变成……" 🌀 一定要让宝宝自己动手夹夹子,家长可以合作;给予一些协助或语言提示或提问,让宝宝想一想,并表达。可以更好地促进宝宝想象力发展。 🌀 在家庭中可以继续跟宝宝进行游戏,请其他人欣赏。
活动延伸	1. 投放到区域材料中让孩子在日常活动中继续操作。 2. 请家长在家庭中继续进行操作和游戏,记录下孩子的作品(拍下照片,记录下语言)与老师和其他家长分享交流(上传到网络,如宝宝在线、博客等)。	
活动评析	小夹子作为一种日用品在生活中随处可见,它实用、方便又安全,具有很强的操作性,我们能从中挖掘出很多教育价值,也有助于家庭活动的延伸与扩展。玩夹子,可以发展幼儿手眼协调、手指精细动作能力。在摆弄、探索夹子造型并进行想象、描述的过程中,孩子的想象力与语言表达能力也得到发展。这也为家长挑选教玩具与陪同孩子游戏打开一扇新视窗。 　宝宝很喜欢这个活动,玩得很开心,和家长一起变出了很多东西,如太阳、火车、项链、羊肉串……从活动中我们看到,宝宝都已掌握夹夹子的动作,大部分能用拇指和食指捏夹子。但手指力量和灵活性差异较大,因此老师也要引导家长根据孩子的水平调节期望目标。个别家长存在包办的现象,需要老师特别指导。	

精选案例之 80　美术活动:描画《长耳朵的小白兔》

适用年龄范围	活动形式	活动设计
2～3 岁	集体	沈敏

活动目标	宝宝	1. 进一步掌握小白兔的主要特征。 2. 锻炼手指的灵活性,发展思维的敏捷性。 3. 培养爱护动物的情感。
	家长	1. 提高家长与宝宝的协助能力,在亲子游戏中改善交流方式,培养亲子之间的感情。 2. 鼓励家长掌握一些科普知识,能有效、正确地指导孩子。

活动准备	1. *知识经验准备*：在亲子阅读或者去动物园游玩时,对小兔子有初步的认识,并了解小兔子的身体特征。 2. *教具准备*：小白兔的手偶、没有耳朵的小兔画纸(一只大兔子、一只小兔子)、勾线笔、蜡笔。	
活动依据	有趣的美术活动能调动宝宝参与活动的热情,激发宝宝的自信心;儿歌的渗透能锻炼宝宝的语言发展,同时良好的美术活动,也是情感教育的一种重要方式,互动合作的创作方式能促进家长与宝宝之间的情感交流,培养宝宝活泼开朗的性格;另外,宝宝可以通过绘画这种"第二语言"抒发情感,表达自己的想法和感受。"长耳朵的小白兔"活动以儿歌的形式作为切入点,让宝宝在游戏、描画、创作中,感受其妈妈与宝宝的亲密关系,体验游戏作画的乐趣。	
活动流程	认识小白兔→学习儿歌,玩亲子手指游戏→亲子描画→欣赏作品	
	指导宝宝	**指引家长**
活动过程	**一、认识小白兔** 1. 出示小白兔的图片,请宝宝仔细观察小白兔的特征,小兔是什么颜色的,有几只耳朵,是什么形状的,小白兔的眼睛是什么颜色的。 2. 为什么小白兔的眼睛是红色的? 　　兔子有很多颜色,如黑兔、灰兔、白兔等,体内的色素决定了兔子皮毛和眼睛的颜色,由于小白兔体内没有色素,所以小白兔的皮毛是白色的,红眼睛是因为血液的原因导致的。 3. 出示小兔的玩偶,和宝宝们打招呼,请宝宝们也大方地和小兔打招呼,用自己的手指比划兔子的耳朵。 **二、学习儿歌,玩亲子手指游戏** 1. 儿歌: 　　"小兔跳跳,跳过山洞;山洞关门,小兔快逃。" 2. 准备动作: 　　(1) 宝宝将食指和中指伸直,其他三指合拢在掌心,做小兔子耳朵竖起来的动作。 　　(2) 家长伸出右手,五指张开,掌心向下。 3. 玩法: 　　(1) 说第一句时,宝宝的食指与中指前后摆动,做小兔跳的动作。 　　(2) 说第二句时,宝宝的手要放到家长准备好的大手下面。 　　(3) 说到"关门"时,家长的手要迅速合拢。 　　(4) 宝宝在家长的手合拢的一刹那,赶紧收回小手,如果被家长抓住小手,就算输了。 **三、学习描画手指,给小兔添上耳朵和食物** 1. 出示小白兔玩偶和没有小白兔耳朵的画纸,问一问宝宝这只小白兔少了什么。 2. 描画手指: 　　(1) 家长用手做出大白兔的耳朵放在大白兔的头上,请宝宝用勾线笔把家长的手指描画出来。 　　(2) 宝宝用手做出小白兔的耳朵放在小白兔的头上,请家长用勾线笔把宝宝的手指描画出来。	🌊 指引家长适当地提示宝宝。 🌊 家长与孩子一起跟小兔子打招呼,起到良好的示范作用。 🌊 亲子游戏时,家长要全身心地投入,与宝宝一起念儿歌、做动作,积极与宝宝互动。 🌊 相互描绘手指时,家长要配合宝宝的想法和动作。协助宝宝使用勾线笔,完整地勾画出手指的形状。

活动过程	（3）家长拿出食指放在纸上，请宝宝描画出来，家长帮忙添上萝卜的叶子。 3. 家长与宝宝可以相互描绘一根手指，画出胡萝卜的样子。 4. 涂色：用蜡笔给小白兔的眼睛、胡萝卜填上相应的颜色。 **四、欣赏作品。**展示作品，相互欣赏。鼓励大胆创作的宝宝。	🌊涂色时，提醒宝宝尽量将颜色涂在指定的区域内。
活动延伸	1. 学会的儿歌、亲子游戏等，家长要多和宝宝一起复习巩固。 2. 条件允许的情况下，通过阅读或者去动物园参观等进一步认识小兔子。 3. 让宝宝学会关爱大自然，保护小动物。	
活动评析	"长耳朵的小白兔"活动中，有宝宝最为熟悉的小动物，并且用儿歌作为活动的切入点，让宝宝对小兔子的特征有了更为深刻的认识。儿歌游戏促进了家长与宝宝之间的情感交流，描画环节让宝宝初步学会拿笔勾勒物体，锻炼了宝宝小手肌肉的发展和眼手协调的能力。另外，也锻炼了宝宝的观察能力和语言表达能力。	

精选案例之81　美术活动：简笔画《给泡泡穿新衣》

适用年龄范围		活动形式	活动设计
2～3岁		集体	沈敏
活动目标	宝宝	1. 学习正确的握笔姿势，能完整地画出圆形。 2. 尝试在轮廓内涂色，锻炼小肌肉的控制能力。	
	家长	1. 指引家长用正确的方法帮助宝宝学会握笔。 2. 在活动中家长鼓励宝宝自己尝试操作。 3. 在以后的生活中注意增强宝宝手腕的力量。	
活动准备	*教具准备：*泡泡水、有吹泡泡宝宝的操作纸若干、蜡笔、勾线笔。		
活动依据	处于涂鸦期的宝宝，很喜欢自由地涂画，对于图形的认识，最早认识的就是圆形，圆形的物体容易为宝宝所接受。最初学习图形的勾勒可以选取宝宝最喜欢的泡泡作为描形的切入点，圆圆的、五颜六色的泡泡可以调动宝宝参与活动的主动性和积极性，以拟人化的"穿衣"形式练习涂色，不仅可以锻炼宝宝的小肌肉的控制能力，也符合宝宝的发展需要。		
活动流程	欣赏歌曲《吹泡泡》→讲解示范过程→亲子创作：勾画涂色泡泡→户外游戏：吹泡泡		
	指导宝宝		**指引家长**
活动过程	**一、欣赏歌曲《吹泡泡》** 1. 听歌曲《吹泡泡》，激发宝宝的活动兴趣。 　　"吹呀吹泡泡，有大又有小，飞呀飞上天，飞呀飞上天，泡泡，泡泡，咦！泡泡不见了。" 2. 与宝宝互动提问。 　　泡泡是什么形状的？ 　　泡泡是什么颜色的？		🌊家长与宝宝一起聆听歌曲，拍打节奏。 🌊家长适时地提醒宝宝，帮助宝宝用完整的语言描述。

活动过程	用吹泡泡的工具蘸好泡泡水后,鼓起小嘴巴对准它轻轻地一吹,就可以吹出大大小小的、圆圆的、五颜六色的泡泡。 **二、讲解示范过程** 1. 出示操作纸。 　出示印有吹泡泡宝宝的操作纸,引导宝宝观察画面上都少了些什么。 2. 勾画圆圈。 　拿好勾线笔,示范画出一个完整的圆形,注意圆形一定要闭合。 3. 涂画颜色。 　鼓励宝宝用蜡笔涂色,将颜色都涂在圆形图案里。 　"小彩笔呀跑呀跑,圆圈里面跑一跑。泡泡泡泡穿新衣,彩色衣服真美丽。" **三、亲子创作:勾画涂色泡泡** 1. 提出要求,亲子创作。 　　鼓励宝宝大胆用色,多用颜色。如果宝宝涂在轮廓外,或总在一个地方涂,或不能坚持涂完所有的泡泡,可适时引导宝宝。如观察到宝宝的画纸总是移动,影响宝宝涂色,可引导宝宝用一只手按住画纸,一只手涂色,以增强宝宝活动的成效。 2. 鼓励宝宝相互欣赏作品,并将蜡笔收好。 **四、户外游戏:吹泡泡** 　通过吹泡泡,让宝宝更为形象生动地认识泡泡。	◆ 家长协助宝宝使用勾线笔。 ◆ 家长可握着宝宝的手勾画涂色,让宝宝感受握笔和涂色的方法。 ◆ 家长与宝宝一起吹泡泡,教宝宝鼓起嘴巴吹气。
活动延伸	1. 在美工区放置一些操作纸,鼓励宝宝在美工区练习涂色。 2. 户外活动时,老师和宝宝可以一起玩吹泡泡的游戏。 3. 可以给宝宝分发泡泡水,让宝宝自己感受吹泡泡的乐趣。	
活动评析	这一活动从宝宝喜欢的泡泡水和发展需要出发,在宝宝现有的认知基础和动手能力上,尝试拿笔画圆涂色,不但锻炼了宝宝的手部肌肉发展与手眼协调能力。同时,通过宝宝与家长的共同操作,也增进了亲子之间的交流与沟通,亲子共乐。	

精选案例之 82　　美术制作:小刺猬背果子

适用年龄范围	活动形式	活动设计
2～3岁	集体	李玲

活动目标	宝宝	1. 初步掌握插牙签的方法,锻炼大拇指、食指、中指合作的能力。 2. 自己完成插的动作。
	家长	1. 与宝宝一起进行制作游戏,以趣味的游戏锻炼宝宝的动手能力。 2. 鼓励宝宝自主地操作,不做过多的干涉。
活动准备		1. *知识经验准备*:让宝宝知道刺猬身上有许多的刺。 2. *教具准备*:牙签每人二十根、云南小瓜、三到四颗小番茄、黑色和白色的点点贴纸各两个。

活动依据	生活即游戏,生活即教育,手是表现的器官,也是创造的器官,尤其是蔬果制作活动中所有的材料来源于宝宝生活中触手可及的蔬菜,对于喜欢探索的2～3岁的宝宝来说则是开发宝宝智能的有效工具,只有通过活动及家长的引导,宝宝对它才真正感兴趣,并从中体验到成功的喜悦,以及与同伴共同分享。	
活动流程	欣赏儿歌《小刺猬》→制作小刺猬→亲子创作:小刺猬→展示作品	
	指导宝宝	**指引家长**
活动过程	一、欣赏儿歌《小刺猬》 1. 儿歌:《小刺猬》 　大枣树,高又高 　上面挂满红宝宝, 　风一吹,落下来, 　小刺猬,打个滚, 　身上挂满大红枣, 　乐得刺猬笑呵呵。 2. 老师与宝宝互动提问。 　刚才儿歌里的小刺猬为什么那么开心啊? 小刺猬需要请朋友帮忙,我们一起动手制作一只小刺猬帮儿歌里的小刺猬来运枣,好吗? 二、制作小刺猬 1. 出示云南小瓜。 　演示:一只手扶好云南小瓜,另一只拿出牙签,用手把牙签插到云南小瓜里,注意倾斜且从后往前插。 2. 自由插牙签。 3. 贴眼睛。 　拿出点点贴纸,做眼睛。 三、亲子创作:小刺猬 1. 将牙签插进去可以倾斜还可以竖起来。 2. 小刺猬的眼睛可以做成对眼,还可以斜视,代表小刺猬很开心的表情。 四、展示作品 　宝宝手拿做好的小刺猬,身上可以背事先准备好的小水果,如:番茄、鸡蛋、芒果,等等,引导宝宝互相欣赏。	🌊 家长与宝宝一起聆听儿歌,感受儿歌的内容。帮助宝宝梳理言语,完整表达。 🌊 家长引导宝宝观察。 🌊 家长与宝宝分工协作,帮助宝宝完成制作,提醒宝宝注意不要扎到手,注意安全。 🌊 到户外互相欣赏作品。
活动延伸	1. 带着作品到户外跟小刺猬交朋友。 2. 回到家里,家长可以引导宝宝玩玩其他的蔬菜,看看能做出什么样的作品来。	
活动评析	在活动中,宝宝玩得不亦乐乎,喜欢学小刺猬打滚,喜欢学小刺猬做鬼脸,知道了蔬菜也可以做出不同的造型,调动了家长和宝宝的创作灵感,以及让宝宝体验了身边触手可及的元素也可以拿来创作。	

精选案例之 83　　美术活动：手印画仙人掌

适用年龄范围	活动形式	活动设计
2～3 岁	集体	沈敏

活动目标	宝宝	1. 观看图片,观察植物,引发参与活动的兴趣,体验绘画的乐趣。 2. 学会运用手掌来作画,锻炼小手肌肉的发展和眼手协调的能力。 3. 在活动过程中,发挥想象力,对仙人掌有一定的了解。
	家长	1. 指引家长与孩子进行有效的沟通,体验亲子互动的乐趣,分享成功的喜悦。 2. 鼓励家长积极参与孩子的户外游戏,与孩子一起观察植物,关注大自然。

活动准备	教具准备:沙漠植物的图卡、一盆仙人掌、绿色颜料若干盘、操作纸、勾线笔、湿毛巾。

活动依据	在日常生活中幼儿对颜色非常感兴趣,总是在寻找机会来涂一涂,画一画,而2～3岁的宝宝更是对色彩充满了好奇和兴趣,在涂鸦时弄得满手都是颜料也乐此不疲。手印画《仙人掌》的活动可以让宝宝尝试用自己的小手来印画,充分满足宝宝的好奇心,引发宝宝的操作兴趣,发展宝宝的观察、想象和语言表达能力,同时引导宝宝与家长一起参与活动,学会一些简单的交往和协作的技能,使宝宝体验到合作的愉快。

活动流程	观看图卡:沙漠植物→观察植物:仙人掌→亲子创作:拓印手掌画仙人掌→欣赏作品

活动过程	指导宝宝	指引家长
	一、观看图卡:沙漠植物 1. 出示图卡,引起宝宝的兴趣。 2. 请宝宝仔细观察图卡,与宝宝进行互动提问。 　(1) 你们认识这是什么植物吗? 　(2) 你们在哪里见过这些植物? 它们的家在哪里? 　(3) 你觉得仙人掌像什么呢? **二、观察植物:仙人掌** 1. 出示植物仙人掌,请宝宝仔细观察。 　　小结:仙人掌生长在沙漠地区,仙人掌是耐旱的绿色植物,身上长满了许多尖尖的刺,有的还会开花。沙漠里还有一些类似的植物,比如仙人球、仙人树等。 2. 让宝宝近距离地观察和轻轻触摸仙人掌,进一步认识仙人掌,通过接触后知道仙人掌长出的尖刺是不能随便触摸的,宝宝的小手容易被刺伤。 **三、亲子创作:拓印手掌画仙人掌** 1. 拓印手掌。 　(1) 让宝宝展示自己的小手,看一看手掌可以做什么动作变化。 　(2) 把小手放在有绿色颜料的小盘子里压一压,让颜料粘满手掌。 　(3) 将手掌放在操作纸上,用力压一压,将沾满绿色颜料的手掌拓印在上面,在操作纸的空白处拓印,反复几次。	🌊 家长配合老师的教学,当老师提出问题时适当地提示宝宝。 🌊 家长鼓励宝宝轻轻地触摸仙人掌,同时要留意宝宝的小手安全。 🌊 家长帮助宝宝卷起衣袖,穿上小围兜,提醒宝宝注意卫生。 🌊 家长积极参与操作,并提醒宝宝变化手掌动作,打开或者并拢。

活动过程	2. 拓印后的常规——擦手。 　　"小小毛巾拿在手,卷起两个小袖口,我把小手伸出来,擦擦我的一双手。擦手心,擦手背,再擦擦手指头,颜料娃娃不见了。擦完手,先别急,拿着毛巾放放好,养成卫生好习惯。" 3. 画仙人掌的刺。 　　用勾线笔给仙人掌添上刺,注意刺要长在仙人掌上,刺是直直的,短短的。 　　"仙人掌,爱唱歌,一唱唱出小小刺;仙人掌,爱跳舞,一跳跳出小小刺。" 4. 点画沙漠。 　　用勾线笔在操作纸的下半部分画点点,点出一片沙漠。 5. 老师巡回进行指导,鼓励宝宝积极参与创作,提醒将作品放在桌上晾干。活动过程中鼓励宝宝自主完成拓印的动作,并且可以变换手指的动作,拓印手掌时注意高低错落。 **四、欣赏作品** 　　展示作品,宝宝之间相互欣赏。希望宝宝认识更多的植物,并且学会观察他们的特点,发现它们的秘密。	🌀 家长帮助宝宝将手擦干净,提醒宝宝把湿毛巾放放好。 🌀 家长协助宝宝使用勾线笔,鼓励宝宝多画多点。
活动延伸	1. 家长带领宝宝去植物园认识更多的沙漠植物,感受大自然的气息。 2. 可以买些绿色植物在家给宝宝观察,记录其成长过程,培养宝宝爱护植物的意识。 3. 让宝宝学会关爱大自然。	
活动评析	《仙人掌》活动的操作材料是宝宝喜欢的水粉颜料,通过简单的手掌拓印动作,非常形象地印出仙人掌,激发了宝宝参与活动的兴趣,并积极自主地进行创作。家长的参与协助也增进了亲子之间情感交流,同时通过观察与体验使宝宝对仙人掌以及沙漠植物有了一定的了解,活动过程中锻炼了宝宝小手的灵活性和眼手协调的能力。	

🎈 **精选案例之 84**　　美术/音乐活动: 我和蜡笔做游戏

适用年龄范围		活动形式	活动设计
2～3岁		集体	王峥
活动目标	宝宝	1. 巩固对颜色的认知和经验,尝试跟着音乐节奏作画。 2. 能理解游戏指令,乐于参与游戏。 3. 积极关注生活中的色彩,感受色彩美。	
	家长	1. 引导宝宝自主地作画,不随意干预。	
活动准备	1. *教具准备*:蜡笔,橡皮筋,蝴蝶头饰一个,大象头饰一个,像蝴蝶飞和大象脚步声的音乐。 2. *环境准备*:每个宝宝和家长一张小桌子,面向老师。		
活动依据	2～3岁幼儿喜欢美术活动,但由于幼儿手部小肌肉精细动作发展较迟缓,手、脑、眼还不够协调,生活经验贫乏,所以活动中随意性强,以玩为主,不可能创作出成人期望的那些所谓的"像样的"作品。		

	红黄蓝是最基本的三种颜色,这个年龄的多数宝宝能指认出来,用这三种颜色作画会感觉色彩非常和谐,再有宝宝喜欢听音乐,这个年龄已经分辨出连续的音乐和断续的音乐,本次活动用音乐配合蜡笔作画,目的是让宝宝不断感受音乐的变化,根据音乐的变化作画。
活动流程	请出颜色宝宝→颜色宝宝来跳舞→蝴蝶蝴蝶飞来啦→大象大象走来啦→蝴蝶大象都来啦→结束活动

	指导宝宝	指引家长
活动过程	**一、请出颜色宝宝** 每人发一盒蜡笔,请宝宝听老师的指令依次将三种颜色找出来。 1. 红色蜡笔请出来。 提问:"今天我们请来蜡笔宝宝和我们做游戏,你们手上的蜡笔有各种颜色对吗?""对。那你们认识谁是红色的蜡笔宝宝吗?请把它请出来吧!"并说"红色蜡笔请出来。" 2. 黄色蜡笔请出来。 出示黄色的手工纸。提问:"这是什么颜色? 蜡笔宝宝有这个颜色吗? 请把它请出来吧!"要说"黄的蜡笔请出来。" 3. 蓝色蜡笔请出来。 出示蓝色蜡笔画的画。提问:"你们知道这是哪个蜡笔宝宝画的画吗? 蓝色"。"好,我们把蓝色蜡笔请出来啦!" **二、颜色宝宝来跳舞** 1. 每个宝宝发一张 A4 画纸,请宝宝分别用这三种颜色在纸上跳跳舞。 2. 出示橡皮筋:"颜色宝宝要一起来跳舞啦! 请把三个颜色宝宝扎起来再跳跳舞吧!" **三、蝴蝶蝴蝶飞来啦** 1. 老师带上蝴蝶头饰,放轻柔连续的音乐,老师学蝴蝶跳舞,让宝宝感受音乐的连续。 2. 教师示范跟着音乐画连续的线。 3. 请宝宝拿起蜡笔跟着音乐,在纸上画出蝴蝶的节奏。 **四、大象大象走来啦** 1. 老师带上大象的头饰,放重音断续的音乐学大象重重地走路,一会快一会慢。 2. 教师示范根据音乐的节奏快慢,用蜡笔在纸上点点。 3. 宝宝跟音乐节奏学大象在纸上跳舞。 **五、蝴蝶大象都来啦** 1. 请家长拿出另三种颜色捆在一起,和宝宝共同作画。 2. 师:"现在我们把蝴蝶和大象都请出来,请大家仔细听,跟着音乐变换蜡笔宝宝的步伐哦!"蝴蝶和大象的音乐穿插播放。 **六、结束活动** 1. 教师小结。 2. 互相欣赏作品。	🐟 家长引导宝宝自己找出与老师相符颜色的蜡笔宝宝。 🐟 家长让宝宝自由地用颜色作画。 🐟 家长引导宝宝根据音乐节奏作画。 🐟 家长适当提醒宝宝辨别音乐的变化。 🐟 家长鼓励宝宝介绍自己的作品。

活动延伸	家长也在此过程中不断观察孩子的水平,根据孩子的能力进行活动后的延伸练习。
活动评析	孩子对颜色并不陌生,在生活中总能见到各种各样的颜色,有了生活经验的积累,在这样的游戏活动中,可以进一步巩固对颜色的认识,能正确说出颜色的名字,能找到相对应的颜色,并在后续的延伸活动中对颜色产生兴趣,关注生活中的各种色彩,发展孩子的有意注意。 　　本活动将音乐和美术结合,让孩子听觉视觉和谐并用,可培养孩子画画的兴趣,根据节奏的连续、断奏以及节奏的快慢作画。

精选案例之 85　　美术综合活动：皱纹纸变变变

适用年龄范围	活动形式	活动设计
2～3岁	集体	沈雪娟

活动目标	宝宝	1. 练习用大拇指、食指撕纸。 2. 感受皱纹纸变化的过程,体验自己动手操作的乐趣。
	家长	提高家长利用身边常见物品,设计游戏,一物多玩的能力。

活动准备	约10 cm宽的皱纹纸人手两份,小塑料袋人手一个,轻快及动感音乐各一(如小鸟飞、牛奶舞)。
活动依据	2～3岁的宝宝喜欢撕纸,皱纹纸质地柔软,较易撕且有一定柔韧性,可进行多种造型。他们也喜欢拿着皱纹纸随意地舞动,边跑边甩,非常高兴。撕纸锻炼了大拇指、食指的肌肉力量;变魔术的游戏将皱纹纸撕成条状、细片状,让宝宝在感受皱纹纸变化的过程中,体验到自己动手操作和发现的乐趣,跟随音乐进行舞蹈、游戏,也是非常愉快的体验。
活动流程	导入→皱纹纸变变变一、二、三、四→结束活动

	指导宝宝	指引家长
活动过程	1. 导入。 　　出示皱纹纸,认识皱纹纸: 　　老师今天带来了一个好朋友,猜猜是谁? 　　皱纹纸会变魔术哦。 2. 皱纹纸变变变一:抖开,变成翅膀,学小鸟飞呀飞。 　　老师示范:把皱纹纸抖开,舞动、绕圈。 　　发放皱纹纸,小朋友自由舞动皱纹纸。 　　播放音乐,随音乐学小鸟飞。 3. 皱纹纸变变变二:撕成细条,打扮自己。 　　老师示范:捏住皱纹纸,撕成细长条,绑在头上、手上、腰上等各个地方。 　　亲子操作,互相打扮。 　　播放《牛奶舞》,随音乐跳舞。 4. 皱纹纸变变变三:变成碎片,下雪了。	🐟 与宝宝一起跟着音乐跳舞。 🐟 引导宝宝用大拇指和食指撕纸,尽量让宝宝自己动手。可给予一些协助,如拉住皱纹纸一头,让宝宝较容易撕长条。

活动过程	老师示范：将皱纹纸撕成纸片放进小筐中(事先撕好一些)，大喊："下雪了"，从高处往下倒。 　　亲子操作，将皱纹纸撕成碎片装在小筐里，玩"下雪"游戏。 5. 皱纹纸变变变四：纸球。 　　将皱纹纸片捡起到小筐子里，倒在袋子里，扎紧袋口，变成纸球，玩纸球游戏，如扔、抛接等。 6. 结束活动。 　　引导宝宝与家长将地上的碎纸捡干净，装到口袋里，到户外继续玩纸球游戏。	🐟 尽量让宝宝多动手，家长积极参与活动，同时也可与其他宝宝一起游戏。 🐟 引导宝宝将地上碎纸捡干净。
活动延伸	1. 发放皱纹纸，让宝宝带回家继续游戏。 2. 引导监护人选用广告纸、报纸等家庭中常见材料，进行小游戏。	
活动评析	本活动选用皱纹纸作为活动材料，在多样而愉快的游戏中，训练宝宝的动作、语言、随乐模仿简单动作等多种能力。同时，对家长选择日常活动材料也是很好的启示。	

精选案例之 86　　音乐活动：大猫和小猫

适用年龄范围		活动形式	活动设计
2～3 岁		集体	吴松蕾
活动目标	宝宝	1. 感受歌曲的强弱，培养音乐感受力及倾听能力。 2. 熟悉旋律及歌词，能初步理解歌词含义，并尝试用动作表现。	
	家长	1. 积极参与到活动中来，增强亲子之间的情感交流。 2. 学习通过多种形式促进宝宝对音乐的感受与体验。	
活动准备	1. 知识经验准备： (1) 对猫、老鼠已有初步了解。 (2) 熟悉歌曲：《小老鼠上灯台》。 2. 教具准备：大猫、小猫角色形象，多媒体课件，乐器：鼓、铃鼓。		
活动依据	2～3 岁幼儿能初步感受音乐的强弱，但对歌词含义的理解十分有限，还无法用言语表达，在成人的引导下，能用动作表现音乐。 　　《大猫和小猫》歌词简单形象，易于让宝宝理解，两段强弱不同的乐曲，有助于促进宝宝音乐感受力及倾听力。跟随音乐进行模仿与游戏，让宝宝获得积极体验，他们的动作表达意识和需要也能得到发展。		
活动流程	音乐情景律动——小老鼠上灯台→欣赏感受对比——谁来了→形体模仿表演		
	指导宝宝		指引家长
活动过程	**一、音乐情景律动——小老鼠上灯台** 出现小老鼠，鼓励宝宝伴随音乐快乐地唱唱跳跳。		🐟 家长与宝宝一起做动作。

| 活动过程 | 二、欣赏感受对比——谁来了
1. 猫叫声的大小。
　　PPT 图片小猫来了：小老鼠最害怕谁呢？小猫是怎么叫的？小猫叫起来轻轻的，我们一起来学一学。
　　PPT 图片大猫来了：听，这又是谁来了呀？（出示大猫，边学大猫响亮的叫声）为什么说这是大猫？原来大猫叫起来声音响响的，我们也来学一学大猫叫，好吗？
2. 猫叫声的大小。
　　大猫和小猫有什么不一样？听听它们自己是怎么说的。
　　——以大猫的身份唱："我是一只大猫，我的声音很大，喵喵喵喵喵!"（动作：叉腰）
　　刚才大猫是怎么说的？大猫是怎么叫的？声音怎样？
　　——以小猫的身份唱："我是一只小猫，我的声音很小，喵喵喵喵喵。"（动作：捧着小脸）
　　刚才小猫说了些什么？小猫是怎么叫的？声音怎样？
3. 猫脚步声的大小。
　　听听这是谁的脚步声
铃鼓——小猫　鼓——大猫
三、形体模仿表演
1. 动作中感受（多媒体造型故事：大猫和小猫）
听故事角色语言，观察多媒体画面，做一做大猫和小猫。
2. 音乐中表现。
在形象鲜明的音乐旋律中鼓励幼儿用身体动作模仿大猫和小猫的各种形态。
（1）全体跟随音乐表演一遍。
（2）家长与幼儿分角色表演两遍。
　　附歌曲：
大　猫　小　猫
1＝F　$\frac{4}{4}$
1·1　1 1 5　5 ｜ 3 3　3 3　1 1 ｜ 2 2　6 7 ｜ 1 - - - ‖
1. 我是 一只　大猫，　我的 声音 很大，喵喵喵喵　喵!
2. 我是 一只　小猫，　我的 声音 很小，喵喵喵喵　喵!
四、总结
　　宝宝们今天学小猫学得非常好，你们的叫声太像大猫和小猫了，让老师再来听听大猫是怎样叫的？小猫又是怎样叫的？ | 🐟 家长提醒宝宝仔细观察大猫和小猫外形上的区别之后再引导宝宝大胆地说出大小猫叫声。

🐟 家长鼓励宝宝大胆地利用肢体语言进行动作上的模仿，并和宝宝一起参与到活动中来，注意不要和其他小朋友进行碰撞。

🐟 家长和宝宝一起当老鼠，感受活动带来的快乐。 |
| 活动延伸 | 　　在家时可与宝宝一起游戏，家长当大猫，宝宝当小猫，还可以将"小老鼠上灯台"的游戏加入到里面，增加游戏的趣味性。 | |

续表

活动评析	试图通过故事图片,通过游戏化的歌曲,让宝宝对物体的大小进行了解和比较,借此尝试用声音的强弱、动作幅度的大小感受和表现歌曲的力度,宝宝和家长们参与活动的积极性都非常高,大大提高了宝宝对活动的热情。

精选案例之 87　音乐活动:哈巴狗

适用年龄范围	活动形式	活动设计
2~3 岁	集体	吴松蕾

活动目标	宝宝	1. 积极参与活动,初步学习音乐游戏"哈巴狗"。 2. 对音乐活动感兴趣,在唱唱玩玩中感受快乐。
	家长	1. 指导家长积极参与到活动中来,引导宝宝大胆参与活动。 2. 与幼儿进行不同角色的变换,提升宝宝对音乐游戏的兴趣。

活动准备	1. 知识经验准备:幼儿学过发声练习和歌词。 2. 教具准备:大门口的背景图一幅,玩具哈巴狗一只,小狗头饰,小椅子一张。

活动依据	宝宝在满 2 岁时喜欢对各种事物进行"扮家家"似的角色游戏,喜欢重复性游戏、模仿性游戏。 《哈巴狗》这首歌曲,适合本年龄段孩子特点(以模仿为主),角色身份能在每个活动环节将自己的情感融入其中,传达自己的情感体验,唤起幼儿的情感共鸣,激起幼儿的情感投入。

活动流程	发声练习→歌唱活动《哈巴狗》→音乐游戏:"小狗抓肉骨头"→结束活动

	指导宝宝	指引家长
活动过程	幼儿坐成半圆形。 **一、发声练习(2 分钟)** 3 5 5 | 5 3 3 | 2 4 4 | 4 2 2 | 小狗叫, 汪汪汪; 小狗叫, 汪汪汪, 5 5 6 6 | 5—— | 5 4 3 2 | 1——|| 小狗怎么 叫? 汪汪汪汪 汪。 **二、歌唱活动"哈巴狗"(6 分钟)** 1. 出示背景图,引出课题。 　师:有一只哈巴狗,它正蹲在大门口,你们瞧,它正在干什么呢? 2. 幼儿完整欣赏歌曲一遍。 　提问:哈巴狗蹲在大门口,眼睛怎么样? 它想干什么? 它是怎样啃骨头的? 学一学(适当奖励)。 3. 幼儿随老师一起做动作跟唱歌曲。 　家长鼓励宝宝大胆发言,说出自己看到的。 **三、音乐游戏:"小狗抓肉骨头"(6 分钟)** 1. 讲解游戏玩法: 　老师当哈巴狗蹲在地垫上,其余幼儿当肉骨头蹲在地垫前,当音乐	🎈 家长与宝宝一起做发声的练习。 🎈 观看背景图,在锻炼宝宝的观察力的同时加深宝宝对歌词的理解。 🎈 感受音乐游戏带来的快乐,激发宝宝对音

活动过程	唱完后,哈巴狗大声叫"汪汪",从地垫上跳下来去抓"肉骨头","肉骨头"赶紧跑回自己位置。被抓住的"肉骨头"由小狗吃掉。
	
	2. 家长与幼儿分角色游戏
	
	    家长当骨头蹲在地垫前,其余幼儿当哈巴狗蹲在地垫上,当音乐唱完后,哈巴狗大声叫"汪汪",从地垫上跳下来去抓自己的那根"肉骨头"。家长与宝宝一起参与到活动中来,感受活动带来的快乐。
	
	四、活动结束:(2分钟)
	
	    请小朋友们都来当哈巴狗,我们想吃肉骨头吗? 到外面找找去!
	    附歌曲:
	
	 哈 巴 狗
	$1＝D \dfrac{2}{4}$
	
	$1\ 1\quad 1\ 2\quad 3—\ |\ 3\ 3\quad\ \ 3\ 4\ 5—\ |\ 6\quad 6\ 5\quad 4\ 3—\ \|\ 5\ 5\ 2\ 3\ |\ —\ \|$
	
	一只 哈巴 狗, 坐在 大门 口, 眼 睛黑 黝黝, 想吃肉骨头。
	一只 哈巴 狗, 吃完 肉骨 头, 尾 巴摇 一摇, 向我点点头。
		乐游戏的兴趣。
		
		  🐶 家长和宝宝一起当哈巴狗到外面找骨头。请2～3根"骨头"出来,歌曲一结束,所有的"哈巴狗"都去追这几根"骨头"。

活动延伸	家长和宝宝在家同样可以和宝宝玩这个游戏,家长做骨头,宝宝做哈巴狗,或者角色互换,但无论谁当什么角色,家长的情绪要去感染宝宝,让宝宝充分地投入到游戏中来。	
活动评析	本活动能让幼儿在学中感受音乐游戏的快乐,很适合这个时期幼儿的年龄,教师将故事与音乐有效地结合,在音乐中创设丰富的故事情境,而且故事情节贴近生活让幼儿容易理解歌词从而理解游戏的规则。	

🎈 **精选案例之88**   **音乐活动:猫捉老鼠**

适用年龄范围		活动形式	活动设计
2～3岁		集体	吴松蕾
活动目标	宝宝	1. 听辨上行音阶和下行音阶的能力,培养听觉。 2. 培养幼儿思维灵敏的反应。	
	家长	1. 指导家长积极参与到活动中来,引导宝宝注意倾听音乐,大胆参与到活动中来。 2. 加深亲子之间的情感。	
活动准备		1. *知识经验准备*:欣赏过《小猫》的音乐。 2. *教具准备*:钢琴,小鱼图片若干。	
活动依据		2～3岁的宝宝喜欢听、看、模仿生活中各种声音,给孩子创造一种宽松、愉悦的精神氛围,充分调动宝宝们的耳朵、双手、双脚及大脑,让宝宝充分去感知,并把自己的感受表现出来。《猫捉老鼠》是一个有内容、有情节、有角色并带有捕捉成分的形象性、趣味性于一体的游戏。让幼儿以动作来感受音的高低,不仅提高了对音乐的初步认识,锻炼了能力,更升华了帮助他人的情感。	
活动流程		听《小猫》音乐,做动作走进活动场地→倾听上下行音阶→游戏——捉老鼠→家长和宝宝一起参与游戏→结束活动——听《小猫》音乐走出教室	

续表

指导宝宝	指引家长
一、听《小猫》音乐,做动作走进活动场地 情景:老师扮演猫妈妈:"小猫们,今天天气真好,快出来练本领了……" **二、倾听上下行音阶** 情景:熊伯伯家最近来了很多老鼠,一到晚上,就不停地在楼上楼下跑来跑去,不但偷吃了很多熊伯伯的粮食,而且吵得熊伯伯都睡不好觉,这不老鼠们又开始出来活动了,你们听!(老师快速地在钢琴低音区弹下行音阶)老鼠们在哪里活动?(楼下)再来听听,这次老鼠在哪里活动?(老师快速地在钢琴高音区弹上行音阶)(楼上) **三、游戏——捉老鼠** 情景:熊伯伯知道我们的小猫的本领都练得很不错,所以今天想请小猫们帮熊伯伯捉老鼠,你们愿不愿意帮助熊伯伯呢?好,让我们来听听,老鼠们现在在哪里偷东西吃呢。 幼儿扮演猫,捉老鼠。老师如果弹上行的音阶1234567 123456712,宝宝们跳起来捉老鼠,并随节奏做咬老鼠的动作与表情。老师如果弹下行音阶,宝宝们则蹲下捉老鼠,并随节奏做11111做咬老鼠的动作与表情。 **四、家长和宝宝一起参与游戏** 情景:熊伯伯家的老鼠太多了,而且很狡猾,我们请大朋友一起来帮助我们捉老鼠吧! **五、结束活动——听《小猫》音乐走出教室** 老鼠都被小猫们捉光了,今天小猫们表现得太棒了,熊伯伯非常高兴,为了感谢大家,还给我们送来了好多小鱼呢!(给每个宝宝一条小鱼)我们到小河边把这些小鱼洗干净吧! 附歌曲: 1=F $\frac{2}{4}$ 小　猫 5 1　5 1 ｜ 3 5　1 ｜ 2343　2343 ｜ 2　2　2 ｜ 喵 × 　 × ｜ 5 1　5 1 ｜ 3 5　1 ｜ 5671　2345 ｜ 喵, 1 1　1 ｜ × 　× ‖ 喵　喵	家长与宝宝一起做。 家长与宝宝一起仔细倾听音阶,引导宝宝说出音阶的特点。 家长鼓励宝宝大胆参与活动。 家长也参与到宝宝的活动中来,感受活动带来的快乐。 家长和宝宝一起做小猫动作离开教室。
活动延伸	宝宝在家里,家长可以为宝宝选择一些生活中常见的能发出声音的物品来敲打出快慢高低不同的声音,让宝宝根据声音做出相应的动作,也可以宝宝来敲打,家长做动作!

活动评析	整个活动都是在情景当中进行,宝宝在这个活动中很形象地就感知到了音阶的特点,符合这个时期幼儿的年龄特点。幼儿在不知疲惫地投身于活动之中,在跳跳、玩玩的过程中去感知音乐

精选案例之 89　　音乐活动: 我爱我的小动物

适用年龄范围	活动形式	活动设计
2～3 岁	集体	吴松蕾

活动目标	宝宝	1. 乐意学唱新的歌曲,尝试模仿各种小动物的叫声 2. 进行注意倾听的训练
	家长	1. 引领宝宝大胆模仿小动物的叫声,感受活动带来的快乐。 2. 体会亲子游戏时共同游戏的快乐。

活动准备	1. *知识经验准备*:幼儿对小动物的基本特征有个初浅的认识。 2. *教具准备*:音乐,请配班四位老师分别穿上"小猫、小狗、小鸡、小鸭"的动物服饰。

活动依据	2～3 岁的宝宝喜欢各种小动物,也喜欢唱歌,特别感兴趣的如象声词"轰隆隆""叽叽叽""呷呷呷"等。《我爱我的小动物》节奏明快,歌词形象、简单,是孩子们喜爱的歌曲之一。在这个活动中,以游戏的形式贯穿始终,用动物演员的出场加深幼儿对歌词的理解和联想。通过各种形式训练幼儿对 ×××｜×××｜×× ××｜×—‖ 节奏的理解,让幼儿在轻松、愉快的活动中掌握所学知识。

活动流程	做模仿操进入主题→引导幼儿听小动物的叫声→学唱歌曲《我爱我的小动物》→和动物演员一起共舞→结束

活动过程	**指导宝宝**	**指引家长**
	一、做模仿操进入主题 　　情景:"小朋友,今天老师带你们去动物园好吗?" 　　带孩子做小动物的模仿操 2～3 分钟。 **二、引导幼儿听小动物的叫声** 　　情景:"今天老师还邀请了几个小动物到我们班上来玩,你们听,谁来了。" 　　(请大班的小朋友躲在屏风后面,叫"汪汪汪!") 　　教师:"小朋友,你们听,谁来了? 我们一起把小动物请出来吧!"小狗是怎么叫的? 宝宝们听听老师是怎么学小狗叫的(老师按旋律模仿小狗叫)。 　　教师:再听听谁来了! 依次学小猫、小鸡、小鸭叫的声音。 **三、学唱歌曲《我爱我的小动物》** 　　情景:"老师和小动物们一起准备了一个节目,名字叫做'我爱我的小动物',现在表演给你看好吗?" 　　你们想不想跟小动物一起表演啊! 那我们一起来表演吧! 　　(动物演员有小猫、小狗、小鸡、小鸭) 　　如:动物演员唱:我爱我的小猫,小猫怎样叫?	🐟 家长与宝宝一起做动物模仿操。 🐟 家长引导宝宝注意倾听小动物的叫声,大胆地模仿小动物的叫声。 🐟 家长鼓励宝宝积极参与到活动中来。

活动过程	小朋友唱：喵喵喵喵喵喵喵喵喵喵喵喵。 **四、和动物演员一起共舞** 　　教师："小朋友，你们知道还有什么小动物会叫吗？它是怎么叫的？""我们再回家跟爸爸妈妈找一找还有哪些会叫的小动物！"接下来我们请小动物下来和小朋友一起表演节目吧！ **五、结束** 　　小动物该回家了，我们一起谢谢小动物来给我们表演节目，再见！	🐟 家长引导宝宝模仿其他动物的叫声，和动物演员一起参与到活动中来，感受活动带来的快乐。
活动延伸	在家时可与宝宝一起回忆或带宝宝到动物市场观察其他动物的叫声和外形特征，将其内容融入到歌曲当中，给歌曲赋予新的歌词内容，宝宝会更加喜欢。	
活动评析	宝宝们对动物演员的加入尤其喜爱，让活动更加戏剧化，孩子们个个都想引起动物们对自己的注意，所以整个活动参与的积极性也非常高，让我们看到了音乐活动给孩子们带来的快乐。	

精选案例之 90　音乐活动：我自己

适用年龄范围	活动形式	活动设计
2～3 岁	集体	吴松蕾

活动目标	宝宝	1. 在照照、看看、玩玩中认识自己和同伴，并愿意在集体中交流。 2. 有编唱歌曲的兴趣。
	家长	1. 家长积极指引宝宝指出自己的五官，鼓励宝宝大胆参与活动。 2. 家长的情绪感染幼儿的情绪，体会亲子游戏时共同游戏的快乐。
活动准备		1. *知识经验准备*：宝宝之间相互认识。 2. *教具准备*：活动室或盥洗室里的大镜子（也可人手一面镜子）、摄像机、PPT。
活动依据		根据 2～3 岁的宝宝对自己的五官已经有了一个较具体的认识，但自控能力差，在日常生活中监护人有必要提醒宝宝如何保护自己的五官。音乐是一个天然的素材，利用音乐将幼儿生活的核心经验设计到活动之中，既考虑幼儿现有水平，又有一定的挑战性，既符合幼儿的现实需要，又有利于其长远发展，在尊重幼儿发展的个别差异性和注重幼儿发展的全面性中寻找平衡点。
活动流程		游戏："指五官"→照镜子，认识自己→看录像，认识同伴→编唱歌曲→结束部分

	指导宝宝	指引家长
活动过程	**一、游戏："指五官"** 　　师：今天我们来玩一个"指五官"的游戏，老师说出眼睛，看谁在最短的时间里用手指指着自己的眼睛，要自己听哦！ **二、照镜子，认识自己** 　　宝宝自己照照镜子，观看自己的小脸。 　　师：你觉得自己脸上哪些地方长得最有趣？ 　　引导宝宝在镜子中做各种可爱、滑稽的表情。	🐟 家长指引宝宝快速地指出自己的五官。 🐟 家长指引宝宝注意观察自己的五官，指出五官的特征并教育宝宝注意保护自己的五官。

活动过程	师：有的小朋友的眼睛大大的,有的小朋友的鼻子高高的……你能让他们变一变,做一些有趣的怪脸吗? 注：宝宝做各种怪脸时,配班老师在一旁及时地拍摄下来。 **三、看录像,认识同伴** 老师逐一在电视上播放出幼儿的脸,并将画面定格,引发讨论。 师：这是谁? 他叫什么名字? 他的脸上怎么样?(请录像中的幼儿本人也说说自己的小脸) 老师根据幼儿自己的介绍及集体讨论情况,即兴编唱歌曲。 如:"这是我的嘴巴,小小的,这是我的眼睛,圆圆的,这是我的头发,长长的,这就是我呀,我叫×××。" 根据录像中不同幼儿的脸部特征,师生共同讨论和编唱歌曲,熟悉同伴的名字。 **四、编唱歌曲** 在音乐伴奏下,幼儿根据镜子中自己的小脸,编唱《我自己》的歌。 师：我们每个小朋友都有一张可爱的小脸,每张小脸都有和别人不一样的地方,请你把自己最有趣的地方编进歌里唱一唱吧! 在愉悦的音乐氛围中,幼儿将自编的《我自己》的歌唱给好朋友或大朋友听。 **五、结束部分** 我们现在也来说说大朋友的五官吧! 附歌曲: $1=C$ $\frac{2}{4}$ **我　自　己** 5 3　5 3 | 1　1 | 3　3 | 2 - | 4 2　4 2 | 7　7 | 6　6 | 5 - | 这是 我的 眼 睛 大 大的， 这是 我的 嘴巴 小 小　的， 5 3　5 3 | 1　1 | 3　3 | 2 - | 4 2　4 2 | 7　7 | 5 5 5 5 | 1 - | 这是 我的 辫子 长 长的， 这就是　 我 呀,我叫×××。	家长引导宝宝注意观察同伴的五官,和自己有什么不一样的地方。 家长仔细倾听宝宝创编的歌曲,也可以唱创编的歌曲给宝宝听。 家长及时鼓励宝宝对自己的五官进行描述。
活动延伸	家长在家时也可以引导宝宝注意观察事物的外形特征,和宝宝一起给娃娃、小书包或其他玩具创编儿歌,并将歌词融入到音乐当中。	
活动评析	本活动不仅能让宝宝对五官有进一步的认识,加强了安全教育,而且在活动中提升了宝宝对事物的观察能力及语言组织、创编能力,活动贴近生活,自己创编歌词更是丰富了幼儿的语言。	

精选案例之 91 　　音乐活动：洗手帕

适用年龄范围	活动形式	活动设计
2～3 岁	集体	吴松蕾

活动目标	宝宝	1. 能分辨音乐中的快慢节奏,培养对音乐的倾听力。 2. 熟悉旋律,能初步理解歌词含义,并尝试用动作表现。
	家长	1. 指导家长积极参与到活动中来,引导宝宝注意倾听音乐的变化。 2. 家长的情绪感染幼儿的情绪,体会亲子游戏时共同游戏的快乐。

活动准备	1. *知识经验准备*：对手帕的动作有一定的了解和认识,音乐《梁祝》。 2. *教具准备*：《洗手帕》音乐、钢琴、手帕。

活动依据	2～3 岁的宝宝能初步感受音乐的强和弱,还无法用言语表达,对歌词含义的理解十分有限,在成人的引导下,能用动作表现音乐。 　　设计《洗手帕》的活动,随着音乐洗手帕中的慢节奏,引导宝宝一拍一下地做搓手帕的动作,这样宝宝们在不枯燥的反复倾听中听清音乐的快和慢,宝宝做着自己喜欢的动作,感受音乐带来的乐趣,不仅提高了幼儿的倾听能力,同时激发了宝宝们表现音乐的欲望。

活动流程	音乐情景律动——音乐《梁祝》→出示手帕→欣赏音乐——洗手帕→完整地听音乐,做洗手帕的动作→与宝宝一起做《梁祝》的音乐律动→结束活动

活动过程	指导宝宝	指引家长
	一、音乐情景律动——音乐《梁祝》(2 分钟) 　　宝宝听着音乐学做蝴蝶的动作进入活动室,坐成半圆形。 　　家长与宝宝一起做动作,坐在宝宝的后面。 **二、出示手帕(2 分钟)** 　　情景：看,这是什么? 　　讨论：老师的手帕脏了怎么办? 可以怎样洗? 　　每人一块手帕,家长引导宝宝如何涂肥皂,如何在手上搓洗,做洗手帕的动作。 **三、欣赏音乐——洗手帕(2 分钟)** 　　老师这里有一段很好听的音乐,让我们一起来听听,看老师怎样边听音乐边洗手帕的。放音乐,家长和宝宝一起模仿老师的动作帮助幼儿熟悉乐曲旋律,分辨音乐快慢的变化。 **四、完整地听音乐,做洗手帕动作(6 分钟)** 　　森林里的小动物们把小毛巾弄得脏兮兮的,要让我们的妈妈把它洗干净,今天宝宝们已经学会了怎么洗手帕,现在就让我们的妈妈看看我们的本领吧?(幼儿面对家长)家长观看(有必要提醒宝宝做洗手帕的动作),最后启发宝宝做“晾起来”的动作,表现出劳动后的喜悦心情。 　　家长观看宝宝洗手帕,不断竖起大拇指鼓励宝宝,当手帕“晾起来”时夸张地闻闻手帕,赞扬宝宝洗得干净。 　　宝宝可与家长互换角色,宝宝看到家长洗完后也要学会赞美家长。	放上一段优美的音乐,激发宝宝参与活动的积极性。 　　此年龄段的宝宝最喜欢模仿成人的劳动场面,根据孩子的年龄特点培养宝宝爱劳动的品质。 　　老师用夸张的动作表示出来,更好地帮助幼儿理解音乐的强弱。 　　家长与宝宝一起模仿老师的动作可以更快地加深宝宝对音乐的理解。

活动过程	五、与宝宝一起做《梁祝》的音乐律动结束活动(2分钟) 　　宝宝们,你们的手帕洗得真不错,让我们变成小蝴蝶,飞到花丛中去跳个舞吧! 　　附歌曲: $C=\frac{2}{4}$ 1　1 3 | 1 1 3 | 1　3 | 5　− | 5　5 3 | 5　5 3 | 5　3 | 1　− | 1 1　1 6 | 5·　6 | 1 1　1 6 | 5　− | 6 6 6 5 | 3·　5 | 6 6 6 5 | 3　− | 1 1　3 | 1 1　3 | 1 3 | 5　− | 5　5 3 | 5　5 3 | 5　5 3 | 5 1 | 1　− |	🌀 家长和宝宝一起做蝴蝶动作飞出教室。
活动延伸	宝宝在家玩过家家时也可以和家长一起"洗手帕"或做"擦皮鞋""洗衣服"等动作,增加活动的趣味性,增加亲子之间的情感交流。	
活动评析	通过生活化的游戏,让宝宝对音乐的强弱、快慢有了一个初步的认识,结合洗手帕的动作,不仅让宝宝感受到了劳动带来的快乐,而且体验到了两种不同力度、速度的音乐。宝宝和家长们参与活动的积极性都非常高,大大提高了宝宝对活动的热情。	

🎈 **精选案例之 92** 　　音乐活动：小鸟飞

适用年龄范围		活动形式	活动设计
2～3岁		集体	吴松蕾
活动目标	宝宝	1. 能伴随音乐做简单的律动,能初步理解歌词含义。 2. 熟悉旋律及歌词,并尝试用动作进行表现。	
	家长	1. 指导家长积极参与到活动中来,引导宝宝注意倾听音乐的变化。 2. 家长运用积极的情绪感染幼儿的情绪,体会亲子游戏时共同游戏的快乐。	
活动准备	1. *知识经验准备*:幼儿对小鸟的主要特点——"飞"有一个初步的认识。 2. *教具准备*:小纱巾人手两块,小鸟道具一份(小鸟头饰、翅膀)。		
活动依据	对2～3岁托班的孩子来说,他们对动物的外貌、姿态及叫声都非常感兴趣,也喜欢模仿动物的叫声,学做它们的姿态,根据这一年龄宝宝的特点,选择了小鸟这一动物,使幼儿能感受小鸟的形象——模仿小鸟飞的姿态。对托班幼儿来说,懂得简单的律动对提升宝宝的音乐素养有一定的好处。 《小鸟飞》这个活动,培养幼儿大胆参与活动的同时也加深了宝宝对小鸟姿态特点的认识。		
活动流程	情景进入主题→学做"小鸟飞"动作→音乐游戏——小鸟飞		
	指导宝宝		指引家长
活动过程	一、扮成小鸟进入主题(1分钟) 　　教师边念歌词边扮成小鸟(头戴小鸟头饰,手拿小纱巾)做挥舞的动作,吸引宝宝参与活动		🌀引导宝宝主动参与活动的积极性。

活动过程	师：清晨,休息了一整夜的小鸟们都一个个地从家里飞出来觅食了,飞呀,飞呀,小鸟飞,(请愿意飞的小鸟一起来飞)小鸟飞,到处飞,飞呀,飞呀小鸟飞,嘿,真快乐! 二、幼儿与家长一起参与到活动中来 　　请宝宝自选两块小纱巾,手拿小纱巾挥舞,模仿小鸟飞的动作。 　　师：鸟宝宝们,别再睡懒觉了,看早上的空气多好啊,你们也快出来吧!(教师示范飞的动作) 三、跟随音乐游戏"小鸟飞" 　　情景：鸟宝宝们,我们跟着音乐一起来跳舞吧。 　　(情景可多创设几个：如小鸟出去觅食、郊游等,通过游戏的反复,提高技能) 　　可放慢速度清唱歌曲,使宝宝能够完整感知歌词的内容。 　　注：1. 不必强求宝宝的动作与老师完全一样,能够用动作表现出 　　　　　对歌曲的理解即可。 　　　　2. 如宝宝只做飞的动作不唱,不必强求,可"飞"到他的身边 　　　　　边唱边做动作,吸引他一同歌唱。 　　附歌曲： $1=D\ \dfrac{4}{4}$ **小　鸟　飞** $\dot{5}\cdot 6\ 5\ 4\ 3\ 4\ 5\ \mid\ 2\ 3\ 4\ 3\ 4\ 5\ \mid\ \dot{5}\cdot 6\ 5\ 4\ 3\ 4\ 5\ \mid\ 2\ 5\ 3\ 1\ 1\ \parallel$ 飞呀 飞呀 小鸟飞, 小鸟飞到处飞, 飞呀飞呀 小鸟飞, 嘿　真快乐!	家长与宝宝一起用小纱巾做小鸟飞的动作。 家长和宝宝一起听音乐做动作,尽量将动作做得大些,可以加深宝宝对歌词的理解。
活动延伸	宝宝在家时,家长可以选择一些较优美的音乐让宝宝自由发挥,只要宝宝愿意跟随音乐舞动就可以了。家长也可以参与到其中,与宝宝一起体验音乐带来的快乐!	
活动评析	本活动能让幼儿在学中感受音乐游戏的快乐,很适合这个时期幼儿的年龄,教师将故事与音乐有效地结合,在音乐中创设丰富的故事情境,而且故事情节贴近生活,让幼儿容易理解歌词,从而理解游戏的规则。	

精选案例之 93　音乐活动：小小蛋儿把门开

适用年龄范围		活动形式	活动设计
2～3 岁		集体	吴松蕾
活动目标	宝宝	1. 知道鸡蛋是鸡妈妈生出来的,小鸡是由鸡妈妈从蛋壳里孵出来的。 2. 能初步掌握音乐旋律,并随着音乐做出相关的动作。	
	家长	1. 指导家长积极参与到活动中来,引领宝宝主动大胆地利用肢体语言表现小鸡出壳的样子,增强亲子之间的情感交流。 2. 体会亲子游戏时共同游戏的快乐。	

续表

活动准备	1. 知识经验准备：会念儿歌《小鸡》 2. 教具准备：课件,用纸壳制作大的蛋壳教具(能挡住幼儿)及鸡妈妈头饰一个和小鸡头饰15个、小鸡图片等。	
活动依据	2～3岁的宝宝在欣赏音乐的过程中不仅仅只是会使用听觉,而且会使用多个感官来丰富、体会音乐的内容。母鸡下蛋的事情对于孩子来说,永远都是新鲜的。咕咕哒,咕咕哒……小鸡出来咯!《小小蛋儿把门开》这首歌的内容能够让幼儿更加清晰地了解小鸡出壳的全部过程,而且提高了幼儿对音乐的兴趣。调动宝宝多种感官来丰富、强化所听到的音乐内容,让宝宝感受快乐的同时,也增进了亲子之间的情感交流。	
活动流程	语言游戏,拉开故事帷幕→出示图谱,引起幼儿兴趣→巩固歌曲→小结	

	指导宝宝	指引家长
活动过程	**一、语言游戏,拉开故事帷幕** 　　教师带领宝宝做鸡妈妈和鸡宝宝,一边念"小鸡"的儿歌,一边捉虫子吃。(小鸡小鸡尖尖嘴,会抓虫子会吃米,叼来一条大青虫,献给妈妈谢谢你)宝宝自由走动,再走到椅子上给身后的家长。 **二、出示第一张图谱,引起宝宝兴趣** 　　出示第一张图谱,引导幼儿观看图谱上的是谁? 它在干什么? (1)教师告诉宝宝鸡妈妈今天要下蛋了,一边模仿母鸡下蛋时的叫声"咕咕哒",一边将蛋宝宝从母鸡妈妈身后抽出,到第三个时,让宝宝一起模仿叫声帮助母鸡妈妈一起下蛋。逐个出示鸡蛋里的鸡宝宝,并引用歌词。 (2)教师告诉宝宝鸡蛋里的小鸡宝宝要和小朋友们一起做游戏,带领宝宝一边学习歌曲歌词"小小蛋儿把门开,开出一只小鸡来"。 **三、出示第二张图谱** 　　教师带领宝宝观察图谱上的小鸡(全身长满了毛,胖胖的),学习词语"毛茸茸",边讲歌词边做动作"毛茸茸啊,胖乎乎"。 **四、出示第三张图谱** (1)幼儿观察图谱上的小鸡在做什么?(唱歌) (2)教师带领幼儿做动作,模仿小鸡叫"叽叽叽叽叽叽叽叽,唱起来"。 (3)幼儿重复歌词内容。 **五、重复学习图谱,增强幼儿对歌词的记忆。** 　　出示大鸡蛋,引起宝宝的兴趣。 　　师:鸡妈妈又生了一个这么大的鸡蛋,小鸡马上就要从蛋壳里出来了,继续学习歌词,并跟音乐演唱。 　　教师带领幼儿做音乐游戏《小小蛋儿把门开》。 **六、小结** 　　师:鸡妈妈和小鸡们真开心,我们也和它们一起出去捉虫子吃吧。活动结束。	🌊 家长与宝宝一起做动作。 🌊 家长提醒宝宝仔细观察图谱,鼓励宝宝大胆模仿鸡妈妈下蛋时发出的"咕咕哒"声。 🌊 家长与宝宝一起大声念出歌词。 🌊 家长鼓励宝宝,和宝宝一起做"毛茸茸啊,胖乎乎"的动作。 🌊 家长鼓励宝宝大胆地利用肢体语言模仿小鸡的叫声与动作。 🌊 家长和宝宝一起当鸡蛋里的小鸡做音乐游戏。 🌊 家长和宝宝一起出去抓虫子,感受活动带来的快乐。

活动过程	附歌曲： 1=E $\frac{2}{4}$ **小小蛋儿把门开** 1 3 | 1 3 | 1 5 3 | 5 — | 3 5 | 3 5 | 3 2 2 | 2 — | 小 小 蛋 儿 把 门 开， 走 出 一 只 小 鸡 来。 1 3 | 1 3 | 5 4 4 | 4 — | 5 5 4 4 | 3 3 2 2 | 7 5 6 7 | 1 — ‖ 毛 茸 茸 呀 胖 乎 乎， 叽 叽 叽 叽 叽 叽 叽 叽 唱 起 来。	
活动延伸	宝宝在家时也可以与宝宝一起做这个游戏,还可以请宝宝当鸡、鸭、鹅妈妈,带领大家做小鸡、小鸭、小鹅出壳的样子,增加游戏的趣味性。
活动评析	通过活动宝宝知道鸡蛋是鸡妈妈生出来的,然后由鸡妈妈孵出小鸡来的。宝宝们能初步掌握音乐旋律,并随着音乐做出相关的动作。通过此活动提高了宝宝的音乐水平和学习音乐的积极性。

精选案例之 94 **音乐活动：小小鸡**

适用年龄范围		活动形式	活动设计
2～3 岁		集体	吴松蕾
活动目标	宝宝	1. 乐意用动作、歌曲、表情,表达对小小鸡和鸡妈妈的喜爱之情。 2. 在唱唱玩玩中学习做音乐游戏《小小鸡》。	
	家长	1. 指导家长积极参与到活动中来,引领宝宝大胆地利用肢体语言表现小鸡的动作,增强亲子之间的情感交流。 2. 体会亲子游戏时共同游戏的快乐。	
活动准备	1. *知识经验准备*：区域活动中,幼儿自由听赏过歌曲的旋律。 2. *教具准备*：情景课件;创设在游戏中学习的氛围;准备鸡妈妈头饰一个,音带,CD 机。		
活动依据	2～3 岁的幼儿思维正处于直觉行动思维向具体形象思维过渡的时期,他们情感外露,不稳定,带有很大的情绪性。他们学习的特点是只关心活动的过程,而不关心活动结果,因此,亲子班的教学活动应更注意游戏化、情景化,强调让幼儿在愉快、轻松、自由的游戏中自娱自乐、玩中学、玩中获发展。《小小鸡》是一首根据外国歌曲创编而来的幼儿歌曲,亲子班幼儿思维的特点决定了他们喜欢在动作模仿和游戏情景中学习。因此,选择的音乐将情景性和趣味性放在首位,节奏鲜明、形象性强的音乐可引起幼儿活动的愿望,幼儿始终保持活泼、愉快的积极情绪,真正做到玩中学,学中乐。		
活动流程	引出课题→看小鸡、听节奏、做动作→听歌曲,做幼儿游戏→结束		

续表

	指导宝宝	指引家长
活动过程	一、引出课题 打开课件引出小鸡和音乐,听小鸡叫,问"谁来了?" 二、看小鸡、听节奏、做动作 1. 引导幼儿看小鸡,模仿学做各种小鸡的动作,激发宝宝的兴趣。 小鸡们,快和妈妈一起到草地上来捉小虫吃啰,小嘴巴要怎样啄才能吃到小虫呢? 吃饱了我们来洗洗澡吧! 小鸡是怎样洗澡的呢? 2. 引导幼儿欣赏音乐,并学做小小鸡。 宝贝们,我们跟着音乐宝宝一起去捉小虫子吧。 三、听歌曲,做幼儿游戏 情景:鸡妈妈有一次带鸡宝宝出去玩的时候不小心把小小鸡们弄丢了,鸡妈妈现在可伤心了,鸡妈妈要出去找它的鸡宝宝了。(宝宝按音乐旋律做各种小鸡动作在草地儿上玩耍,鸡妈妈来找小鸡) 四、总结 边听音乐,边哼唱歌曲再次进行游戏,在游戏中结束本次活动。 附歌曲: $1=C \quad \dfrac{3}{4}$ **小 小 鸡** 3 3 5 ｜ 3 - - ｜ 3 3 5 ｜ 3 - - ｜ 3 5 - ｜ 3 5 - ｜ 3 5 3 ｜ 5 3 - ｜ 小 小 鸡, 叽 叽 叽, 一 摇 一 摆 来 唱 歌。	家长与宝宝一起仔细倾听。 家长与宝宝一起做小鸡的动作,提醒宝宝将两个食指放在一起,做出尖尖嘴的样子,鼓励引导宝宝做出小鸡洗澡的样子。 家长鼓励宝宝大胆地利用肢体语言进行动作上的模仿,并和宝宝一起参与到活动来,注意不要和其他小朋友进行碰撞。 家长和宝宝一起当小小鸡,感受活动带来的快乐。
活动延伸	在家时可与宝宝一起游戏,家长当鸡妈妈,宝宝当小鸡,还可以引导宝宝模仿其他的小动物,如鸭子等,增加游戏的趣味性。	
活动评析	活动设计小小鸡到草地上玩,在唱唱玩玩中,反复感受音乐的旋律和歌词。从看小鸡,做小鸡,一直到唱小鸡的整个过程中,宝宝自然地产生了爱小小鸡、爱鸡妈妈的情感。	

精选案例之95 音乐活动：洋娃娃和小熊跳舞

适用年龄范围	活动形式	活动设计
2～3岁	集体	吴松蕾

活动目标	宝宝	1. 喜欢玩简单的乐器,感受乐器带来的快乐。 2. 懂得与同伴进行乐器分享。
	家长	1. 指导家长积极参与到活动中来,尝试并喜爱玩不同的乐器,引领宝宝学会与他人分享。 2. 加深亲子之间的情感。

活动准备	1. *知识经验准备*:区域活动中,幼儿听赏过歌曲的旋律。 2. *教具准备*:1.歌曲《洋娃娃和小熊跳舞》;2.沙锤、铃鼓、圆舞板若干;3.布置一个舞会场景;4.洋娃娃和小熊的衣服。

		指导宝宝	指引家长
活动依据		2～3岁的幼儿对于音乐学习的最好的方式就是创设情境进行游戏。在游戏中聆听,在游戏中自己想象,在游戏中积极表现,在游戏中大胆创造。《洋娃娃与小熊跳舞》是一首明亮的波兰儿歌,旋律朗朗上口,律动感强,可以充分利用歌曲特点,创设到一定的情景中来,只有当孩子在音乐游戏过程中获得快乐,才能唤起他们对学问的那种缘自心底的热爱,并成为他们终身学习的不竭动力。	

活动流程	打开音乐,引出课题→宝宝拍手进行节奏的练习→出示并介绍乐器→宝宝自选一样乐器,感受音乐游戏的快乐→乐器练习→舞会开始→结束部分

	指导宝宝	指引家长
活动过程	**一、打开音乐,引出课题** 1. 打开音乐,听一听,里面有谁,他们都在干什么?" 2. 洋娃娃和小熊邀请我们参加舞会,可是舞会上缺少了个小乐队,洋娃娃想邀请我们来给它们伴奏呢! 你们愿意吗? **二、宝宝拍手进行节奏的练习** 师:洋娃娃既然邀请了我们给它做小乐队,我们可要好好练习,别让洋娃娃失望哦,要想做一个好的鼓乐手就要仔细听音乐(老师做示范)。 宝宝跟随音乐一起用拍手的方式进行练习1—2次。 **三、出示并介绍乐器** 边念儿歌边出示不同的乐器,并示范拿乐器的正确方法,请宝宝感受乐器的声音,激发宝宝玩乐器的愿望。 师:小沙锤,摇一摇,沙沙沙沙沙沙! 圆舞板,拍一拍,哒哒哒!小铃鼓,敲一敲,咚咚咚咚咚咚! **四、宝宝自选一样乐器,感受音乐游戏的快乐** 宝宝拿到乐器后,自由操作手中的乐器,感受乐器所发出的声音带来的快乐。 **五、乐器练习** 宝贝们,拿好你们的乐器,现在我们就要用乐器来进行练习了,练习好了我们才可以做洋娃娃的小乐队哟! **六、舞会开始** 请出穿有"洋娃娃和小熊"衣服的老师。 看,洋娃娃和小熊他们已经来了,他们的舞会也快要开了,小乐队准备好了吗? 演奏开始! 一遍后可指引宝宝交换乐器进行演奏。 注:1.不必强求宝宝按照老师示范的玩法玩乐器,只要他们愿意玩就可以;2.引导宝宝感受不同乐器发出的声音。 **七、结束部分** 播放歌曲《洋娃娃与小熊跳舞》,让宝宝伴随音乐随意做动作。 让我们把乐器交给我们身后的大朋友,一起加入到洋娃娃与小熊的舞会中来吧!	🐟 家长与宝宝一起仔细倾听音乐。 🐟 家长与宝宝一起跟着音乐做拍手的节奏练习。 🐟 家长指引宝宝认识老师提供的乐器。 🐟 家长指引宝宝拿乐器的正确方法并自由地练习。 🐟 家长拍手与宝宝一起进行节奏练习,感受活动带来的快乐。 🐟 家长指引并鼓励宝宝主动与同伴交换乐器,如果宝宝不愿意,不必要强求,只要宝宝开心就可以了。 🐟 家长为宝宝们演奏乐器,全身心地投入到舞会中来,让孩子感受舞会带来的快乐与愉悦。

活动过程	附：歌曲	
	$1=D \dfrac{2}{4}$	
	洋娃娃和小熊跳舞	
	1 2　3 4　|　5 5　5 4 3　|　4 4　4 3 2　|　1 3　5 0　|	
	洋娃　娃和　小熊　跳 舞，　跳呀　跳 呀，　一 二　一，	
	1 2　3 4　|　5 5　5 4 3　|　4 4　4 3 2　|　1 3　1 0　|	
	他们　在跳　圆圈　舞 呀，　跳呀　跳 呀，　一 二　一。	
	6 6　6 5 4　|　5 5　5 4 3　|　4 4　4 3 2　|　1 3　5 0　|	
	小熊　小 熊　点点　头 呀，　点点　头 呀，　一 二　一，	
	6 6　6 5 4　|　5 5　5 4 3　|　4 4　4 3 2　|　1 3　1 0　‖	
	小洋　娃 娃　笑起　来 呀，　笑呀　笑 呀，　哈哈　哈。	
活动延伸	宝宝在家里,家长可以为宝宝选择一些如碗、盘子、锅等炊具进行节奏的练习。音乐在生活当中无处不在,家长要做个有心人,善于观察与引导!	
活动评析	在宝宝使用过了沙锤后,老师可根据宝宝的特点选择便于宝宝操作的铃鼓和圆舞板,让宝宝能够感受不同乐器发出的不同声音,尝试并喜爱玩不同的乐器,感受歌曲欢快的节奏,体验音乐游戏的快乐。	

精选案例之 96　音感活动：水果

适用年龄范围		活动形式	活动设计
2～3岁		集体	李玲
活动目标	宝宝	1. 用语言念读感受水果名称,培养稳定节拍。 2. 培养幼儿灵敏的思维。	
	家长	1. 指导家长积极参与到活动中来,引领宝宝注意倾听水果的名称,大胆参与到活动中来。 2. 加深亲子之间的情感。	
活动准备	1. *知识经验准备*：知道水果的名称。 2. *教具准备*：小木鱼、水果(梨、苹果、紫葡萄)。		
活动依据	音乐节奏的主要来源之一是人类的语言,语言本身含有丰富、生动、微妙的节奏。宝宝生活在语言环境当中,从语言节奏出发来掌握音乐节奏是比较容易的。节奏大多是从人的生活中提炼出来的,音乐的节奏与语言的节奏有密切联系。 　　为了表现节奏,可进行有节奏的语言朗读,讲一些词、短语、简单句,并拍出节奏。设计音感活动《水果》,说一说宝宝喜欢的水果,这样宝宝拍出节奏,既进行了节奏练习,也培养了孩子们的词语创作能力,同时也使其体验到了节奏感。		
活动流程	童谣《水果》→出示水果,请宝宝大声说出水果的名称→反复练习水果的名称→家长和宝宝一起参与游戏→结束活动		

	指导宝宝	指引家长
活动过程	一、童谣:《水果》 　　小猴爬上苹果树, 　　所有苹果吞下肚, 　　苹果布丁苹果派, 　　什么水果你最爱? 　　老师:1. 你最喜欢吃什么水果呢? 　　　　　2. 看看老师手上有什么水果呢? 二、出示水果,请宝宝大声说出水果的名称 　　梨(用手拍一下) 　　苹果(用手拍两下) 　　紫葡萄(用手拍三下) 三、反复练习水果的名称 1. 请宝宝看着水果,一边说名称,小手对应拍出该水果的节奏。 2. 在熟练的基础上,老师拍手,请宝宝猜是哪个水果。 四、家长和宝宝一起参与游戏。 1. 老师将水果的顺序打乱,请宝宝和家长一起拍手表示水果的名称。 2. 将宝宝放在双腿上,按照老师出示的水果,有节奏抖动双腿。 3. 家长说水果的名称,宝宝双脚跳节奏。 五、结束活动 　　今天的小水果宝宝真能干,请大朋友亲亲水果宝宝。	🌀 家长与宝宝一起倾听。 🌀 家长引导宝宝说出自己喜欢吃的水果名称。 🌀 家长引导宝宝积极参与。 🌀 家长也参与到宝宝的活动中来,感受活动带来的快乐。
活动延伸	在家中可以让宝宝有节奏地大声说出其他的物品,如:椅子、桌子等。	
活动评析	通过节奏活动,孩子们用念唱、肢体动作来亲身体验节奏,节奏感不断增强。这种方法十分简单,家长很容易就可以在家庭中运用。	

精选案例之 97　　音乐活动:小木马

适用年龄范围		活动形式	活动设计
2~3 岁		集体	李玲
活动目标	宝宝	1. 感知音乐快慢节奏。 2. 培养幼儿思维灵敏地反应。	
	家长	1. 指导家长积极参与到活动中来,引领宝宝注意倾听音乐,大胆参与活动,感受节奏的快慢。 2. 加深亲子之间的情感。	
活动准备	1. *知识经验准备*:知道马走路和跑步的不同点。 2. *教具准备*:小木鱼、音乐《小木马》。		

活动依据	2～3岁的宝宝喜欢听、看、模仿生活中各种声音,给孩子创造一种宽松、愉悦的精神氛围,充分调动宝宝们的耳朵、双手、双脚及大脑,让宝宝充分去感知,并把自己的感受表现出来。《小木马》是一个有内容、有角色并带有捕捉成分的集形象性、趣味性于一体的游戏。让幼儿以动作来感受节奏的快慢,不仅提高了其对音乐的初步认识,锻炼了能力,更加提升了游戏的趣味性及家长的参与性。
活动流程	倾听声音→对比声音的快慢→游戏——小马学本领→家长和宝宝一起欣赏歌曲→家长和宝宝一起参与游戏→结束活动

	指导宝宝	指引家长
活动过程	**一、倾听声音** 　　老师将小木鱼藏到背后敲击,让宝宝猜猜哪只动物来了? **二、对比声音的快慢** 　　老师分别将节奏放慢和放快进行敲击,让宝宝猜猜,这是小马在走路还是跑步? **三、游戏——小马学本领** 　　情景1:今天小马决定要跟着妈妈学本领了,妈妈教小马学习走路和跑步了。 　　家长牵着宝宝的手,一起拉个大圆圈,老师站在中间,手持小木鱼,敲击节奏的快慢,让家长和宝宝听着节奏的快慢进行顺时针的练习。 　　情景2:刚刚小马学本领学得真好,妈妈决定要表扬宝宝,请妈妈将宝宝背在背上,妈妈背着宝宝走。 　　家长将宝宝背在背上,进一步感受小马跑步和走路的节奏。 **四、家长和宝宝一起欣赏歌曲** 　　情景:今天小马和妈妈玩游戏玩得真好,有只可爱的小木马也来了,听,还带来了好听的歌曲,我们来欣赏一下吧! **五、家长和宝宝一起参与游戏** 　　请家长将宝宝放到自己的双腿上坐下来,一边听着音乐一边抖动双腿,根据节奏的快慢抖动双腿,让宝宝进一步感受节奏的快慢。 **六、结束活动**	🐟 家长与宝宝一起做。 🐟 家长与宝宝一起仔细倾听节奏,引导宝宝说出小马走路和跑步的特点。 🐟 家长鼓励宝宝大胆参与活动。 🐟 家长也参与到宝宝的活动中来,感受活动带来的快乐。
活动延伸	到户外体会坐小木马的感觉。
活动评析	宝宝在节奏中感受到音乐的美妙,提高了理解、领悟音乐节奏元素以及对音乐欣赏的能力,节奏活动使宝宝音乐能力得到提高,亲子游戏也使宝宝进一步对音乐产生了浓厚的兴趣。

精选案例之 98 　音乐活动：吃水果

适用年龄范围	活动形式	活动设计
2～3 岁	集体	李玲

<table>
<tr><td rowspan="2">活动目标</td><td>宝宝</td><td>1. 感知音乐节奏。
2. 感受餐盘和筷子也能发出好听的声音。</td></tr>
<tr><td>家长</td><td>1. 指导家长积极参与到活动中来,引领宝宝注意倾听音乐,大胆参与活动,感受节奏的快慢。
2. 加深亲子之间的情感。</td></tr>
<tr><td>活动准备</td><td colspan="2">1. 知识经验准备:餐前让宝宝吃几种水果(可分几天安排),指导宝宝说说吃水果的感觉。
2. 教具准备:西瓜、葡萄、菠萝、香蕉、苹果、菠萝各一个,不锈钢的餐盘和筷子每人一份。</td></tr>
<tr><td>活动依据</td><td colspan="2">　　兴趣是学习的动力,而兴趣的真正产生与一个人的能力密切相关。2～3 岁宝宝音乐兴趣的发展主要与以下一些因素有关:周围环境、其他儿童对音乐的态度、音乐经验、音乐的感知和理解能力。
　　《吃水果》的歌词比较贴近宝宝的生活经验,节奏简单,容易掌握,用来打击的乐器也是来自宝宝生活中比较熟悉的餐盘和筷子。运用这些东西伴奏对于他们是一种新奇的体验,可以使他们能够更加主动地感受歌曲带来的快乐。</td></tr>
<tr><td>活动流程</td><td colspan="2">观察水果→欣赏《吃水果》的音乐→学唱歌曲《吃水果》→打击乐游戏→结束活动</td></tr>
</table>

指导宝宝	指引家长
一、观察水果 　　今天老师带了哪些水果,请宝宝大胆地将水果名称说出来。 二、欣赏《吃水果》的音乐 　　帮助宝宝将听到的歌词一段一段地梳理出来。 　　提问:1. 音乐里的水果是怎么排列的? 　　　　　2. 你吃到水果的表情是什么样子的? 三、学唱歌曲《吃水果》 　　西瓜、葡萄、菠萝,吃得笑呵呵。 　　香蕉、苹果、梨子,吃得笑嘻嘻。 四、打击乐游戏 　　提问:你们吃水果需要用什么来装呢? 　　指导语:今天老师请来了餐盘和筷子,吃水果用的工具,它们今天也想来和我们做游戏。引导宝宝用餐盘和筷子打节奏。 五、结束活动 　　愉快的合奏:请家长参与到节奏中,分别拍手,让宝宝演奏餐盘和筷子。	💧 家长与宝宝一起做。 💧 家长与宝宝一起仔细倾听音阶,引导宝宝说出音阶的特点。 💧 家长鼓励宝宝大胆参与活动。 💧 家长也参与到宝宝的活动中来,感受活动带来的快乐。

活动延伸	1. 可以创编别的水果或者蔬菜,进行歌曲创编。 2. 在家里可以发现能够演奏的声音。

续表

活动评析	宝宝的演奏以齐奏、合奏为主。在老师的指挥下,幼儿开始尝试与集体或与老师合作。奏出的良好音响效果,会使幼儿愿意在集体中调整自己的情绪,服从集体的演奏需要,在此过程中幼儿合作协调能力得以提高,从中获得的那种快感也是不言而喻的。

精选案例之 99　音乐游戏：小白兔与大灰狼

适用年龄范围		活动形式	活动设计
2～3 岁		集体	李玲
活动目标	宝宝	1. 感知音乐节奏的变化。 2. 培养幼儿角色游戏及思维灵敏地反应。	
	家长	1. 指导家长积极参与到活动中来,引领宝宝注意倾听音乐,大胆参与活动,感受节奏的变化。 2. 加深亲子之间的情感。	
活动准备	1. *知识经验准备*：活动前指导宝宝听《小兔子乖乖》的故事。 2. *教具准备*：钢琴、胡萝卜若干。		
活动依据	一个轻松、活泼、富有启迪性的氛围,可引导宝宝的想象,使其产生创造的欲望。 　　角色游戏还能促进宝宝的社会性,让宝宝主动与人交往,小白兔与大灰狼是宝宝再熟悉不过的正面和反面的角色,而加上音乐的节奏,能够激发宝宝参与的能动性,从而提升其对音乐的感受以及感受角色游戏的快乐。		
活动流程	谈话引出主题→练习本领→游戏——小白兔和大灰狼→结束活动		

	指导宝宝	指引家长
活动过程	**一、谈话引出主题** 　　老师出示小兔子的手偶,一一和宝宝打招呼。 　　情景：今天,兔妈妈担心宝宝又碰到大灰狼,决定让宝宝学习本领。 　　提问：兔妈妈会什么本领呢?(跳高、跳远) **二、练习本领** 1. 双脚并拢向上跳。 2. 双脚并拢向前跳。 3. 听着音乐分别练习。 **三、游戏——小白兔和大灰狼** 　　情景： 　　兔妈妈带着兔宝宝一起去胡萝卜地里拔胡萝卜了。听到轻快的音乐,家长和宝宝一起跳一跳;听到低沉的音乐,就赶紧回到座位上。 **四、结束活动** 　　今天小兔子的本领学得非常好,为了奖励宝宝,兔妈妈亲亲你的小兔子吧!	🐟 家长与宝宝谈话。 🐟 家长与宝宝一起参与到学本领中去。 🐟 家长鼓励宝宝大胆参与活动。 🐟 家长也参与到宝宝的活动中来,感受活动带来的快乐。

续表

活动延伸	1. 在家里可以继续练习双脚跳,进而发展到单脚跳。 2. 父母可以在家里扮演宝宝的角色,进行角色互换游戏。
活动评析	在游戏过程中,宝宝自然而然地融入了与他人交往的角色中,由此培养了宝宝的自我服务能力、表达能力以及主动交往的能力,感受着角色游戏带来的快乐,并对音乐节奏有所感知。

精选案例之 100　音乐活动: 小茶壶

适用年龄范围	活动形式	活动设计
2~3 岁	集体	沈雪娟

活动目标	宝宝	1. 熟悉歌曲的旋律,尝试用身体的动作表现歌曲的内容。 2. 愿意参与游戏,体验亲子共同游戏的快乐。
	家长	1. 学习运用一些简单有趣的儿歌训练孩子 2. 和宝宝一起感受歌曲的快乐。

活动准备	1. *知识经验准备*:知道小茶壶及其作用,了解冲茶的大概过程。 2. *教具准备*:《小茶壶》音乐、茶壶与茶杯、托盘、红布。
活动依据	2~3岁的宝宝喜欢听节奏简单明快、歌词简单且贴近他们生活、句式有重复的歌曲,这样的歌曲比较容易学唱且较易理解。在成人的引导下,他们跟随音乐做动作的意识及能力越来越强。 　　《小茶壶》速度适中,歌词简短且每句重复一遍,歌词内容形象有趣。宝宝认识水平有限,必须对茶壶有直观的认识才能更好地理解歌词,更好地感知动作与歌词的对应,因此在活动中呈现茶壶是十分必要的。
活动流程	导入,观察茶壶→欣赏歌曲→学习完整动作→亲子游戏用小茶壶冲茶喝

一、导入,观察茶壶 1. 老师拿出事先准备好的茶壶与茶杯,用托盘装着,拿红布盖好,请小朋友隔着红布摸一摸,猜猜是什么?(所有小朋友都摸一摸,引导他们猜一猜,最后齐数三个数揭开红布,出示小茶壶) 2. 老师引导小朋友观察,并引导小朋友说出:"圆圆""肥肥""矮矮"等特点,介绍茶壶的不同部位——壶柄与茶嘴。 3. 模仿小茶壶的样子,练习重点动作。 　　教师:我们站起来学学小茶壶的样子吧。(一手叉腰,一手伸弯) **二、欣赏歌曲,学习完整动作** 1. 安静倾听歌曲,老师示范一遍完整动作。 2. 提问,学习动作。 　　歌曲里的小茶壶说什么呢?一起用动作来学一学吧。 **三、亲子游戏——用小茶壶冲茶喝** 1. 宝宝当小茶壶,家长、老师一起听音乐表演一遍。	🌼 引导宝宝摸一摸,问宝宝"怎么样"以便引导宝宝观察。

师：我们跟着音乐一起当小茶壶。……大朋友帮小朋友加点茶叶,加点水……茶冲好了,给谁喝呢? 师：大朋友,茶好不好喝呀? 老师也口渴了,请你们也冲点茶给我喝吧? 老师准备了一个大水杯,请把茶冲到这里来。 2. 家长当茶壶,宝宝当杯,听音乐表演一遍。 3. 家长和孩子一起分两批上前表演(上去表演的当茶壶,其余的当茶杯)。 4. 小结,结束活动。 　　附：建议动作 　　一手叉腰、一手弯(前奏时,做出小茶壶样左右一摆一摇); 　　双手拍胸前后,向前做出圆圈状(我是茶壶肥又矮); 　　一手叉腰动动,另一手向另一侧弯弯(这是壶柄,这是嘴); 　　摇头(水滚了); 　　身子向一边歪(冲茶了)。	🎐 家长鼓励宝宝大胆参与活动。 🎐 家长也参与到宝宝的活动中来,感受活动带来的快乐。

活动 延伸	在家庭中与其他家人一起唱歌曲,玩冲茶游戏,还可以根据宝宝的能力,适当变换动作,如"水滚了",可以让宝宝保持一手叉腰一手侧弯,原地转。
活动 评析	用布盖住茶壶让孩子们摸,猜一猜,最后再揭开红布出示小茶壶的环节,充分调动起孩子们的好奇心和兴趣,他们非常喜欢,也让他们对小茶壶的形象有了直观的认识,能更好地理解歌曲内容。

精选案例之101　音乐活动：大象和小蚊子

适用年龄范围	活动形式	活动设计
2～3岁	集体	沈雪娟

活动 目标	宝宝	1. 感知大鼓和手铃的不同音色,并能做出相应动作。 2. 体验扮演及游戏的快乐。
	家长	1. 引领宝宝注意倾听音乐,大胆参与活动,感受不同音色。 2. 加深亲子之间的情感。

活动 准备	1. *知识经验准备*：知道大象、蚊子的主要外形特点。 2. *教具准备*：大象、蚊子图片,草地背景图,小鼓一个,手铃人手一个。
活动 依据	2～3岁的宝宝喜欢听、看、模仿生活中各种声音,对常见动物的形象及动作有基本的感知。他们知道大象有长长的鼻子,大大的身体,走起路来声音很大,蚊子会飞。大鼓发出的"砰砰砰"的声音与大象走路的声音相似,轻轻摇动手铃发出的声音也与蚊子的声音相似,能够让宝宝更好地想象,建立起联系。《大象与蚊子》通过倾听声音并做出不同动作,可以提高宝宝对不同声音的感受能力,同时也提高了宝宝的反应能力。
活动 流程	欣赏故事→倾听声音,学做动作→游戏——大象和蚊子→结束活动

	指导宝宝	指引家长
活动过程	一、欣赏故事 1. 出示图片，欣赏故事：大象来到草地上睡觉，一群蚊子飞来了，在叮大象的屁股。大象被惊醒，起来跺脚，把小蚊子震晕了。 2. 提问，模仿大象和蚊子动作，并学说儿歌：大象来了"砰砰砰"，蚊子来了"嗡嗡嗡"。 二、倾听声音，学做动作 1. 老师将小鼓用布蒙住，敲击，让宝宝猜猜是哪只动物来了？并请小朋友和家长一起模仿大象走路。 提问：乐器宝宝要来学动物走路，听听是谁来了？ 指导语：请大朋友和小朋友一起来学学大象走路（两手交叉，伸长放在前面当鼻子，一甩一甩）。 2. 以同样的方式出示手铃并进行模仿。 3. 老师简单讲述故事，同时演奏乐器，引导宝宝和家长熟悉乐器及动作。 三、游戏——大象和蚊子 1. 引导家长与宝宝熟悉游戏。 老师演奏乐器，请一家长当大象，其他宝宝当蚊子进行游戏。 （1）老师敲击小鼓，家长学大象走出来到场中间，作睡觉状。指导语： 大象出来了，砰砰砰，来到草地上，睡觉了。 （2）摇动手铃，宝宝学蚊子飞出来，叮家长的屁股。 指导语：小蚊子飞出来了，在叮大象的屁股。 （3）敲击小鼓，家长站起来跺脚，宝宝跑开，倒下。 指导语：大象醒了，跺跺脚；小蚊子，晕倒了。 2. 全体家长与宝宝一起游戏 （1）宝宝当大象，家长当蚊子。 （2）家长当大象，宝宝当蚊子。 3. 老师当大象，宝宝和家长当蚊子。 请一位家长演奏乐器。 四、结束活动	🐟 家长与宝宝一起耐心倾听，引导宝宝说一说。 🐟 家长与宝宝一起仔细倾听，引导宝宝说出是哪只动物，和宝宝一起学做动作，引导宝宝按照鼓声节奏走路。 🐟 鼓励宝宝大胆参与活动，家长也参与到宝宝的活动中来，感受活动带来的快乐。
活动延伸	在家庭中，利用能发出较重或较清脆声音的东西，与宝宝一起游戏。	
活动评析	本活动借用宝宝常见的动物形象，通过欣赏故事并设置简单而有趣的情景，让宝宝在感受不同乐器音色的同时，体验到角色扮演游戏的快乐。在活动中，宝宝特别喜欢蚊子叮大象屁股这一个环节，在扮演"蚊子"叮"大象"屁股时特别开心。	

精选案例之 102　　音乐游戏：大脚大

适用年龄范围	活动形式	活动设计
2～3岁	集体	沈雪娟

活动目标	宝宝	1. 感知乐曲内容及大小对比,能初步用声音及身体动作来表现。 2. 愿意跟随音乐做动作,体验用身体各部位进行游戏的快乐。
	家长	1. 了解宝宝较喜爱的歌曲及儿歌类型。 2. 学习引导宝宝运用身体动作、乐器演奏等形式来表现简单的儿歌内容,拓宽活动内容,丰富游戏形式。
活动准备		歌曲《大脚大》、小木鱼人手一个。
活动依据		2～3岁宝宝喜欢内容简单有趣,强弱、快慢对比明显的歌曲或儿歌。他们也喜欢用自己的身体部位跟随歌曲进行简单有趣的动作和游戏。歌曲《大脚大》中,"大脚大""小脚小"两段音乐强弱对比明显,"瞪眼""眯眼"等内容有趣,小朋友容易掌握,在跟随音乐进行模仿的游戏中也能体验快乐。
活动流程		提问导入→熟悉歌曲内容、动作→听音乐,做律动两遍→乐器演奏→结束活动

	指导宝宝	指引家长
活动过程	**一、提问导入** 　　请家长和宝宝伸出脚,比一比,谁的脚大? 　　请家长和宝宝伸出手,比一比,谁的手大? 　　我们的身体很多部位都会变魔术,能变大,也能变小。 　　手怎么变大?　怎么变小?（手指张开;手指合拢或握拳） 　　嘴巴会变大,怎么样把嘴巴变大呢?（张大嘴;嘴O成樱桃小口） 　　眼睛呢,眼睛怎么变大?　怎么变小?（瞪眼;眯眼） 　　耳朵怎么变大?　怎么变小?（拉开;揾起来） **二、熟悉歌曲内容、动作** 1. 听歌曲,教师示范动作。 2. 提问,歌曲里唱了什么,进一步熟悉歌曲内容,学习动作。 **三、听音乐,做律动两遍** 　　老师：让我们的身体跟着音乐一起做游戏吧。 　　第一遍家长与宝宝面对着老师;第二遍家长与宝宝面对面。 **四、乐器演奏** 1. 出示木鱼,老师示范乐器伴奏。（强调强弱对比） 2. 发放木鱼,听音乐伴奏一到两遍。 **五、结束活动**	🌊 引导宝宝想一想,说一说,做一做,同时观察老师的动作,一起做动作,模仿。 🌊 引导宝宝认真听歌曲,观察老师动作,可以边模仿。 🌊 积极参与律动游戏。 🌊 引导宝宝注意声音的强弱;发放木鱼时耐心等待。
活动延伸		作为日常律动,融入游戏之中。

续表

活动评析	小朋友很喜欢歌曲中的内容,通过老师的引导与示范,几次练习后,跟随着音乐唱时,能区分不同大小的声音,踏脚、拍手的动作也能相应调整幅度。他们特别喜欢张大嘴、瞪眼、眯眼、拉招风耳等动作,最后唱到"招起风来不见了",一边捂着耳朵一边呵呵笑着,非常高兴。

精选案例之 103　音乐综合活动：小兔乖乖

适用年龄范围	活动形式	活动设计
2～3 岁	集体	沈雪娟

活动目标	宝宝	1. 了解故事情节,能初步进行对话及游戏。 2. 体验扮演及亲子互动的快乐。
	家长	学习小兔乖乖游戏,亲子共玩。

活动准备	兔子、大灰狼手偶各一,《小兔乖乖》动画视频。

活动依据	2～3 岁宝宝对小白兔和大灰狼的故事很感兴趣,也喜欢扮演和模仿。在基本熟悉故事的基础上,通过示范与练习,他们逐渐能根据角色进行相应对话,简单扮演,并喜欢这样的游戏。小兔乖乖故事情节简单,角色少且对比鲜明,易于掌握。围绕故事进行简单、有趣的角色游戏,用唱歌的形式进行简单对话,不仅有利于宝宝的语言发展,也是对其思维和反应能力的锻炼。亲子共玩的游戏,也让亲子双方体验到共玩的乐趣,有利于增进亲子感情。

活动流程	出示兔子手偶,观看动画《小兔乖乖》→提问,熟悉情节及对话→角色扮演游戏

	指导宝宝	指引家长
活动过程	一、出示兔子手偶,观看动画《小兔乖乖》 二、提问,熟悉情节及对话 1. 兔妈妈有几个孩子(三个) 2. 兔妈妈去采胡萝卜,跟小兔子说要怎么样呢?(把门关得紧紧的) 3. 兔妈妈回来了,边敲门边唱歌,唱的什么歌呢?(小兔子乖乖,把门开开,快点开开,我要进来) 4. 兔妈妈回来了,小兔子们怎么样呢?(学唱:就开就开我就开,妈妈回来了,我就把门开) 5. 一会,谁来了,它怎么做的?(大灰狼;捏着鼻子学兔妈妈唱歌) 6. 接下来怎样了?(小兔子不开,看到大灰狼的尾巴;关门夹住大灰狼尾巴;兔妈妈来了,打大灰狼,大灰狼逃跑;兔妈妈唱歌,小兔子开门) 三、角色扮演游戏 1. 老师扮演兔妈妈和大灰狼,全体宝宝和家长当小兔子(两手合十关门),玩游戏一遍。 　情节简化为:兔妈妈外出去采蘑菇,吩咐小兔子关紧门。大灰狼来了,捏着鼻子唱歌,小兔子不开,让大灰狼把尾巴伸进去,夹住了,大灰狼逃跑了;妈妈回来了,唱歌,小兔子开门。	🎈 与宝宝一起认真观看。 🎈 引导宝宝回忆,自己讲述,并进行整理。 🎈 与宝宝一起跟着老师学唱歌。 🎈 积极参与活动,引导宝宝熟悉游戏。

续表

	2. 家长扮演大灰狼和兔妈妈,小朋友扮演兔子,玩游戏一遍。 3. 小朋友扮演兔妈妈和大灰狼,家长扮演兔子,玩游戏一遍。 4. 全体家长围成圆圈坐下,小朋友坐在圆圈内,老师扮演兔妈妈和大灰狼,玩游戏一遍。(家长手拉手关门,打开就是开门)	愉快地投入活动中,与宝宝一起体验游戏的快乐。
活动 延伸	1. 作为日常律动游戏,继续进行。 2. 引导宝宝、监护人在家庭中与其他成员玩这个游戏。	
活动 评析	小朋友都很喜欢《小兔乖乖》这个故事,看动画时非常专注,对故事里的角色和情节掌握得比较好。玩游戏的时候,他们对于大灰狼捏着鼻子唱歌感觉很有趣,像小兔子一样捂着耳朵表示"受不了",大灰狼尾巴被夹时都哈哈大笑。 　　这个活动结束之后,在平常律动环节有时会玩《小兔乖乖》的游戏,小朋友都很喜欢,对话也逐渐熟悉起来。小朋友回到家中,还会跟社区的小朋友、爸爸妈妈玩这个游戏。	

一、婴幼儿社会性发展概述

（一）什么是社会性发展

社会性是作为社会成员的个体为适应社会生活所表现出的心理和行为特征，也就是人们为了适应社会生活所形成的行为方式，如对传统价值观的接受，对社会伦理道德的遵从，对文化习俗的尊重以及对各种社会关系的处理。

社会性发展（也称儿童的社会化）是指儿童从一个自然人，逐渐掌握社会的道德行为规范与社会行为技能，成长为一个社会人，逐渐步入社会的过程，它是在个体与社会群体、儿童集体以及同伴的相互作用、相互影响的过程中实现的。

社会性可以说是一种静态形式，而社会性发展则是动态的过程，一种逐渐建构的过程。

新生儿只是一个具有人类生理结构的生物人，尚未发展社会属性。客观世界的一切对他们来说，都是陌生的，他们不认得生活中的任何东西和任何人。儿童的社会性发展是在同外界环境相互作用的过程中逐渐实现的。几个月后，孩子就会对人有反应，看到有人来了就高兴得手舞足蹈，开始找人，身边没有人就开始哭叫；在妈妈的精心照料下，他们逐渐熟悉妈妈的声音、妈妈的脸，产生"认生"现象，见到妈妈就高兴，陌生人要抱一抱时就哭了；随着孩子长大，父母在日常生活中逐渐教给孩子各种行为准则，孩子一天天地变得"懂事"，并逐渐能够"管住"自己；上幼儿园、小学、中学以后，在老师的教育下，孩子们逐渐接受社会的各种道德行为规范，并将这些道德规范作为自己行为的标准自觉遵守。这就是一个生物人逐渐发展成为一个社会人的过程，亦即儿童社会性发展的过程。

（二）婴幼儿社会性发展的内涵和重点

2 岁左右的孩子在社会情感方面可以显示出大人所具有的大部分复杂情绪，在此基础上有了对人、对物的关系的情感体验，如喜欢跟亲近的大人交往，有对人的同情感，也能具有最初的责任感。情绪具有易变的特点，很不稳定，还没有稳定的个性倾向，非常容易受外界刺激的影响。自我意识有了很大发展，知道"我"就是自己，产生了强烈的要摆脱大人的独立性倾向，什么事都要抢着自己去做。有时表现出不听大人的话，对大人的要求或指令产生对抗或执拗，进入心理学上所称的"第一个反抗期"。3 岁左右的孩子，情感、欲望、需求往往紧密地联系在一起，所以情绪常常受欲望和需求所左右，一旦得不到满足，便会哭闹。理解能力和控制能力又较差，情绪爆发时常常很难控制。个性逐渐显露，并出现个体差异，发展起良好或不良的行为倾向，需父母给予良好的影响。

在婴幼儿期，需要孩子表现出亲社会行为，掌握与同伴交往的能力。因此这一阶段婴幼儿主要社会性发展的任务是培养孩子助人、分享、合作、安慰等亲社会行为，并乐于、善于与同伴交往。

（三）社会性发展（社会交往）对婴幼儿发展的作用

1. 尽管正常儿童在出生时已具有人的各种遗传特质和发展的潜能,但这些特质和潜能并不是自然实现的,如果缺乏社会刺激和与人的交往,仍然难以顺利发展和最终实现。从对世界各地发现的那些从小离开人群,由狼、豹、熊、猴等动物"抚养"大的孩子的研究发现,他们在刚返回人类社会时,其习性与那些动物相类似,没有人的思想、感情、语言和生活习惯。虽经人类社会的长期教化,他们的智力水平仍很低,发展十分缓慢。这证明幼儿错过了语言学习关键时期,唤醒他们长期沉睡的人的意识,是极为困难的。由此可见,早期的社会性刺激,是婴幼儿心理发展的需要。离开了与人交往这一社会媒介的催化,婴幼儿的正常心理发展将被阻断或遭受破坏,从而造成严重后果。

2. 交往是主体获取物质、能量和信息的重要过程。儿童通过交往发展自己的各种心理能力和个性,把最初不识不知的自然人体,改变为社会的机体。这一过程主要是通过一定的社会环境,在与成人的交往中实现的。因此,处于什么样的交往环境,与什么样的人交往,对儿童心理能力的发展至关重要。良好的社会环境和交往条件,对儿童的发展将起积极的促进作用。反之,缺乏良好的社会环境和交往、教育条件,对儿童心理能力的发展将产生不利的影响。

因此,社会交往环境和交往对象规定着婴幼儿心理能力发展的速度、水平、范围和方向。在现代社会,由于信息的大量增加和传播方式的变革,婴幼儿社会交往范围大大扩展,只要我们注重早期教育和智力开发,使其在交往中能接收到大量高质量、高密度的信息,将更有助于加速婴幼儿的发展。

3. 交往,是人与人之间相互作用、相互影响的过程。在交往过程中,可以使婴幼儿获得思想、感情、语言、基本的行为方式和行为规范这些人类最重要的特征,学习人情世故,了解自己与他人的关系,发展自我意识等,从而为适应社会,掌握在社会上的生存能力打下基础。新生儿从一个生物个体成为一个社会的人,完成其社会化历程,就离不开社会交往这一途径。

总之,社会交往活动对于婴幼儿心理的正常发展具有十分重要的意义,孤独和隔绝将会给婴幼儿造成不良后果。陶行知曾指出:"集体生活是儿童自我向社会化道路发展的重要推动力,为儿童正常发展所必需。一个不能获得这种正常发展的儿童,可能终身只是一个悲剧。"因此,应该为儿童开辟广阔的交往领域,以使其获得丰富的信息和能量,增加其发展的机遇。

二、婴幼儿社会活动的设计

（一）目标设计

1. 提供幼儿模仿成人做事的机会,帮助其学习自己穿脱衣裤、鞋袜,自己洗手擦脸,主动如厕。
2. 帮助婴幼儿逐渐适应集体生活,愿意亲近老师和同伴。引导其学习对人有礼貌,不影响别人的活动。
3. 开展家园共育,指导家长开展亲子游戏、亲子阅读活动,为幼儿的发展提供丰富多元的教育资源。
4. 为不同月龄幼儿的父母提供早期教育服务。在尊重家长不同教养方式的前提下,给予生活养育、护理保健等方面的科学、合理的育儿指导。

（二）内容设计

婴幼儿社会活动方案主要包括：
1. 模仿成人的日常生活,掌握初步的生活自理能力。
2. 参与社会活动,体验社会规则。
3. 体验与成人或同伴之间的社会交往。

（三）方法设计

婴幼儿社会活动方案设计主要采取教师示范、集体游戏、亲子指导、亲子参与体验等方式,帮助家长掌握亲子教育技巧。

(四) 流程设计

亲子社会活动方案的流程一般为：教师示范→亲子模仿→集体游戏→亲子共同参与→回顾总结→节目展示等过程。

(五) 评估设计

活动的评估通过教师观察亲子在活动中的互动情况,观察孩子在活动中的情绪状态,评估此次活动对孩子发展的作用,并及时给予指导。

(六) 对监护人的指导设计

每次活动,教师都会参与、观察、评估家长在亲子活动中的互动行为,根据具体情况给予适时指导。

☀ 三、婴幼儿社会活动的指导

(一) 指导重点

重点指导家长与孩子的互动语言与行为,指导家长如何在恰当的时机干预孩子的活动。

(二) 应注意的问题

家长在与孩子共同参与活动的过程中,既不能对孩子放任自流,又不能过分干预,剥夺孩子自主活动的权利。面对孩子的"叛逆"行为要冷静对待,分析其原因,用恰当的方法给予解决。

精选案例之104　　社会活动：我是小司机

适用年龄范围		活动形式	活动设计
2～3岁		集体	吴松蕾
活动目标	宝宝	1. 积极参与活动,感受活动带来的快乐。 2. 加深对简单的交通规则的感知与认识,培养一定的规则意识。	
	家长	1. 指引家长充分利用家庭、社区等各种教育资源,丰富幼儿经验,满足幼儿对交通工具的好奇心和探索欲望。 2. 提升家长对孩子进行加强自我保护的安全意识与能力。	
活动准备	1. 知识经验准备：宝宝能够初步了解一定的交通安全知识。 2. 教具准备：BB车、红绿灯标志、音乐。		
活动依据	2～3岁的宝宝在生活中、活动中、平时的游戏中,都表现出自我意识比较强,而规则意识却比较缺乏的现象。游戏是培养宝宝建立一定规则意识的最好学习方式,而这个阶段的宝宝对常见的交通工具已有一定的了解和认识,能独立操作简易的玩具车辆。因此,设计本次活动,其主要目的是通过交通游戏,在宝宝感受快乐的同时,逐步使其养成一定的规则意识,并对交通规则有一定的了解。		

活动流程	热身运动→练习玩 BB 车→学玩"红绿灯"游戏→小结→放松运动：开火车	
	指导宝宝	**指引家长**
活动过程	**一、热身运动** 　　跟着音乐一起做"看样学样"的动作(点头、伸手臂、体转、踢腿、跳跃等)，用提问的方式引出活动主题： 1. 你们是怎么来幼儿园的？ 2. 小司机是怎么开车的？ 　　可以这样转(两手相互转)、模仿手扶方向盘…… **二、练习玩 BB 车** 　　自由学习玩 BB 车技能(放音乐)。 　　注意事项：1. 不要相互碰撞，保持适当距离。 　　　　　　　2. 宝宝能够大胆尝试，积极参与。 **三、学玩"红绿灯"游戏(放音乐)** 1. 引导宝宝观察游戏场地，发现有红灯绿灯，让宝宝了解红绿灯的作用。 2. 老师手持"红绿灯"，幼儿看交通标志玩游戏。 　　小司机开车上路了，注意看红绿灯哦！ **四、小结** 　　宝宝们都是一个好司机，我们都会遵守交通规则，爸爸妈妈在开车的时候记得提醒大朋友也要遵守交通规则哦！ **五、放松运动：开火车** 　　小司机们，把小汽车开回车库，这里有一辆火车，我们坐着火车回家啰！(一个跟着一个拉好衣服学做小火车)	家长和宝宝一起做。 　家长跟宝宝一起说一说，可以给予一些提示，尽量让孩子自己说出来、做出来。 　家长在旁关注宝宝的安全，必要时给予适当的协助。 　家长要提醒宝宝不要和前面的"车"太靠近了，注意看红绿灯。 　家长也融入到活动中来，和宝宝一起开火车，感受活动带来的快乐。
活动延伸	1. 跟宝宝外出时，指引宝宝一起关注马路上其他的交通标志以及它们都有什么作用。 2. 在家里可以跟宝宝一起玩交通游戏，可与宝宝进行角色互换，让宝宝持交通标志或者扮演交通警察，使其在掌握交通规则的同时感受游戏的快乐与亲情的温馨。	
活动评析	这一活动从幼儿的心理特点出发，满足了幼儿的发展需要。游戏是幼儿最喜欢的活动方式之一，运用生活中常见的交通标志，通过变换交通标志的方式，让宝宝感知活动带来的快乐，同时，又使其对交通规则有了一定的认识，加深了这个年龄阶段幼儿的规则意识，整个活动无论对宝宝还是家长都起到了一个很好的责任心、自我保护意识的培养。	

精选案例之 105　　社会活动：相约笔架山

适用年龄范围		活动形式	活动设计
2～3岁		集体	李玲
活动目标	宝宝	1. 接触大自然，激发宝宝热爱自然，关心周围事物的热情。 2. 萌发关心、热爱大自然的情感。	
	家长	1. 指引家长如何与孩子有效沟通，分享孩子成长的喜悦，增进亲子之间的情感交流。 2. 为大家提供互相交流的机会，增进彼此间的感情。	

活动准备	1. *知识经验准备*：通过家长的指引，让宝宝了解外出的安全知识。 2. *教具准备*：每家带一块野餐布、饮用水、擦汗的毛巾、更换的衣服、湿纸巾、防蚊水、驱风油、垃圾袋。	
活动依据	著名教育家陈鹤琴说："大自然、大社会是儿童最好的课堂。"大自然是一个丰富多彩的物质世界，吸引着富有好奇心的孩子。孩子在户外活动，会感到无比的快乐。带孩子到户外去游玩，在沐浴阳光与新鲜空气中，与父母、同伴等进行游戏活动，不仅有利于孩子身体生长发育，对孩子认知发展和社交能力等也有很大的促进作用。同时，也可在活动中萌发宝宝关心、热爱大自然，热爱生活的情感。 　　带孩子到户外去，受益的不仅是孩子，父母也是受益者。在户外与孩子共乐，体验天伦之乐的同时，可形成良好的亲子关系，同时也可以放松身心，享受大自然之美。	
活动流程	亲子集合，集体整队出发→温馨集体热身韵律操→趣味亲子小游戏→集体温馨分享→结束活动	
	指导宝宝	**指引家长**
活动过程	**一、亲子集合，集体整队出发** 　　家长带领宝宝，找到各自的班级，在笔架山的门口集合，准备好自己的户外活动物品，有秩序地排好队。 **二、温馨集体热身韵律操** 1. 到达各自的班级活动场地，整理自己的物品。 2. 家长和宝宝一起找到空地，听到音乐，跟随老师一起进行热身韵律操。 **三、趣味亲子小游戏** 1. 集体亲子游戏。 　（1）开火车： 　　　规则：请老师当火车头，宝宝拉着老师的衣服，一个接一个，家长搭桥，老师带领宝宝进行钻山洞。 　（2）拍皮球： 　　　附儿歌：小皮球，真可爱。 　　　　　　　拍一拍，跳一跳， 　　　　　　　拍得高，跳得高， 　　　　　　　拍得低，跳得低。 　　　　　　　转一转，接住了！ 　　　规则：家长将双手从宝宝的胳膊下穿过，环抱住宝宝的上身，跟随儿歌，有节奏地将宝宝腾空落下，念到"转一转"的时候，家长抱住宝宝转一圈，最后接住宝宝，抱一抱，亲亲宝宝。 　（3）斗小牛： 　　　附儿歌：大头碰小头， 　　　　　　　小头碰大头， 　　　　　　　爸爸娃娃玩斗牛。 　　　　　　　斗得汗水流。 　　　规则：宝宝坐在爸爸的膝盖上，爸爸拉住宝宝的手，一起比一比谁的头力气大。	🌊 指引家长鼓励宝宝尽量自己徒步行走，不怕苦、不怕累 🌊 家长跟宝宝一起跳一跳，整理物品时，鼓励宝宝自己整理好自己的小物件。 🌊 家长帮助宝宝纠正在跟读的过程中容易出错的字音。 🌊 家长指导宝宝正确按节奏念儿歌，老师指引家长在游戏的过程中动作要夸张。

活动过程	（4）拉个圆圈走走： 　　附儿歌：拉个圆圈走走， 　　　　　拉个圆圈走走， 　　　　　走呀走呀走呀走呀， 　　　　　看谁先蹲下（站好）。 　　规则：家长和宝宝一起拉成一个大大的圆圈，先顺时针走，一边念儿歌一边有节奏地走步，当念到最后一句的时候，考考大家的快速反应力。 2. 自由交往游戏。 　　吹泡泡： 　　每人发放一份吹泡泡的工具，找到自己的好朋友，比赛吹泡泡。 **四、集体温馨分享** 　　播放温馨的轻音乐，家长和宝宝一起把野餐垫打开，宝宝可以把自己带的美食拿出来，自己交朋友并互换美食，共同分享美食。 **五、结束活动** 　　家长和宝宝一起收集垃圾，保护环境，有秩序地排好队，离开活动场地。	家长鼓励宝宝自己找朋友比赛吹泡泡。 　家长引导宝宝多交朋友，性格比较内向的宝宝，家长可以主动示范，协助宝宝交朋友。
活动延伸	1. 周末可以跟宝宝一起进行户外运动，帮助宝宝感受游戏的快乐与亲情的温馨。 2. 多和班级的小朋友联系，对于能力强的宝宝，家长可以鼓励宝宝自己联系自己的好朋友，互相邀约，进行一些小组活动，培养宝宝的社交能力。	
活动评析	这一活动从幼儿的心理特点出发，运用幼儿喜闻乐见的多种活动形式，唤起幼儿生活中热爱大自然、走进大自然、亲近大自然的情感，进一步让家长也回归童年，和宝宝一起体验童年的快乐，拉近亲子之间的关系。家长的共同参与，让宝宝进一步体验到集体生活的温馨与快乐，同时，也为大家提供了交流的机会，无论是大朋友还是小朋友，这次活动无疑是一次快乐的盛会。	

精选案例之106　　社会活动：生日Party

适用年龄范围		活动形式	活动设计
2~3岁		集体	李玲
活动目标	宝宝	1. 意识到人是一天天慢慢长大的。 2. 初步理解生日的含义，增进对成人与同伴的感情。 3. 树立集体意识，学习如何与同伴合作。	
	家长	1. 指引家长与孩子有效沟通，分享其成长的喜悦，增进亲子之间的情感交流。 2. 提升家长对孩子进行情感教育的意识与能力，培育幼儿关心同伴、喜爱同伴的感情。 3. 家长积极为孩子创造交往的机会，鼓励孩子主动与人交往、合作。	

活动准备	1. *知识经验准备*：通过家长的指引,让宝宝了解自己婴儿期和现在的不同。 2. *环境准备*："我小时候"的照片展览以及婴儿用品的展览。 3. *教具准备*：生日蛋糕一个、事先准备好的生日卡片、生日快乐的歌曲、制作拉花的材料。	
活动依据	宝宝通过交往,把自身信息传递给他人,同时,也反馈另一个人的情绪、感情和态度。培养宝宝的交往能力,就是创造条件让宝宝学习传递和接收信息,学习交往,学习分享。对于2～3岁的宝宝来说,分享并不是一件容易的事情,意味着你必须放弃一些自己的东西。从这一要求出发,本活动采用了宝宝比较感兴趣的过生日为主线,让幼儿在成人的关注和爱护下,更好地学习与人分享,对发展幼儿社会交往能力是很有必要的。由此出发,活动过程中的情感教育是非常重要的,通过培养关心他人,使别人快乐的情感需求,宝宝将会学会理解自己与别人的关系,这对他们的社会性发展是极有利的。	
活动流程	亲子参观、并谈话→亲子制作,布置教室→分享蛋糕→赠送礼物→小结	
	指导宝宝	**指引家长**
活动过程	**一、亲子参观,并谈话** 　　5～8分钟的亲子参观。 　　提问：(1) 生日会上物品名称? 做什么用的? 　　　　　(2) 你现在还可以用这些东西吗? 为什么? **二、亲子制作,布置教室** 1. 请出今天的小寿星,交代今天的活动。 　　(1) 今天的小寿星跟平常穿的有什么不一样? 　　(2) 跟小寿星的婴儿期的照片比比,有什么地方不同? 　　　　小结：启发幼儿明白,过一次生日代表长大一岁,今天的小寿星过了今天的生日也就长大一岁了,会做好多好多的事情了。 2. 亲子制作,布置教室。 　　(1) 教师将自制的几种拉花展示给宝宝和家长,请幼儿各自选择一种自认为最漂亮的拉花观察欣赏。 　　(2) 教师交代制作方法：同样的一个个拉花,向上下、左右连续地粘接起来,就能变成长长的彩带。请宝宝自由结合,几人一组试一试。 　　(3) 组织宝宝和家长把全班的拉花粘起来,挂在教室里。 **三、分享蛋糕** 1. 感受音乐情绪,请出小寿星。 　　(1) 听音乐唱生日歌,边听音乐边拍手。 　　(2) 小寿星点蜡烛,许愿。 　　(3) 吹蜡烛。 　　(4) 在音乐的伴奏下,家长和宝宝按节拍拍手。 2. 由小寿星和家长一起分发蛋糕。 　　(1) 由寿星的家长帮忙切蛋糕、分蛋糕。 　　(2) 听着音乐的伴奏,请小寿星一一分发蛋糕。 　　(3) 吃蛋糕。	🌊 指引家长用讲故事的方式,不断描绘情节,给予适当的协助。 🌊 家长跟宝宝一起说一说,可以给予一些提示和梳理,尽量让孩子自己说出来。 🌊 家长为宝宝创造和同伴交流的机会。必要时,协助宝宝粘结拉花,并主动协助老师布置。 🌊 家长指导宝宝按节奏正确拍手。 🌊 在接受到小寿星分发的蛋糕的同时,引导宝宝使用礼貌语言,能力强的可以说一些祝福的话语。

续表

活动过程	四、赠送礼物 在音乐的伴奏下,教师宣布开始赠送礼物,请宝宝把事先准备好的生日礼物送给过生日的小朋友。收到礼物的小朋友给送礼物的小朋友说一句感谢的话。 五、小结 今天的小寿星很开心,不仅收到了祝福和礼物,而且还和大家一起共同分享了生日蛋糕,那除了小朋友有生日还有谁有生日呢? 请大朋友回家和宝宝一起探讨哦!	🐟 积极鼓励平时比较孤僻的幼儿。
活动延伸	1. 引导幼儿了解家庭成员的生日,如:爸爸、妈妈、哥哥、姐姐、爷爷、奶奶等。 2. 我们的祖国也有生日,知道10月1日是祖国妈妈的生日。 3. 丰富宝宝的知识,可以适当了解动植物的年龄等,加深宝宝对生日概念的理解。	
活动评析	这组活动通过"我小的时候"来作为生日会的切入点,创造条件让幼儿学习传递和接收信息——自己长大了。学习交往,部分是学习分享。宝宝通过"布置教室""分享蛋糕""赠送礼物"等去进行交往,但分享并不是一件很容易的事,从这一要求出发,让宝宝在成人的关注和爱护下,更好地学习与人分享,关心周围的人,同时,通过延伸活动,来扩展幼儿"其他人"的概念,由家长进一步指导宝宝了解"大家都有生日"的概念。	

🎈 **精选案例之107** 社会活动: 我的好妈妈

适用年龄范围		活动形式	活动设计
2~3岁		集体	李玲
活动目标	宝宝	1. 感受歌曲优美、亲切、动听的旋律,根据歌词的内容用适当的体态语言,体验关心、体贴妈妈。 2. 萌发关心、热爱妈妈的情感。	
	家长	1. 指引家长与孩子有效沟通,分享成长的喜悦,增进亲子之间的情感交流。 2. 提升家长对孩子进行情感教育的意识与能力。	
活动准备	1. 知识经验准备:通过家长的指引,让宝宝了解平常爱宝宝的一些表现,以及自己能为妈妈做的事情。 2. 教具准备:相应的情景图片、录音带、椅子1张、茶杯1只、拖鞋1双。		
活动依据	2~3岁的宝宝独立意识更强,"自我中心"意识较以前来说更加明显、突出,很少顾及别人的感受,需要在成人的指引下,逐步对他人的情绪情感有所认知。良好的音乐活动,是情感教育的一种重要方式。2~3岁宝宝对事物的认识过程是直观、形象的,因此在音乐活动中进行情感教育应该是形象生动、情境性的。本活动将通过情境性的音乐活动,以宝宝对最熟悉、最亲近的人——妈妈的情感理解为切入点,选取《我的好妈妈》这一首旋律优美动听、节奏简单、歌词生动形象的歌曲,唱出宝宝爱妈妈、关心妈妈、照顾妈妈的情感,使宝宝在欣赏、感受,学习歌唱的同时,知道妈妈的辛苦,萌发关心妈妈、热爱妈妈的情感。		
活动流程	亲子谈话→感知妈妈的爱,体验歌词内容→学习歌曲→小结		

	指导宝宝	指引家长
活动过程	**一、亲子谈话** 　　2～3分钟有关妈妈的亲子谈话。 　　提问：(1)你的妈妈平常做什么事情？ 　　　　　(2)你在家帮妈妈做什么呢？ **二、感知妈妈的爱,体验歌词内容** 1. 通过情景表演让宝宝初步感知妈妈每天工作都很辛苦。 　　(1)(引出情景一,了解妈妈很爱自己,宝宝回忆并初步感知妈妈的爱)猫妈妈下班回来,非常累,还要帮宝宝做好吃的食物,做卫生,还要帮宝宝洗澡,最后猫妈妈累得病倒了。提问：你的妈妈回到家是怎么爱你们的？ 　　(2)(引出情景二,观看猫宝宝是怎么关心猫妈妈的)猫妈妈下班,猫宝宝给妈妈拿包,给猫妈妈搬椅子,给猫妈妈端一杯茶,亲亲猫妈妈……提问：猫宝宝关心妈妈先做了什么？后为妈妈做了什么？最后又做了什么？ 　　小结：根据歌词的顺序并出示相应的图片：妈妈上班,劳动一天,多辛苦呀！好宝宝真乖,搬椅子让妈妈坐下,给妈妈倒一杯茶喝,亲亲妈妈,宝宝真是个好孩子。 2. 掌握歌词的顺序。 　　(1)老师手指图片,按照音乐的节拍、节奏、速度、力度念歌词。 　　(2)幼儿跟读,在跟读的过程中,练习咬准字音：下班、喝茶、您。 　　　　解释难理解的词：辛苦、劳动等。 **三、学习歌曲** 1. 感受音乐情绪。 　　(1)听一遍音乐,问："好听吗？" 　　(2)边听音乐边拍手。 　　(3)在音乐的伴奏下,按歌曲内容做哑剧情景再现："这首好听的歌曲,讲的是刚才猫宝宝关心妈妈的事情。" 　　(4)在音乐的伴奏下,进行哑剧表演第二遍："我们一边看表演,一边拍手,用小手表扬好宝宝。"家长和宝宝按节拍拍手。 2. 在情景中感受歌曲、学习歌曲。 　　(1)家长扮演妈妈,请小朋友跟着老师一起有节奏地边念歌词边进行情景表演。 　　(2)听歌曲录音,根据歌曲内容表演。 　　(3)请宝宝观看 VCD《我的好妈妈》。 **四、小结** 　　宝宝们都有一位好妈妈,妈妈爱我们,我们爱妈妈,我们要做一位听话的好宝宝。	🐟 指引家长与宝宝一起讨论,给予适当的协助。 🐟 家长跟宝宝一起说一说,可以给予一些提示和梳理,尽量让孩子自己说出来。 🐟 家长帮助宝宝纠正在跟读的过程中宝宝容易出错的字音。 🐟 家长指导宝宝按节奏正确拍手。 🐟 在表演的过程中家长要用积极的态度和表情去感染宝宝。
活动延伸	1. 跟宝宝一起回忆宝宝小时候的样子,条件允许的情况下,可以让宝宝看看小时候的 DV 或者照片。 2. 在家里可以跟宝宝一起玩过家家的游戏,可与宝宝进行互换角色,让宝宝扮演妈妈或者是爸爸,帮助宝宝感受游戏的快乐与亲情的温馨。 3. 让宝宝做力所能及的事情,学会关心父母。	

续表

活动评析	这一活动从幼儿的心理特点出发,运用幼儿喜闻乐见的多种活动形式,唤起幼儿生活中时时体验着的母爱,并因势利导,使宝宝这种"妈妈爱我们"的体验自然地生发成"我们爱妈妈"的强烈感情。幼儿在通过艺术、实践等活动表达"我们爱妈妈"的感情的过程中,不仅获得了对妈妈的进一步了解,加强了母子感情,而且发展了自己多方面的能力。

精选案例之 108　　环境认知活动：我和大树在一起

适用年龄范围	活动形式	活动设计
2～3 岁	集体	李玲

活动目标	宝宝	1. 了解大树的成长过程。 2. 引起幼儿对大树的奇妙遐想和兴趣,以及保护大树从我做起的决心。
	家长	1. 指引家长与孩子共同参与制作,增进亲子之间的感情。 2. 提升家长对孩子进行保护环境的教育意识。

活动准备	1. *知识经验准备*：通过家长的指引,让宝宝了解马路旁边常见的树种及名称。 2. *自然环境准备*：在幼儿园找一棵较大的树。 3. *教具准备*：一套有关大树成长过程的图片、制作树的组合造型材料一份。

活动依据	环境可以分为自然环境和社会环境,一个人的环境包括了他周围的一切有生命和无生命的、自然的和社会的事物。由于2～3岁宝宝年龄小,对环境的认识很有限,可以引导帮助他们了解和熟悉周围的环境,并藉此使他们更好地适应生活,热爱自己的生活环境,同时,树立应有的环境意识,形成保护环境的观念,通过选取《我和大树在一起》这样的一个活动,让宝宝有更多的机会接触大自然,欣赏大自然中万千的美,这也是培养宝宝高尚的审美情趣、进行审美教育的好机会,也提升了家长对孩子进行环境保护的教育意识,正确引导幼儿关心周围的环境,关心大自然。

活动流程	亲子观察→了解并感受大树成长的过程→亲子制作→小结

活动过程	**指导宝宝**	**指引家长**
	一、亲子观察(2～3分钟) 　　和宝宝一起摸摸大树粗糙的"皮肤",看看树身上的枯洞,找找枯枝等。 　　提问：(1) 你发现大树妈妈的皮肤上有什么呢? 　　　　　(2) 一圈一圈的是什么呢? **二、了解并感受大树成长的过程** 1. 讨论： 　　(1) 大树小时候是什么样子的? 　　待宝宝充分想象后,老师出示图片,展示大树成长的各个重要环节。 　　(2) 大树有多大年纪了? 　　让宝宝充分猜测、想象,最后老师可用比喻加以说明。	🐳 指引家长与宝宝一起观察,给予适当的协助与解释,如：大树上有"年轮"的,家长可以对宝宝稍加解释等。 🐳 家长跟宝宝一起说一说,可以给予一些提示和梳理,尽量让孩子自己说出来。

活动过程	小结： 大树也是从一粒种子通过发芽、长叶、长枝,慢慢长大的,并且这棵大树的年纪呀,差不多有爷爷奶奶一样大了。 2. 感受大树的身体。 　请家长和宝宝手拉手,把胸贴紧树干,尽量张开两臂,量量幼儿园的大树有多粗。 **三、亲子制作** 1. 出示材料: 　引导幼儿观察材料框的材料,有绿色的手工纸、冰淇淋木棒、乳胶和作品展示卡纸。 2. 交代制作过程。 3. 家长协助宝宝制作,教师轮回指导。 **四、小结** 　我们和大树在一起,大树是我们的好朋友,我们要保护大树。	🐟 家长指导宝宝正确使用操作材料,注意不要以大人的眼光来看宝宝作品,对于大胆主动操作的宝宝给予积极的鼓励,对于宝宝还不能操作的材料给予协助并注意操作安全。
活动延伸	1. 带领宝宝定期到室外观察树木,知道树有各种名称,树叶有不同形状。 2. 知道"植树"具有纪念意义:带宝宝参观仙湖植物园,观看国家领导人亲手种的树等。 3. 家长陪伴宝宝到书城阅读各种树木的书籍。	
活动评析	该活动以了解树木、保护树木为主题,组织了较为丰富的教育内容。教师一方面注意创设良好的教育环境,一方面充分利用多种多样的活动形式,使宝宝的认知、情感和操作活动统一于充满思想性和游戏性的教育过程中,较好地达到了活动目标的要求,也提升了家长对孩子进行保护环境的教育意识,提供了教育的丰富资源,起到了提示与指导的作用。	

🎈 **精选案例之 109**　　社会认知活动：**参观蛋糕厂**

适用年龄范围		活动形式	活动设计
2～3 岁		集体	王峥
活动目标	宝宝	1. 知道好吃的蛋糕是在蛋糕厂里做出来的,而且制作时要有很多步骤。 2. 体验与同伴参观蛋糕厂、品尝蛋糕的快乐。	
	家长	1. 和宝宝在参观时注意安静,不打扰工作人员正常工作。 2. 保持蛋糕厂的整洁,体验与宝宝一同参观的乐趣。	
活动准备	1. *知识经验准备*:让宝宝知道在蛋糕厂里不能乱动东西、大声讲话,见到叔叔阿姨要有礼貌。 2. *教具准备*:一次性碗碟和叉子、音响、话筒、垫子等。		
活动依据	在宝宝的生活经验中只知道自己吃的蛋糕是在蛋糕店或超市里面买来的,对于蛋糕是怎样生产出来的全然不知,所以我们老师和家长要多给孩子提供了解这些知识的机会和环境,让宝宝在走一走看一看的过程中了解蛋糕厂,知道在蛋糕厂的叔叔阿姨很辛苦!并知道蛋糕的营养,吃了对身体有好处。		
活动流程	自行前往蛋糕厂门口集中→按照指引人员要求进行参观→观看蛋糕制作程序→活动结束		

续表

指导宝宝	指引家长
一、自行前往蛋糕厂门口集中 　　家长带宝宝自行前往蛋糕厂，8：50准时到达银湖巴比伦蛋糕厂门口集合。 **二、按照指引人员要求进行参观** 　　先排好队，每班由老师带队，跟着蛋糕厂指引人员按顺序参观，消毒室——更衣室——搅蛋室——和面室——制作室等。（小朋友参观时，老师负责把凳子提前放在大的参观室，摆成马蹄形） **三、观看蛋糕制作程序** 1. 宝宝和家长坐在餐馆大厅里（场地有限，每家只能有一个家长陪同就座），请家长站在孩子后面。蛋糕师傅讲解和演示做蛋糕的各种程序（搅蛋——和面——制成蛋糕等）。 2. 请小朋友和家长品尝蛋糕，发给宝宝和家长纸碟和叉，蛋糕师傅分发蛋糕每人一块，大家品尝。 **四、活动结束** 　　老师带领小朋友来到附近草地上，欣赏春天，玩亲子游戏。活动结束！	🌊 在自行前往时注意交通安全，准时到。 🌊 参观时引导宝宝不吵闹、不乱动东西，在阿姨讲解时引导宝宝注意倾听。 🌊 家长引导宝宝注意观看蛋糕师傅表演。 🌊 分发蛋糕时，引导小朋友学会等待，吃完把纸盘和叉子丢到垃圾桶。 🌊 家长和宝宝手牵手做游戏，和宝宝一起感受亲子互动的快乐。

活动延伸
1. 爸爸妈妈有空带宝宝去参观玩具厂、污水处理厂、牛奶厂等，让宝宝知道很多东西都是怎样来的。
2. 宝宝过生日时邀请其他宝宝一起参加，分享蛋糕时引导宝宝回忆蛋糕是怎样做出来的。

活动评析
　　2～3岁宝宝的活动应该挑选他们最为熟悉的内容，蛋糕是宝宝十分喜欢的食品，而且他们对过生日时的奶油蛋糕记忆特别深刻，因此从蛋糕引出的活动容易激发孩子的兴趣。当今社会注重人与人之间的交往与沟通，因此通过孩子参观活动，培养孩子大胆讲述的能力，并互相交流，既达到了让宝宝了解生活常识，又提高了宝宝的语言表达能力。

精选案例之110　社会交往活动：和哥哥姐姐在一起

适用年龄范围	活动形式	活动设计
2～3岁	集体	王峥

活动目标	宝宝	1. 愿意和大班哥哥姐姐手拉手做游戏。 2. 体验和哥哥姐姐做游戏的快乐。
	家长	1. 学会放手，放心把宝宝交给大班小朋友，跟在后面保护幼儿安全。 2. 发现宝宝和哥哥姐姐玩的快乐点滴。

活动准备	1. *知识经验准备*：提前一天告诉小朋友，明天会有哥哥姐姐和宝宝牵手一起玩，让宝宝有心理准备，并让宝宝给哥哥姐姐准备小礼物，到时互换。 2. *教具准备*：小凳子、音乐CD。

活动依据	2～3岁的宝宝大都是独生子女,在幼儿园或家里体验不到与比自己大的哥哥姐姐一起玩的乐趣,"大带小"活动是非常有必要的。"大带小"活动,让宝宝有跟不同人交往的经验。同时,哥哥姐姐的已有经验相对宝宝多一点,可以教宝宝一些好玩的游戏和玩具方法,也能发挥异龄幼儿之间的教育潜力,促进孩子间自主的"教与学"。	
活动流程	一对一找朋友→节目展示→大手拉小手→交换礼物→结束活动	
	指导宝宝	**指引家长**
活动过程	**一、一对一找朋友** (1)亲子班宝宝围成半圆坐在教室,家长们到旁边坐。 (2)大班朋友到班级来,请大班的哥哥姐姐一对一,坐到宝宝后面。老师引导宝宝们鼓掌欢迎哥哥姐姐,转过去跟哥哥姐姐鞠躬、握手。 **二、节目展示** 1.大班姐姐表演唱歌《春晓》。 2.大班哥哥表演武术《霸王别姬》。 3.亲子班宝宝表演儿歌《哈巴狗》《小猪睡觉》。 **三、大手拉小手** 哥哥姐姐的人数多采用二对一的形式,两个大朋友牵一个弟弟或妹妹的小手。 (1)下楼,提醒大班小朋友下楼时注意安全,保护好弟弟妹妹。 (2)玩小车,大班哥哥姐姐给弟弟妹妹找一个小车,让他坐进去,一个哥哥在前面慢慢跑,让弟弟追他,一个姐姐在后面跟着保护弟弟妹妹安全。老师用摇铃陪着弟弟妹妹放小车回家。 (3)大型玩具。哥哥姐姐牵着弟弟妹妹的手,到大型玩具场地自由活动,弟弟妹妹告诉哥哥姐姐想玩什么,让他们带着去玩。 **四、交换礼物** 请弟弟妹妹将礼物送给哥哥姐姐,并说一句祝福的话。哥哥姐姐送一件小礼物时,要说谢谢哥哥姐姐。 **五、结束活动** 集中到大操场台阶拍照,和哥哥姐姐说再见。	🐳 观察宝宝的注意力,如果有的宝宝到处跑,请家长参与管好。 🐳 坐在旁边给予宝宝眼神的鼓励,让宝宝有自信给哥哥姐姐表演节目。 🐳 大手拉小手时家长不用跟得太近,但视线里一定要有宝宝。 🐳 引导宝宝在送礼物时对哥哥姐姐说一句话,在接受礼物时会说谢谢。 🐳 引导宝宝主动和哥哥姐姐说再见。
活动延伸	1.宝宝跟爸爸妈妈说一说今天哥哥姐姐带自己做了什么事情,自己很开心。 2.回家后主动找小区的哥哥姐姐玩。	
活动评析	"大带小"活动为幼儿提供了一个缩小型的"社会环境",有效地提高了幼儿的语言组织能力。不同年龄幼儿之间为了达到交流目的,大龄幼儿对小龄幼儿进行详细讲述和解释,而小龄幼儿必须组织自己的言语思维以领会大龄幼儿的含义,在这个讲述和理解过程中各年龄层次幼儿语言能力都得到了提高。	

精选案例之 111 康健/社会活动：全球洗手日

适用年龄范围	活动形式	活动设计
2～3 岁	集体	王峥

<table>
<tr><td rowspan="2">活动
目标</td><td>宝宝</td><td>1. 知道我们在什么时间要洗手及洗手的好处。
2. 通过活动掌握洗手的基本方法。</td></tr>
<tr><td>家长</td><td>1. 指引家长与孩子互动让宝宝掌握洗手的基本方法。
2. 通过导读让宝宝对洗手感兴趣,做个爱干净的好宝宝。</td></tr>
<tr><td>活动
准备</td><td colspan="2">1. 知识经验准备:通过看老师的动作能看出老师在洗手。
2. 教具准备:教师用大书一本、每人导读小书一本、洗手故事视频、音乐 CD 等。</td></tr>
<tr><td>活动
依据</td><td colspan="2">　　2～3 岁的宝宝对洗手的认识不强,如果单独问宝宝你为什么洗手呀,他们会吱吱呀呀说不清为什么。有些宝宝是为了玩水玩泡泡才去洗手的,家长引导不积极,有时到了上课时间,宝宝小便完就直接跑到教室来了,或者喂完小兔子宝宝着急到大型玩具场玩去了,家长也忘了洗手这回事。10 月 15 日是全球洗手日,老师抓住这个时机,来设计一个活动,目的是提高家长和宝宝的生活卫生习惯,让家长知道培养宝宝的卫生习惯是要靠坚持,不能着急做事情而忽略了洗手环节。让宝宝知道什么时候是要洗手的。</td></tr>
<tr><td>活动
流程</td><td colspan="2">猜猜老师在干嘛→观看视频了解洗手的好处→学习洗手的正确方法→共读儿歌→小结</td></tr>
</table>

	指导宝宝	指引家长
活动 过程	**一、猜猜老师在干吗** 1. 请小朋友坐坐好,睁大眼睛看看老师在干嘛。 　音乐响起,老师跟着律动音乐做洗手的动作。 　动作顺序:打开水龙头→冲湿手→关掉水龙头→打肥皂、搓泡泡→打开水龙头→把肥皂冲掉→关掉水龙头→甩一甩→取下小毛巾擦擦手→闻一闻。 2. 老师把手打开给每个宝宝看一看、闻一闻,告诉小朋友和家长 10 月 15 日是全球洗手日。 **二、观看视频了解洗手的好处** 1. 请宝宝认真观看第一段,说一说,视频里面发生了什么事情? 　(1) 视频里面的小朋友玩好玩具回家吃饭洗手了吗?(没有) 　(2) 吃完饭和水果发生了什么事情?(肚子痛) 　(3) 他为什么会肚子痛呢? 2. 请大家观看视频第二段,说一说后面又发生了什么事情? 　(1) 妈妈想了什么办法把宝宝的病治好了? 　(2) 宝宝后来是不是变得爱干净讲卫生了? 3. 宝宝说一说,每天在什么时间要洗手。 　小结:宝宝要在每天早、中、晚餐前洗手,还要在便后和吃东西前洗手,我们玩了小兔子、沙子后也要洗手的,只要小手干净了,细菌、病毒就会远离我们。	★ 指引家长与宝宝一起注意看,老师在做什么,并引导宝宝说一说。 ★ 家长跟宝宝一起说一说,可以给予一些提示和梳理,尽量让孩子自己说出来。

活动过程	**三、学习洗手的正确方法** 1. 出示大书。 　　老师出示大书,给宝宝们读一读里面的话。 2. 和老师一起学洗手。 　　(1) 让宝宝把小手伸出来,和老师按步骤学习洗手的方法(一遍)。 　　(2) 跟着音乐节奏洗手(一遍)。 　　(3) 老师来闻一闻谁的小手洗得既干净又香喷喷。 **四、共读儿歌** (1) 每个宝宝一本小书,家长引领宝宝读一读儿歌,加深宝宝对儿歌的印象。 (2) 请宝宝两只手将小书送给老师。 **五、小结** 1. 提问今天是什么节日? 2. 请宝宝做个小主人,关心自己和家人的健康,也要提醒爸爸妈妈多洗手。	🔱 家长帮助宝宝丰富洗手的知识,鼓励宝宝说一说、动一动。 🔱 家长指导宝宝跟读,家长读一句宝宝读一句。第二遍让宝宝自己说家长提醒个别的字。
活动延伸	1. 在家里,家长协助宝宝一边复习儿歌,一边引导宝宝用正确的方法洗手。 2. 注意宝宝的小手如果起红疹,马上去看医生。 3. 和爸爸妈妈进行洗手比赛,看谁洗得又白又香。	
活动评析	本次活动让宝宝们知道有一个全球洗手日,通过观看视频和讨论等方式,知道了洗手的重要性。并且通过老师示范、大书导读、小书共读让宝宝学会和记住洗手的正确方法。	

精选案例之 112　社会活动：建构大比拼

适用年龄范围		活动形式	活动设计
2~3 岁		集体	李玲
活动目标	宝宝	1. 学习如何与同伴合作。 2. 体验和好朋友一起玩的乐趣。	
	家长	1. 指引家长鼓励宝宝大胆表达自己的想法,引导宝宝与大家合作拼搭。 2. 让家长参与其中,感受与宝宝一起建构的乐趣,并引导宝宝与同伴合作。	
活动准备	1. 知识经验准备:观察自己家周围不同的建筑,如:立交桥、楼房等。 2. 教具准备:建构积木(分为大块的和细小的)五大筐。		
活动依据	这一时期的宝宝动手操作能力逐渐稳定与协调,小手对积木的操作也日趋精细和准确,让宝宝进行搭建造型,以发展宝宝的观察力、思维力,培养其空间知觉。选取"建构大比拼",在家长的协助下,宝宝自主地建构自己熟悉的建筑,活动后期的参观又一次增强了宝宝在游戏中的专心、投入,从中得到快乐,懂得关心周围的事物。		
活动流程	亲子谈话→观察积木→积木建构→一起参观→结束活动		

	指导宝宝	指引家长
活动过程	一、亲子谈话 　　提问：1. 今天，谁来跟我们做游戏啊？（积木） 　　　　　2. 你们想用积木做什么呢？ 二、观察积木 　　出示不同的积木，引导宝宝观察。 　　提问：1. 出示不同材质的积木，引导宝宝观察这些积木有什么不一样？ 　　　　　2. 它们的形状一样吗？ 三、积木建构 1. 将宝宝分成两大组，分别从操场的两端开始，老师站在操场的中心，开始比赛修路，看哪一组搭得又快又好。 2. 路修好了，家长引导宝宝在路边或者中间搭一些房子、游乐场、医院等。 四、一起参观 　　老师扮演导游，带领家长和宝宝一起参观搭好的建筑，请宝宝介绍有代表性的建筑。 五、结束活动 　　播放轻音乐，大家共同一起收积木。	🐟 家长引导宝宝大胆讲述。 🐟 家长与宝宝一起回答老师提出的问题。 🐟 家长鼓励宝宝积极参与活动，尊重宝宝的想法，协助宝宝搭建。
活动延伸	1. 回家的途中，可以引导宝宝观察不同的建筑。 2. 在家里可以引导宝宝搭建得更加精细。	
活动评析	宝宝在家长的协助下，搭出了立交桥、别墅村、高楼大厦等，整个活动都是在轻松的亲子互动中完成，宝宝会把在游戏中获得的感受和情感，转移到自己的现实生活中去，加深了宝宝对周围事物的关心，进一步积累了宝宝的经验。	

精选案例之 113　种植活动：小种子

适用年龄范围		活动形式	活动设计
2～3岁		集体	李玲
活动目标	宝宝	1. 了解小种子的成长过程。 2. 对小种子的奇妙遐想和兴趣，以及爱护大自然从我做起的决心。 3. 通过照顾小种子，培养责任心。	
	家长	1. 指引家长与孩子共同参与制作，增进亲子之间的感情。 2. 提升家长对孩子进行保护环境的教育意识。	
活动准备	1. *知识经验准备*：通过家长的指引，让宝宝了解所种小种子的名称。 2. *自然环境准备*：在幼儿园找一块放种子的地方。 3. *教具准备*：准备好一种植物的种子、花盆一个、适量的土、洒水壶、小铁锹等。		

续表

活动依据	由于各种活动中蕴含了很多宝宝需要获得的关键经验,"寓教育于一日生活之中"是亲子教育的重要特征,特设计了种植活动"小种子",通过宝宝分享种子、播种以及观察种子的发芽等,在培养宝宝观察能力的同时,丰富了宝宝的生活经验,进一步提升宝宝保护环境的意识。
活动流程	亲子观察,观察种子的颜色形状→了解种种子需要的工具及基本方法→亲子种植→小结

	指导宝宝	指引家长
活动过程	一、亲子观察,观察种子的颜色、形状 　　提问:1. 今天你们都带了什么植物的种子? 　　　　　2. 你带的种子是什么样子的? 二、了解种种子需要的工具及基本方法 　　提问:1. 种种子需要哪些工具呢? 　　　　　2. 怎么将小种子种好呢? 　　小结:种种子需要用小铁铲在花盆里的土中挖个小坑,再用少量的土帮小种子盖好被子,最后拿出洒水壶,轻轻地浇点水。 三、亲子种植 1. 出示工具: 　　引导幼儿观察自己所带的工具,主动说出其名称。 2. 交代制作过程。 3. 家长协助宝宝种植,教师轮回指导。 四、小结 　　我们和种子一起成长,种子是我们的好朋友,我们要爱护它、照顾它,让它快快长大。	🐚 指引家长与宝宝一起观察,给予适当的协助与解释。 🐚 家长跟宝宝一起说一说,可以给予一些提示和梳理,尽量让孩子自己说出来。 🐚 家长指导宝宝正确使用操作材料,对于宝宝还不能操作的材料给予协助并注意操作安全。
活动延伸	1. 观察种子发芽。 2. 观察长出的叶片等。	
活动评析	春天的秘密之一就是小种子的生长,宝宝每天拿着洒水壶照顾小种子,尤其在宝宝的关注和爱护下,小种子发芽了,宝宝体验到成功的快乐,并通过交往,把种子的信息传递给他人,让宝宝更好地与人分享了成功的快乐。	

🎈 **精选案例之 114**　　社会活动:美食节

适用年龄范围		活动形式	活动设计
2~3岁		集体	李云艳
活动目标	宝宝	1. 观察与发现我们身边的美食,体验分享劳动成果的乐趣。 2. 独立自主的意识。	
	家长	1. 在筹备的过程中,我们将"美食文化"作为家长们学习的一个良好契机,通过观察、品尝、交流等方式,了解美食名称、味道及制作方法。 2. 将制作的美食资料放置在美食上方进行物文对照的展示,供大家学习。	

活动准备	*家庭准备*：1. 请每个家庭设计一份在美食节上用的菜谱，并附照片。2. 自备美食及餐具，包括自用的碟、勺和公用的勺一把。 *教师准备*：圆点贴纸若干。	
活动依据	宝宝的年龄特点决定了他们对物质世界的认识需要借助于对物体的直接操作，而吃是宝宝最感兴趣的内容之一，所以借助"美食节"的形式，为家长与宝宝提供了互动、沟通和交流的平台，培养了宝宝良好的饮食习惯和一定的社交能力，也让大家在大饱口福的同时，感受分享的快乐。	
活动流程	布置环境→渗透礼仪→邀请嘉宾→分享美食→结束整理	
活动过程	**指导宝宝**	**指引家长**
	一、布置环境 　　指导：宝宝手执菜谱配合家长置于菜肴上方。 **二、渗透礼仪** 　　指导语：我们的美食节即将开始啦！所有的美食都已摆在桌面上，我们的宝宝和大朋友拿好盘子请逆时针方向排队取菜，先夹一点儿尝尝味道，如果喜欢下次再来盛，盛到盘子里的食物不能浪费噢！ **三、邀请嘉宾** 　　指导语：今天除了请宝宝做小评委，还将邀请几位嘉宾老师，谁愿意和大朋友一起去呢？ **四、分享美食** 　　指导：每人发一条圆点贴纸，大概 20 个左右。 　　指导语：宝宝们把贴纸贴在你觉得好吃的菜谱上，特别好吃的可以多给两个噢！ **五、结束整理** 　　指导：请宝宝和家长一同整理餐具，收拾垃圾。	🐳 提示家长考虑是否准备热菜，若家近且有人方便送来即可带。同时感谢家长们的积极参与。 🐳 家长需陪同宝宝一同取菜，指导宝宝"多次少量"，学会排队和等待。 🐳 指导宝宝说："我们在开展美食节，欢迎您来班级品尝美食……"
活动延伸	家长可以在家里尝试制作新学到的菜肴，请宝宝做评委。	
活动评析	家长和宝宝的积极性被充分调动起来，大家不由自主地进行交流学习，宝宝们讨论哪些菜肴好吃，家长们对自己感兴趣的美食咨询做法，还有的自发做起了义工，协助宝宝们夹菜……宝宝们通过感知、比较，大大提高了其探索欲望，再结合投票的反馈，感受到交流的乐趣，又提高了语言表达能力。该活动充分利用和挖掘了家庭资源，增进了亲子关系，有助于宝宝个性的完善和发展。	

附：幼儿营养健康食谱

幼儿姓名			
食谱名称			
种类		适应季节	

营养与功效			

<u>用料</u>(以单个儿童的用量计)

主料：　　　　　　　　　　辅料：

做法：

成品照片：

精选案例之 115　　社会交往活动：玩具大家一起玩

适用年龄范围	活动形式	活动设计
2～3 岁	集体	王峥

活动目标	宝宝	1. 学习怎样与同伴交往。 2. 培养分享意识，自己的玩具愿意和别人一起玩。 3. 体验和好朋友一起玩玩具的乐趣。
	家长	1. 指引家长鼓励宝宝大胆表达自己的想法，引导宝宝与大家分享玩具。 2. 让家长参与其中感受与宝宝一起玩具的乐趣，并引导宝宝怎样玩同伴的玩具。

活动准备	1. *知识经验准备*：宝宝在家里带一个喜欢的玩具，准备好怎样介绍自己的玩具。 2. *教具准备*：小猫、小兔、小狗手偶各一，音乐 CD。

活动依据	2～3 岁宝宝独占玩具的行为极为普遍，这跟现在小型化的家庭结构有着密不可分的关系。而这些独占倾向强烈的幼儿大多不太会与同伴相处，处处表现以自我为中心。因此，有意识、有针对性地培养幼儿的分享行为，能帮助幼儿建立良好的人际交往能力。0～3 岁是宝宝社会交往态度与社会交往能力形成的重要时期，2～3 岁尤其重要，随着宝宝生活范围的扩大，成人应尽量创设条件，让宝宝自由交往，并引导宝宝之间一起游戏。针对我园亲子班孩子大多数不能在游戏中与其他同伴交往及分享他人的玩具的现状，我们决定让宝宝从家中带来一样孩子喜欢的玩具。

活动流程	故事欣赏→亲子介绍玩具→玩具分享→小结

	指导宝宝	指引家长
活动过程	**一、故事欣赏** 　　教师出示手偶小猫、小兔、小狗，两个老师配合表演故事。 　　附故事： 　　小猫和小兔是好朋友，有一天他们一起到草地上玩，小兔今天拿了一个非常漂亮的小木琴玩具，手指一敲它会发出很好听的声音。小猫今天带的玩具是每天都玩的小积木。小猫听到小兔的木琴声音真好听，好想摸一摸敲一敲呀！小猫走过去跟小兔说："小兔你的玩具我们俩一起玩好不好？"小兔马上说："不行，不行！"小猫有点难过地低下头，自己玩玩具！	🐚 家长引导宝宝一起认真听故事。

活动过程	嗒、嗒、嗒,什么声音? 原来是小狗在拍球,正往这边来呢,这个皮球真好看,小猫看到皮球跑过去说:"小狗、小狗我们一起玩皮球吧!"小狗说:"好啊,我们一起玩吧!"于是小狗和小猫一起玩皮球玩得好开心啊! 在一旁的小兔看到他们玩得好开心,也想参加! 于是它走过去说:"我能和你们一起玩吗?"小狗和小兔齐声说:"好呀,好呀!"小兔开心地说:"也可以玩我的木琴呀!"小狗和小猫听见说:"太好啦,太好啦!"三个小朋友一起玩,真开心啊。 提问: (1)刚刚的故事里面有谁?(小猫、小兔、小狗) (2)小猫要和小兔一起玩,小兔同意了吗? 你们觉得小兔这样好不好? (3)小狗在拍球,小猫要和小狗一起玩,小狗同意吗? 小狗棒不棒? 　　　小结:这个故事告诉我们玩具要一起分享,大家玩得才开心! 宝宝你们愿意和别人分享玩具吗? 二、亲子介绍玩具 (1)请家长和宝宝上来介绍自己带来的玩具怎样玩。 (2)每对亲子上来介绍,注意语言要简洁,节省时间。 三、玩具分享 (1)分享之前先教宝宝学习,要想和小朋友玩玩具,应该怎样说。 (2)自由分享,家长引导宝宝找喜欢的玩具,并会有礼貌地打招呼。 (3)教师播放轻音乐,让宝宝们在轻松愉悦的环境下自由分享。 四、小结 　　请宝宝说一说今天玩了几样玩具? 好不好玩? 和小朋友分享玩具开不开心?	🐟 家长与宝宝一起回答老师提出的问题。 🐟 家长鼓励宝宝大胆说出自己的想法。如你想玩他的玩具,他也想玩你的玩具怎么办呢? 通过家长的引导,孩子们会用礼貌用语交换玩具,体验分享带给自己的乐趣。
活动延伸	家长回到家里可以跟宝宝设计一个"欢迎到我家做客"的活动,家长跟孩子一起策划一次请客活动。让"客人"们坐在一起,鼓励孩子拿出自己的图书、玩具、可口的小食品,与小朋友一起分享。还有"过生日"活动中,让家长在家里主持自己孩子的生日会,让全班幼儿分享过生日的喜悦心情,再让大家来分享生日蛋糕,让幼儿从中体验分享的乐趣。	
活动评析	分享是一种奇怪的东西,因为我们把它分得越多,得到快乐也会越多。孩子们在分享活动中,相互了解、亲近,学会了如何跟别人一起玩、如何表达意愿以及如何处理争抢纠纷,有效促进了幼儿交往能力的提高。 　　这次活动老师给家长和宝宝提供了与别的宝宝交流分享的机会,在游戏中,家长引导宝宝主动与别的宝宝交换着玩玩具,教给宝宝解决问题的方法,家长们并用语言影响着宝宝,强化了宝宝的好行为。通过与别人一起分享玩具、一起游戏,使宝宝从中学会了与人分享的好行为,从中体验感受到了活动的乐趣。	

精选案例之 116　　社会活动：秋游园博园

适用年龄范围	活动形式	活动设计
2～3 岁	集体	王峥

<table>
<tr><td rowspan="2">活动目标</td><td>宝宝</td><td>1. 接触大自然,激发热爱自然的情感。
2. 萌发关心、热爱小花、小草、小树的情感。</td></tr>
<tr><td>家长</td><td>1. 指引家长与孩子有效沟通,分享孩子成长的喜悦,增进亲子之间的情感交流。
2. 感受亲子同游的乐趣。</td></tr>
<tr><td>活动准备</td><td colspan="2">1. 知识经验准备:知道活动具体位置及户外活动时的安全事项,带垫子、水壶、毛巾和宝宝换的衣服等。
2. 教具准备:喇叭、音响、音乐 CD、各游戏道具。</td></tr>
<tr><td>活动依据</td><td colspan="2">　　人类都有热爱大自然的天性,2～3 岁的宝宝也不例外,秋高气爽的 10 月正是秋游的好天气,我们走出幼儿园尽情享受大自然带来的清新和舒适。家长陪宝宝要有目的、有效果。平时爸爸妈妈陪宝宝的时间少,本次活动邀请爸爸妈妈参加,通过老师的策划和组织,让宝宝度过愉快、开心的一天,也让爸爸妈妈感觉到陪宝宝不仅仅是陪在他们身边,而是要对他们成长产生一定效果为目的,有计划地陪,才是高质量的亲子互动。</td></tr>
<tr><td>活动流程</td><td colspan="2">　　亲子集合,集体整队出发→温馨集体热身韵律操→趣味亲子小游戏→集体温馨分享→结束活动</td></tr>
<tr><td rowspan="2">活动过程</td><td colspan="2" style="text-align:center">指导宝宝</td></tr>
<tr><td>

一、亲子集合,集体整队出发

　　家长带领宝宝,找到各自的班级在园博园的门口集合,准备好自己的户外活动物品,有秩序地排好队。

二、温馨集体热身韵律操

1. 到达各自的班级活动场地,整理自己的物品。
2. 家长和宝宝一起找到空地,听到音乐,跟随老师一起进行热身韵律操。

三、趣味亲子小游戏

1. 集体亲子游戏。

　（1）小鱼游:

　　　规则:请宝宝拉着老师的衣服,一个接一个,家长搭起渔网,老师带领宝宝进行小鱼游的游戏。

　（2）小袋鼠:

　　附儿歌:小袋鼠,蹦蹦跳,

　　　　　左跳跳,右跳跳,

　　　　　跳到妈妈怀里来,

　　　　　妈妈亲亲小乖乖。

　　　规则:家长和宝宝手拉手边念儿歌边跳,当念到"跳到妈妈怀里来"时,家长将手抱住宝宝腋窝处,把宝宝抱起来,转一圈,亲亲宝宝。

</td><td>

🦈 指引家长鼓励宝宝尽量自己徒步行走,不怕苦、不怕累。

🦈 家长跟宝宝一起跳一跳,整理物品时,鼓励宝宝自己整理好自己的小物件。

🦈 家长两两组合手拉手举起搭成渔网,当唱到"快快捉住时"两手向下扣做捉小鱼的动作。

🦈 家长大声朗诵儿歌并帮助宝宝纠正在跟读的过程中宝宝容易出错的字音。

</td></tr>
</table>

续表

活动过程	（3）拉大锯： 　　附儿歌：拉大锯，扯大锯， 　　　　　　姥姥家门口唱大戏， 　　　　　　你也去，我也去， 　　　　　　我们一起去看戏。 　　规则：宝宝和家长面对面坐好，手拉手，前后摇。 （4）拉圆圈： 　　附儿歌：拉个圆圈走走， 　　　　　　拉个圆圈走走， 　　　　　　走呀走呀，走呀走呀， 　　　　　　看谁先蹲下。 　　规则：家长和宝宝一起拉成一个大大的圆圈，先顺时针走，一边念儿歌一边有节奏地走步，当念到最后一句的时候，考考大家的快速反应力，看谁先蹲下。 　2. 自由交往游戏。 　　吹泡泡，每人发放一份吹泡泡的工具，找到自己的好朋友，比一比看谁吹得多。 **四、集体温馨分享** 　　播放温馨的轻音乐，宝宝和家长一起动手打开野餐垫，几个家庭围在一起做，让宝宝学会与同伴分享食物。 **五、结束活动** 　　家长和宝宝一起收集垃圾，保护环境，有秩序地排好队，离开我们的活动场地。	🌊 在游戏过程中尽量让动作宝宝幅度大一些，这样可锻炼宝宝大肌肉的力量。 🌊 家长指导宝宝正确按节奏念儿歌，当说到"看谁先蹲下"时家长故意比宝宝慢一点蹲，让宝宝有成功感。 🌊 家长鼓励宝宝自己找朋友一起玩吹泡泡。 🌊 家长引导宝宝多交朋友，性格比较内向的宝宝家长可以主动示范，协助宝宝交朋友。
活动延伸	1. 把泡泡带回家，可以跟小区的小朋友一起玩吹泡泡的游戏。 2. 家长多联系，互留电话，下次可以小范围相约出游，给宝宝提供更多的社交空间。	
活动评析	通过本次活动，宝宝和家长进一步增进了亲子间的情感，也给家长提供了很多关于亲子郊游的经验，让宝宝感受到了亲近大自然、与同伴家长出游的快乐！也让家长认识到了陪宝宝游戏的重要性，家长之间也建立起友谊的桥梁。	

🎈 **精选案例之 117**　　社会活动：**自制饼干**

适用年龄范围		活动形式	活动设计
2～3 岁		集体	谢丽敏
活动目标	宝宝	1. 感受动手的快乐，满足好奇心和探索欲望。 2. 培养分享意识，体验和小伙伴一起分享食物的乐趣。	
	家长	1. 指引家长要放手让宝宝自己操作，肯定宝宝的成果。 2. 指引家长带领宝宝一起去交朋友，一起分享劳动成果。	

活动准备	1. *学具准备*：橡皮泥、和好的面粉、每人带两种坚果（杏仁、葡萄干、核桃、红枣等）。 2. *环境准备*：餐厅或便于操作的大桌子。 3. *知识经验准备*：通过美工活动用橡皮泥模拟制作饼干的经验。
活动依据	2～3 岁的宝宝正处于学习如何独立自主地活动的阶段，他们对身边的事物充满了好奇，对任何事物都极感兴趣，想亲手去探索。所以应为宝宝提供亲自操作、体验成功的机会。由于宝宝的手部小肌肉发展尚未成熟，进行一些针对性的活动可以促进宝宝小肌肉的发展。在宝宝玩橡皮泥的经验之上，自制饼干可以让宝宝自己动手去操作，真实地体验亲手制作食物的快乐并感受成功体验。
活动流程	制作饼干前洗手→交换坚果→制作饼干→亲子游戏→分享饼干

指导宝宝	指引家长
一、制作饼干前洗手 1. 宝宝用洗手液/肥皂彻底清洁双手。 2. 提醒宝宝洗干净的小手不要再到处触摸其他地方。 **二、交换坚果** 　　家长带领宝宝去交朋友，换取不同的坚果。 **三、制作饼干** 1. 取面团（约宝宝小拳头一半大小）。 2. 揉圆（真面团比橡皮泥松散，让宝宝多揉几下）。 3. 拍扁（要鼓励宝宝多拍几次面才结实）。 4. 造型（鼓励宝宝捏不同的形状）。 5. 加坚果（在面皮上按压小坑再放进去，不容易掉）。 6. 烤饼干（需要 15 分钟）。 **四、亲子游戏** 1. 拉个圆圈走走。 　　儿歌：*拉个圆圈走走，* 　　　　　*拉个圆圈走走，* 　　　　　*走呀走呀走呀走，* 　　　　　*看谁先蹲下/站好/跳起来。* 　　玩法：家长和宝宝一起拉成一个大圆圈，顺时针走，边念儿歌并有节奏地走步，当念到最后一句的时候，按照老师的口令进行动作。 2. 小钟摆。 　　儿歌：*小钟摆，摆呀摆，摆来摆去真好玩，摆来摆去不晕车，摆来摆去不晕船，我们一起转个圈。* 　　玩法：家长双手穿过宝宝的腋下并握紧，边念儿歌边将宝宝提起来左右摆动。 3. 自由活动。 **五、分享饼干** 1. 饼干烤好要晾 15 分钟。 2. 回到餐厅一起分享大家做的饼干。	🐟 家长引导宝宝完整清洁双手。 🐟 指引家长帮助宝宝取面团的量。 🐟 指引家长帮助宝宝固定坚果。 🐟 引导家长带宝宝去交朋友，与朋友交换饼干，分享不同的口味。

（左侧纵向合并单元格：活动过程）

活动延伸	1. 指引家长在家里要提供机会给宝宝做力所能及的事情。 2. 把课堂上的分享精神带到平日生活交往中。
活动评析	宝宝对饼干一点都不陌生,也经常可以品尝到各种不同口味的饼干。但是亲手制作饼干对宝宝来说是一种以往没有过的经验,非常新鲜。在活动操作过程中,宝宝体现出非常乐意去操作的欲望,对于自己完成的饼干都开心地向家长和小朋友"炫耀",家长也在此过程中观察到宝宝的动手水平,可根据宝宝的能力进行家里延伸练习。

第8单元

2~3岁婴幼儿节日娱乐活动设计与指导

一、节日教育活动概述

（一） 节日教育

节日是人类日常生活中的精华,它间隔出一个生活周期中的各个阶段,集中地展现各个阶段的含义,并在节日活动中,保留该民族文化中最精致、最具代表性的一面。我国的传统节日很多,其中最具影响力的主要有春节、元宵节、清明节、端午节、中秋节、重阳节等,这些传统节日是中华灿烂文化不可或缺的一部分,是中华五千年文化精华的沉淀,不仅包含人与自然的和谐,还包含了家庭和谐与邻里和睦的思想。

随着社会的发展,很多幼儿园自身也形成了很多特色的传统娱乐活动,如科技节、艺术节、运动会、合唱节。

节日教育是根据幼儿身心发展规律,利用各种节日或相关主题开展教育活动,创设相应的情境条件,采取活动模式,同时延伸到幼儿的家庭、社会活动中,家、园同步,社会参与,共同促进幼儿素质的全面发展。

（二） 婴幼儿节日教育的内涵及重点

节日教育的大部分目标,如风俗传统、饮食文化、娱乐文化等,既不能单靠讲解说理实现,也不是靠几次有组织的教育活动就能奏效,只有在社会生活实践这个真实而生动的大课堂里,才能有效地吸引幼儿积极主动地参与各种力所能及的社会生活实践,这是完成婴幼儿节日教育的基本途径。

开展婴幼儿节日教育活动,要贴近幼儿的生活经验,开展生动活泼的节日活动,让幼儿体验到节日的快乐,体现节日教育的价值。同时,也要汲取节日文化精华。节日文化作为历史文化积淀的一种记录,主要包括四个方面的内容:一、娱乐文化,如音乐、舞蹈,以及各种游戏与杂技;二、装饰文化,即年画、剪纸、刺绣、香包、纸扎、雕塑、焰火等各种艺术手段;三、饮食文化,即节日食品;四、思想文化,即节日风俗中集中反映出的传统伦理观念和道德观念、政治思想,以及与之紧密结合的礼仪。

开展婴幼儿节日与娱乐活动,重点要汲取节日文化精华,从构建设计节日教育课程和活动入手,使整个幼儿教育的内容、形式、手段和过程都具有贴近实际生活的真实生动的形态,然后从幼儿园内延伸到家庭、社会等幼儿活动的所有空间,促进婴幼儿身心素质的全面、综合发展。

（三） 婴幼儿节日教育的作用

传统节日在幼儿园的教育价值表现在两方面,一是传统节日教育是文化传承的重要途径;二是传统节日教育是促进幼儿发展的重要手段。我们认为,节日教育的意义在于:一是帮助幼儿形成中国传统美德,二是促进幼儿的社会性发展,三是给幼儿带来身心愉悦,使其体会爱的情感。

二、婴幼儿节日与娱乐活动设计与指导

（一）目标设计

根据 2～3 岁婴幼儿身心特点及发展需要,我们将节日与娱乐活动的主要目标定位在四方面:一是感受、了解节日与娱乐活动的文化、习俗、传承等;二是在活动中通过体验交往,促进婴幼儿社会性发展;三是让婴幼儿在丰富多彩的活动中,愉悦身心,感受爱的情感;四是提高监护人进行节日与娱乐活动教育的意识与能力。

（二）内容设计

在节日与娱乐活动内容选择上,我们要重点考虑对节日主题的选择。3 岁前的婴幼儿,对一些政治意义比较大的节日,如"国庆节""建军节"等印象不深刻,这与幼儿的认知水平有关。"国家""党""军队"的概念比较抽象,幼儿还难以把握,因此,不太适宜选择这类的节日开展庆祝活动。对 2～3 岁的婴幼儿来说,一些传统节日如端午、中秋,还有一些与他们自身联系比较密切的节日,如六一儿童节、三八妇女节,更贴近他们的生活经验。由幼儿园开办的亲子园也可以根据幼儿园不同主题开展的大型教育活动,如艺术节、合唱节、运动会、读书月等,开展相应的活动。由于婴幼儿认知发展特点,开展节日教育的时候对这些内容也不能提出过高的要求,要根据幼儿的发展特点适当组织一些活动庆祝,让婴幼儿感受、体验,萌发初步的情感。

（三）方法设计

1. 抓住节日的核心意蕴和闪光点,找准节日文化的精华,寻找恰当的点来设计活动;根据幼儿水平与年龄特点,有主次地取舍,才能深入浅出地传授知识给幼儿。比如中秋节,核心意蕴就是团圆,最具节日代表性的就是灯笼和月饼,我们在设计活动的时候就可以围绕核心内容有所取舍。

2. 自然引入主题,早准备、早布置,充分利用家长及周围社区的教育资源,节前将节日要点、习俗向家长宣传,如发放给家长的信,要求家长指导孩子观察周围环境的变化,比如在路上或商店、超市中观察灯笼摆放、月饼样式、口味等。不仅使孩子了解了节日习俗,而且能激发他们从不同角度感受节日的意义所在。

在开展节日与娱乐活动时,要充分整合多方资源,尤其是利用监护人的资源。比如,中秋节时,让监护人与婴幼儿从家中带来月饼盒,进行环境布置,带来月饼,进行分享;在各大型活动中,让监护人担任助教。

（四）流程设计

首先是进行活动前的准备与布置,如发放家长通知书,进行宣传,让家长对孩子进行教育,做好知识经验准备,或者由老师组织相应的教学活动,开展系列主题教育活动;然后就是相应的大型庆祝活动的开展。

（五）监护人指导设计

1. 活动前,通过发放通知书、短信等方式,告知监护人活动的意义、活动时间地点及家园配合事项等信息。
2. 活动中适时对监护人提出指导与要求。

三、婴幼儿节日与娱乐活动中的监护人指导

（一）指导重点

1. 指导监护人如何在日常生活中,积极引导孩子去观察、感受,让孩子多体验。
2. 指导监护人积极配合幼儿园的教育要求,提供教育资源,让各种节日与娱乐活动,尤其是大型活

动能顺利开展,取得更好的效果。

(二) 应注意的问题

要注意引导监护人把握节日与娱乐活动教育目标的定位,开展节日与娱乐活动,重点不是对孩子进行知识传授,而是让孩子通过亲身体验,构建自己的认知结构,同时在活泼、丰富的活动中愉悦身心,形成良好的体验,也促进社会性发展。

精选案例之 118 主题活动: 读书月活动

适用年龄范围	活动形式	活动设计
2～3 岁婴幼儿及其监护人	集体	沈雪娟

活动依据	美国早期阅读委员会制定的"早期儿童阅读目标"对 0～3 岁婴幼儿的阅读能力提出了指导重点:0～3 岁婴幼儿能力培养重在为其提供接触图书和书面语言的环境和条件,开始建立亲子阅读的习惯,开展阅读游戏,让婴幼儿形成对图书和文字的兴趣。家长作为孩子阅读过程中的"重要他人",对孩子阅读的指导肩负着重要的责任。 当前,家长对亲子阅读比较重视,陪孩子看书,给孩子讲故事都是常用的育儿方法。但实践中我们发现亲子阅读的质量参差不齐,有的家长对亲子阅读的认识比较片面,比如认为亲子阅读就只是给孩子讲故事,陪孩子讲故事,有的甚至认为亲子阅读就是教宝宝认字。家长在亲子阅读中如何与宝宝互动,如何提升宝宝的兴趣,需要老师的指导。
活动目标	1. 通过参与形式多样、有趣的亲子阅读活动,培养孩子阅读的兴趣,体验自己动手制作图书的乐趣。 2. 通过各种各样的活动,提升家长陪伴孩子阅读的水平与质量,让家长学习运用多样的亲子阅读方法。
活动准备	1. 读书月活动方案的宣传与告家长书。 2. 老师在日常教学活动中融入有关的教育。 3. 大型活动的准备与组织(故事表演、亲子制作)。
活动流程	家长助教活动→图书分享活动→家长故事表演会→亲子制作图书活动

活动过程	指导宝宝	指引家长
	一、家长助教活动 1. 向家长发放读书月活动宣传与家长助教倡议书,让家长自愿报名为宝宝们讲故事,每天一个小故事(时间 2～5 分钟)。 **二、图书分享活动** 1. 请家长与宝宝从家里带喜欢的图书(1 本以上)来幼儿园,由老师组织一次集中分享阅读活动,然后将书放到书架专门的区域"我们的书",作为小朋友们的阅读角材料。 每日活动开始前小小谈话活动:"今天我看了××书。"	🐟 指引家长选择适合的故事,对讲故事的技能(语音语调、动作、表情、道具如手偶运用、提问)等进行辅导;通过老师的指导与相互的学习,不断提升家长讲故事的水平。 🐟 在老师的指引下与宝宝一起选择合适的书与大家一起阅读;指引宝宝时常读一读,说一说。

活动过程	2. 教师分别为家长与宝宝精选一本图书。 **三、家长故事表演会** 　　向家长征集表演活动,确定适合孩子年龄特点的故事,组织排练与道具等事宜,于周五的社会活动日举办家长故事表演会。 **四、亲子制作图书活动** 1. 活动准备: 　(1) 请收集 5 张宝宝在园活动照片(5R),并在活动时把照片带来一起制作图书。 　(2) 活动当天场地与材料的准备。 2. 活动过程: 　(1) 教师展示完成的作品,介绍亲子书的结构(封面与内页)。 　(2) 介绍百宝箱(工具:剪刀、蜡笔、固体胶、贴贴纸、彩色笔等),简单介绍家长与宝宝如何配合。(和宝宝一起粘贴,引导宝宝说,家长写;让宝宝画画、贴贴纸) 　(3) 老师发放材料,亲子制作:和宝宝一起制作《幼儿园里真快乐!》图书。 　(4) 家长与宝宝一起阅读自己制作的图书。 　(5) 在教室中开辟专门的区域,宝宝可以把自己制作的图书讲给老师、同伴们听;相互欣赏作品。	💧 发挥自身的优势与特长,积极参与,认真排练;在日常亲子阅读中可与宝宝一起进行故事表演。 💧 为宝宝拍摄一日在园活动的不同时段的照片或外出活动时有趣的照片(或收集平日照片),冲洗好;亲子制作时引导孩子观察照片并说一说;让孩子做力所能及的事,体验自己动手操作的乐趣与成功。
活动延伸	1. 每天都陪孩子一起阅读。 2. 家庭里的讲故事比赛与故事表演会。 3. 亲子制作的《幼儿园里真快乐!》带回家与家人一起阅读,与家里人一起制作简单的图书,如《我的一家》,带回幼儿园跟大家一起欣赏。	
活动评析	读书月是我园传统活动之一,旨在通过各种各样的阅读活动,培养孩子阅读的兴趣,加强家长陪伴孩子阅读的意识和能力,提升亲子阅读的质量。 　　在接近一个月的活动中,宝宝和家长们都有了不同的进步,尤其是家长们,了解到了亲子阅读可以以多种生动的形式进行。通过担任助教为宝宝们讲故事,在自己的实践与在观摩其他家长与宝宝的互动中,同时也在老师的指导下,很多家长都反映"自己越来越会讲故事了",进步也是有目共睹的。通过故事表演会,家长们体会到故事不仅可以讲给孩子听,还可以演给孩子看,他们也会与孩子一起表演简单的故事,效果也很好。	

精选案例之 119　　节日活动：端午节——品粽子

活动 名称	端午节——品粽子	活动 设计	李玲
适应 对象	2～3 岁婴儿及其监护人	组织 形式	集体

活动依据	农历五月初五是我国传统的节日——端午节,又名重午、重五、端阳节。对于2～3岁宝宝来说,对于民俗性传统节日活动的理解还不是十分清楚,此活动主要是让宝宝知道端午节是中国民间传统节日,了解端午节的来历和习俗,培养幼儿从小热爱祖国的传统文化的情感;通过看FLASH中端午节的来历和品尝粽子以及观看家长包粽子、做香包的体验,感受端午节是一个全民健身祈求健康的民俗佳节。
活动目标	1. 指引家长与孩子有效沟通,增进亲子之间的情感交流。 2. 发展宝宝的动手操作能力,锻炼小肌肉能力,培养宝宝的操作兴趣及活泼开朗的性格。 3. 在活动中让幼儿感受节日的快乐,体验集体的温馨氛围。
活动准备	1. 教师准备熟粽子2个。 2. 教师给每家提供:一份包粽子的材料(粽叶、糯米)。 3. 家长和宝宝准备:分成四组每一组的口味不同(豆沙、肉、红枣、蜜饯)。
活动指引	**教师指导亲子活动的重点及注意事项** **一、活动前的指引** 1. 以书面通知告诉家长端午节活动的目的和意义。 2. 建议家长在家引导孩子了解端午节的相关知识。 3. 教师引导家长回家查找相关资料: 　(1) 做粽子的基本步骤和方法。 　(2) 粽子有哪些不同的口味等。 4. 做粽子需要准备什么工具材料? **二、活动中的指引** 1. 出示熟粽子,讲述与粽子有关的传说,指引家长引导宝宝观察粽子,了解粽子的形状、里外颜色,引发婴幼儿包粽子的兴趣。 　(1) 人们在什么时候吃粽子? 　(2) 教师出示粽子(一个剥开、一个尚未剥开),里面和外面是什么样子的? 2. 指引家长思考,互相交流。 　(1) 包粽子要注意什么问题? 包粽子的方法步骤?(这是重点) 　(2) 老师根据家长交流的情况做补充建议。 3. 包粽子活动中老师巡回观察,适时介入,个别指导。 　(1) 每四个家庭一张桌子,每个家庭一份材料,便于操作。每个人发一副一次性手套,方便卫生。 　(2) 指导家长让孩子多动手尝试,感受包粽子的过程。 　(3) 每组的粽子包好后让宝宝观察粽子的大小,和不同的形状。 　(4) 煮粽子,带领幼儿观看端午节FLASH。 5. 开粽子宴,品粽子,引导宝宝观察煮熟的粽子形状发生的变化(变胖了、变大了),各小组可以交换不同口味的粽子品尝,家长带领孩子整理场地。 **三、延伸活动的指引** 1. 家长带孩子观看当地龙舟比赛,让宝宝知道还有其他的方式庆祝端午节。 2. 家长引导孩子了解除了吃粽子、划龙舟外,有些地方人们还有佩戴香包、插艾草等不同的风俗习惯。 3. 家长引领孩子一起包粽子,让宝宝感受节日的氛围以及家庭的温馨。

续表

活动评析	本活动设计形式活泼、趣味性强。活动从观察粽子开始引出屈原的故事,既能吸引宝宝的注意力,又使知识与良好的情绪反应相联系,知识会记得牢固,最后活动以粽子宴结束,吃中有学,知情交融,效果也很好。另外,包粽子的活动还能培养幼儿的协调性、合作能力,促进幼儿社会性的发展,作为家长也提升了与孩子的沟通和引领能力,以及在集体中的协调能力,进一步增强了家长的集体凝聚力。

精选案例之 120　　主题活动：合唱节——我爱唱歌

活动名称	合唱节——我爱唱歌	活动设计	李玲
适应对象	2～3岁婴儿及其监护人	组织形式	集体
活动依据	合唱节是我园的园本活动课程之一,此活动主要是让宝宝通过合唱的形式,让宝宝能够在集体中学会合作,做到寓教于乐,结合各班的情况,调动宝宝的积极性和主动性,提高宝宝参加活动的积极性,采用宝宝喜闻乐见的表演形式,比较符合宝宝的身心发展特点。		
活动目标	1. 指引家长与孩子积极参与,增进集体的凝聚力。 2. 发展宝宝的歌唱能力,调动宝宝的表演积极性,培养宝宝活泼开朗的性格。 3. 在活动中让幼儿感受节日的快乐,体验集体的温馨氛围。		
活动准备	1. 老师准备表演的道具。 2. 音响设备以及环境的布置、大班小朋友准备表演、家长准备不同的歌唱形式。		
活动指引	**教师指导亲子活动的重点及注意事项** **一、活动前的指引** 1. 以书面通知告诉家长合唱节活动的目的和意义。 2. 建议家长在家引导孩子复习合唱节的相关歌曲。 3. 教师引导家长回家正确指导宝宝: 　(1) 听录音机里的范唱。 　(2) 根据老师的要求注意宝宝的音准。 4. 跟宝宝交流即将参加的合唱节的活动,鼓励宝宝积极参与。 **二、活动中的指引** 1. 主持人的导入,引起宝宝的关注。 　(1) 今天我们聚在一起做什么呢? 　(2) 请出大班哥哥姐姐的合唱表演,让宝宝能够在欣赏的同时激发表演的欲望。 2. 指引家长积极参与,表演不同的歌唱形式。 主持人在家长表演后做解释,让宝宝感受除了自己表演的合唱形式外,还有另外的歌唱表演形式。 3. 宝宝进行合唱表演。 　(1) 每个家长带领宝宝有秩序地上台。 　(2) 指导家长让宝宝有礼貌,培养良好的舞台风貌。 　(3) 指挥的老师积极调动宝宝的精神面貌,用正面积极的语言纠正个别宝宝的站姿。		

续表

三、延伸活动的指引
1. 家长带孩子多参与艺术活动,让宝宝知道还有其他的途径了解不同的艺术表现。
2. 家长引导孩子除了合唱外,还有其他的歌唱表演形式。
3. 家长引领孩子全家进行卡拉 OK,让宝宝感受家庭的温馨。

活动评析	本活动形式轻松、愉快。活动从观看大班表演开始引出合唱节,既能吸引宝宝的注意力,又积极调动了宝宝的表演欲望,另外,表演的活动还能培养幼儿的合作能力和集体荣誉感,促进幼儿社会性的发展,作为家长也提升了与孩子的亲子艺术引领能力,以及在集体中的凝聚力。

精选案例之 121　重大活动: 开学典礼

适用年龄范围	活动形式	活动设计
2～3 岁婴幼儿及其监护人	集体	沈雪娟

活动目标	1. 以教师们演出拉开新学年的序幕,欢迎小朋友的到来。 2. 让宝宝在欣赏生动有趣的活动中产生愉悦的感受,激发其对幼儿园和老师的喜爱。 3. 教师们认真演出,展示个人才艺,加深家长对教师们的认识与了解。
活动准备	1. 告知家长活动时间、地点、注意事项等;教师负责在门口迎接与引领。 2. 环境准备(小礼堂、马蹄形摆放的椅子)、舞台及背景设计。 3. 设备:音乐、摄影摄像等设备 4. 教师表演节目的道具(书法用具、童话剧服装)。 5. 赠送孩子的礼物。
活动依据	开学典礼活动,要能吸引孩子的兴趣,让他们喜欢并产生愉悦的感受,必须选取符合他们年龄特点的节目,如童话剧表演,孩子喜闻乐见的歌曲改编的舞蹈、游戏等。在活动中产生的愉悦感受与由活动中激发的对老师的喜爱,也为孩子喜欢上亲子班打下良好的基础。 　通过丰富多彩的活动与才艺展示,加深了家长对教师的认识,也让家长对教师的专业技能产生敬佩。
活动流程	主持人宣布活动开始→老师们自我介绍与园领导致辞→教师表演节目→亲子游戏——拉大锯→结束活动

	指导宝宝	指引家长
活动过程	一、主持人宣布活动开始 二、老师们自我介绍与园领导致辞 　老师们闪亮登场,一一自我介绍,并送上一句祝福的话。如:"大朋友,小朋友们,早上好!我是丁丁 A 班的班主任芳芳老师。在这里,我祝小朋友们天天都开心,谢谢大家!" 　园领导致开学典礼祝词 三、教师表演节目(亲子班老师人人参与) 1. 童话剧《没有牙齿的大老虎》(集体表演)。 2. 书法表演《虎虎生威》。	🌊 指引宝宝跟老师打招呼、问好,为老师鼓掌。 🐟 家长与宝宝一起认真观赏节目,认识老师。注意安抚孩子情绪。

活动过程	3. 舞蹈《两只老虎》。 **四、亲子游戏——拉大锯** **五、结束活动** 　　与各班老师认识,分班合影留念。 　　班级老师向小朋友赠送礼物,与老师道别,离园。	❀ 家长与宝宝愉快参与游戏。 ❀ 家长引领宝宝一起合影留念,留下宝宝参加第一个活动的印记。 ❀ 引导宝宝双手接过礼物,向老师道谢。
活动延伸	在家中,家长引导宝宝向家人讲述第一天上幼儿园的见闻,激发宝宝对幼儿园、老师的喜爱之情以及对上亲子班的向往。	
活动评析	老师们与家长与宝宝的第一次正式接触,呈现了一场精彩纷呈、生动活泼的表演,以符合2～3岁宝宝年龄特点的献演活动迎接他们的到来,使宝宝在轻松愉悦的活动中认识老师,也第一次感受到与许多小朋友一起活动的氛围。通过个性才艺的展示,家长也加深了对老师的认识与了解。	

精选案例之 122　　科技节: 游玩科技大观园

活动名称	科技大观园	活动设计	李玲
适应对象	2～3岁婴儿及其监护人	组织形式	集体
活动依据	科学来源于生活,生活离不开科学。在宝宝的眼中,大千世界无不充满着神奇的乐趣,尤其对于2～3岁的宝宝来说,他们会对周围环境中突然发生的一些科学现象、事物及有趣的情景产生好奇心和关注,借科技大观园的活动,让宝宝耳濡目染,亲身参与到来自生活中的各种小实验中,不仅解答了宝宝对生活中存在的各种现象的好奇,还会使宝宝对科学产生积极的态度,对他们之后正确对待生活,对待周围事物产生良好的影响。		
活动目标	1. 指引家长与孩子有效沟通,积极主动参与到科学实验的操作中。 2. 发展宝宝动手操作能力,锻炼小肌肉能力,培养宝宝的操作兴趣及活泼开朗的性格。 3. 在活动中让幼儿感受科学的魅力,初步了解它们与人、环境的关系。		
活动准备	1. 各种来自生活中的小实验。 2. 家长作为助教,演示或者指导孩子进行参与。		
活动指引	**教师指导亲子活动的重点及注意事项** **一、活动前的指引** 1. 以书面通知告诉家长科技节活动的目的和意义。 2. 建议家长在家引导孩子了解科技大观园的相关活动规则,做个文明的好宝宝。 3. 教师引导家长回家查找相关资料: 　(1) 收集生活中的小实验。 　(2) 家长引领宝宝积极探索和发现生活中的科学。		

	二、活动中的指引 1. 家长指引宝宝按秩序进行,同时,进行相应的解说。 2. 家长指引宝宝思考,互相交流。 3. 在大观园中老师巡回观察,适时介入,个别指导。 1. 指导家长让孩子多动手尝试,感受做实验的过程。 2. 指引家长让宝宝观察实验,用语言描述自己的发现与家长交流。 3. 指引家长帮助宝宝了解所操作的实验与人们生活的关系。 4. 指引家长帮助宝宝获取有关的科学经验,学做不同的小实验。 **三、延伸活动的指引** 1. 家长引导宝宝参与到科技节的系列活动中,如:无烟日、科学小故事等,进一步拓宽宝宝的科学视野。 2. 家长在家引领宝宝动手做科学小实验。 3. 家长介绍宝宝能理解的或能看到的现代社会生活中的科技产品及其对人类的影响。 附:科技大观园游戏名称、材料及规则

名称:钓鱼	名称:吹泡泡	名称:降落伞	名称:水的沉浮
材料:鱼杆一个、卡纸制作的小鱼若干(鱼嘴处黏上磁铁)、用椅子围成池塘样。 **玩法**:站在椅子前手握鱼竿把池里的小鱼钓起来。	**材料**:泡泡水工具、托盘。 **玩法**:使用泡泡水吹出泡泡。	**材料**:剪刀、长方形、纸条、回形针。 **玩法**:把长方形纸条长边对折出三等份,用剪刀正反两个方向分别剪 2/3,把剪开的两根纸条合并用回形针别住,玩降落游戏。	**材料**:各种材料的小物件(如木头积木、塑料雪花片、石头、小铁棒)、装水容器、干净抹布。 **玩法**:将不同的材料投入水里,观察哪些物体浮起来,哪些物体沉下去。
名称:万花筒	名称:吹球	名称:运水	名称:颜色变变变
材料:万花筒。 **玩法**:转动万花筒,观察万花筒里的图案变化。	**材料**:乒乓球、装水容器。 **玩法**:嘴巴对着盆里的乒乓球吹,使它滚动。	**材料**:海绵、两个装水容器。 **玩法**:用海绵在盛有水的盆里吸起水移到另一个盆把水挤出来。	**材料**:剪成小条的皱纹纸(红、蓝、黄等)、玻璃杯、水。 **玩法**:将皱纹纸放在装有水的容器里,观察水的变化。

活动评析	本活动积极调动了家长的资源,让家长积极配合老师做助教,共同营造了一个大的科学室的环境,让宝宝积极主动参与到来自生活中的各种小实验,在这样一种轻松的环境中,每个孩子都能无拘无束地操作,灵活地运用集体活动与个别活动的形式为幼儿提供充分的活动机会,为家长也提供了一个良好的学习平台,可以更进一步丰富家长的科学知识,更好地取长补短,回到家里更好地指引宝宝。

精选案例之 123　　六一儿童节:亲子六一游园活动

活动名称	亲子六一游园活动	活动设计	李玲
适应对象	2~3 岁婴儿及其监护人	组织形式	集体

心理依据	"六一"国际儿童节的活动,是宝宝们最喜欢的节日,也是属于宝宝们的节日,尤其是对2～3岁这个年龄段的宝宝来讲,很容易在这样的庆祝活动中体验到父母、长辈、老师之爱,并且品尝节日的喜庆和欢乐,通过亲子六一游园活动,对宝宝形成积极的自我概念,发展活泼开朗的性格是十分有益的。
活动目标	1. 指引家长与孩子有效沟通,增进亲子之间的情感交流。 2. 了解周围成人为"六一"节开展的服务活动内容。 3. 培养幼儿的参与意识,发展幼儿的认知能力、自信心和社会交往能力,让宝宝获得愉快的内心体验。
活动准备	1. 教师准备游戏的场地、游戏单。 2. 提供每个游戏需要的道具。

教师指导亲子活动的重点及注意事项

活动指引

一、活动前的指引

1. 以书面通知告诉家长六一游园活动需要注意的细则。

2. 建议家长在家引导孩子了解六一游园活动的相关内容和规则。

二、活动中的指引

1. 观看哥哥姐姐的表演。

　　(1) 引导宝宝观看的同时,向宝宝介绍哥哥姐姐庆六一节的形式。

　　(2) 指引家长带领宝宝做个文明的小观众。

2. 指引家长带领宝宝到各个游戏场地,鼓励宝宝积极参与游戏。

名称:蒙眼打鼓	名称:过网桥	名称:套圈	名称:钓鱼
材料:小鼓一个、两块小布料。 玩法:站在规定的距离,敲响悬挂空中的小鼓。	材料:大型玩具处网桥、地垫。 玩法:在规定时间内,在大朋友的帮助下或自己穿过网桥。	材料:套圈玩具8套、各种小动物。 玩法:站在规定距离内,抛出手中的圈,套中小动物的头。	材料:各种贴有吸铁的小鱼、鱼竿。 玩法:站在规定距离内,用手中的鱼竿钓起3条小鱼
名称:跳圈圈	名称:看谁丢得远	名称:过小桥	名称:钻洞洞
材料:小呼啦圈12个。 玩法:双脚起跳,连续跳过6个圈。	材料:沙包、大呼啦圈2个。 玩法:在规定的距离内将沙包丢进大呼啦圈里。	材料:桥墩。 玩法:双手平举,从桥头走到桥尾。	材料:海绵垫、空心大纸盒。 玩法:爬过海绵钻过大纸盒跑到终点。
名称:看谁投得多	名称:摘果子	名称:掌上明珠	名称:小兔拔萝卜
材料:波波球十个、篓筐两个。 玩法:站在规定的距离向篓筐投球。	材料:绳一条、回形针及水里图片若干。 玩法:原地向上跳将"树"上的果子摘下。	材料:纸碟、乒乓球各一个。 玩法:用纸碟将乒乓球运到终点。	材料:小兔头饰一个、萝卜图片若干、泡沫一块。 玩法:扮演小兔跳到终点,拔一个萝卜再跳回起点处。

3. 在游戏活动中老师巡回观察,适时介入,个别指导。

　　(1) 每个活动玩过之后,让宝宝感受成功的乐趣,每个负责游戏的老师给宝宝相应的游戏栏内贴上贴纸,以鼓励宝宝参加下一个活动的挑战。

　　(2) 指导家长让孩子大胆尝试,感受游戏的过程。

三、延伸活动的指引

1. 家长带孩子庆祝六一,形式可以多样化,比如:在家当小主人、宝宝喜欢的游乐场等,过一个有意义的节日。
2. 家长引导孩子了解自己小时候是怎样过六一的,和宝宝的六一有什么不一样的地方,让宝宝感受自己幸福的生活。

活动评析	将"我的六一我做主"作为"六一"节活动的主题是富于新意的。首先,它突破了以往那种跳舞娱乐、进游艺场的一般庆祝模式,着眼于宝宝自我意识的形成和发展,引导宝宝树立自己做主的意识,并获得被尊重的体验。其次,活动一开始是从感知哥哥姐姐庆祝六一活动,激发了宝宝对六一活动的快乐情绪,后面的游园活动是宝宝们比较喜欢而充满挑战的游戏活动,不仅使宝宝获得了积极肯定的自我内心体验,而且给幼儿以自由选择的余地和自我发挥的空间,发展了孩子的自信心和社交能力,使宝宝的情绪活动充分展开,使宝宝真正在自己的节日中做主,让家长共同参与,体验了活动的快乐。

精选案例之 124　　节日活动:"三八"爱妈妈

适用年龄范围	活动形式	活动设计
2~3 岁婴幼儿及其监护人	集体	沈雪娟
活动目标	1. 知道三八是妈妈的节日,能用自己的行动表达对妈妈的爱。 2. 在活动中,萌发关心、热爱妈妈的情感。 3. 增强家长对宝宝进行情感教育的意识与技能。 4. 进一步增强亲子感情。	
活动准备	1. 通过老师的日常教学活动与家长的引导,让孩子知道三八是妈妈(奶奶等)的节日,大家要一起庆祝她们的节日。 2. 提前发放家长邀请函,告知活动时间、地点及配合工作(尽量由妈妈陪伴)。 3. 场地环境布置、音响设备。 4. 爱心卡纸、贴贴纸(由宝宝送给妈妈)。	
活动依据	妈妈是宝宝最熟悉、最亲近的人,宝宝与妈妈形成亲密的亲子关系是宝宝身心健康成长的基础。以"三八妇女节"为契机开展"三八爱妈妈"活动,既拓宽了宝宝的知识面,又以丰富多彩的活动内容,为宝宝提供了表达情感的机会。 　对宝宝进行情感教育不能只停留在说教的层面上,必须提供给幼儿亲身实践的机会,因此,通过有趣亲密的亲子游戏、动手制作爱心卡送妈妈、欣赏童话剧等活动,让孩子从中实践、体验、感受。	
活动流程	亲子律动→欣赏童话剧《七色花》→爱心卡纸送妈妈→亲子游戏→结束活动	

	指导宝宝	指引家长
活动过程	一、亲子律动 　　《笑一个吧》《大树妈妈》《我的好妈妈》 二、欣赏童话剧《七色花》 　　欣赏教师与家长表演的童话剧《七色花》。主要情节：三朵七色花精灵发挥自己的魔力帮助别人：让卖火柴的小女孩重获生命；让美人鱼重获美妙的嗓音；让小杜鹃和妈妈再度相亲相爱。 三、爱心卡纸送妈妈 　　教师示范爱心卡制作，发放材料（爱心纸卡与贴贴纸），以宝宝为主，制作爱心卡送妈妈，对妈妈说："妈妈，我爱你"，抱一抱、亲一亲妈妈。 四、亲子游戏 　　《小松鼠》《小背篓》《炒豆豆》《小飞机》《勾一勾》 五、结束活动 　　邀请妈妈跳舞《妈妈我爱你》。	🌊 与宝宝做律动，引导宝宝积极参与，稳定宝宝情绪。 🌊 与宝宝一起认真观看，简单向宝宝说明，引导孩子说一说。 🌊 让宝宝自己动手，制作爱心卡送给妈妈；亲密地与宝宝抱一抱、亲一亲。 🌊 积极参与亲子互动游戏，注意孩子的安全。
活动延伸	1. 鲜花送妈妈，宝宝与爸爸、爷爷一起买鲜花送给妈妈和奶奶。 2. 在家里可以跟宝宝一起玩过家家的游戏，让宝宝扮演妈妈，帮助宝宝感受游戏的快乐与亲情的温馨。 3. 让宝宝为妈妈做力所能及的事情，如捶捶肩、捏捏腿、拿拖鞋等。	
活动评析	本次活动中，宝宝通过童话剧欣赏、亲子游戏、爱心卡片送妈妈等多种活动形式，在体验中生成"爱妈妈"的强烈感情。妈妈们在这个属于自己的节日里也感受到宝宝的纯真感情，当宝宝用稚嫩的声音说出"妈妈，我爱你"时，很多妈妈都不由自主流下了眼泪，气氛温馨而感人。	

精选案例之 125　　主题活动：艺术节献演

适用年龄范围	活动形式	活动设计
2～3岁婴幼儿及其监护人	集体	沈雪娟
活动目标	1. 通过欣赏与参与形式多样、生动有趣的艺术活动，让宝宝感受艺术活动的美，培养宝宝对艺术活动的喜爱。 2. 提供一个亲子活动与展示的平台，让幼儿与家长有更多展示自我、体验表演、合作与游戏的机会。	
活动准备	1. 充分发掘家长的才艺与参与的积极性，确定家长节目，组织排练，确保节目的质量。 2. 将艺术节献演节目与日常教学结合起来，如打击演奏《铃儿响叮当》、环保服装制作《亲子服装秀》。 3. 提前发放艺术节献演活动邀请函，告知家长活动时间、地点。 4. 活动献演当天环境、服装、表演道具、音乐音响、摄影摄像及老师的分工准备工作。	

续表

活动依据	婴幼儿艺术启蒙教育是通过生动有趣的艺术活动培养婴幼儿的兴趣及初步的感受美的能力,培养其积极的情感,促使其形成活泼、愉快、开朗、康健的个性,促进智力的发展。艺术节是我园传统重大活动之一,旨在通过形式多样、有趣的艺术活动让宝宝感受艺术的美与快乐,也通过献演活动为宝宝和家长提供一个表演与展示的平台。通过感受爸爸妈妈、老师、同伴与自己的表演,不仅能体验到活动的欢乐,也有利于锻炼孩子的胆量,促进孩子自信心的提高。
活动流程	律动→表演节目→结束活动

指导宝宝	指引家长
一、律动 亲子律动《哈巴狗》《小小蛋儿把门开》《小茶壶》。 **二、表演节目** 1. 中大班舞蹈《hippop》。 2. 家长表演节目:歌伴舞《卓玛》、独唱《鸭子》、葫芦丝《映山红》。 3. 亲子表演:打击乐《铃儿响叮当》、环保时装秀。 4. 教师表演:童话剧《三只蝴蝶》、歌曲《深深的海洋》。 5. 集体舞《新年好》。 **三、结束活动** 主持人宣布活动结束,老师、家长与宝宝一起收拾椅子。家长与宝宝到老师那领取礼物,与老师拥抱道别。	🌊 家长与宝宝一起愉快地做律动。 🌊 家长与宝宝一起认真观赏节目,引导孩子说一说、拍手、鼓掌;集体舞时站起来一起跳舞。 🌊 与宝宝一起搬椅子放好;注意引导宝宝向老师道谢,与老师亲密拥抱、道别。

活动延伸	在家里或离得近的几家人举行"小小艺术节",通过唱歌、跳舞、表演等不同的艺术活动方式,让宝宝与家长一起体验快乐。
活动评析	艺术节是我园传统重大活动之一,通过形式多样、有趣的艺术活动让宝宝感受艺术的美与快乐,也为宝宝和家长提供了一个表演与展示的平台。在这次艺术节活动中,每个班都有自己的节目,或是家长表演,或亲子表演,孩子们都非常喜欢。看到自己的爸爸妈妈上台唱歌跳舞,他们格外兴奋自豪、自己上去表演,他们也非常认真。

精选案例之 126　　重大活动:亲子运动会

活动名称	亲子运动会	活动设计	李玲
适应对象	2～3岁婴儿及其监护人	组织形式	集体
活动依据	2～3岁的宝宝非常好动,喜欢有挑战性的运动形式,尤其是对于一些简单的规则或者比赛,玩起来会更加高兴,而跑、跳、钻、爬,对于这个年龄段的宝宝来说,是比较喜欢的运动元素。开展亲子运动会,一方面可以通过宝宝感兴趣的游戏让宝宝在玩中得到锻炼,同时,还能帮助宝宝建立运动的自信心,使日渐发达的肌肉与神经系统配合,促进他们的骨骼、肌肉、心肺等器官的生长与发育,进而达到增强体质的目的。		

活动 目标	1. 指引家长与孩子积极参与,增进亲子之间的情感交流。 2. 发展宝宝的听信号能力,锻炼肌肉,培养宝宝的运动兴趣及活泼开朗的性格。 3. 在活动中让幼儿感受亲子运动的快乐,体验集体的温馨氛围。
活动 准备	1. 座位的合理安排、啦啦队的口号及领队。 2. 教师给每个游戏提供游戏道具以及道具的上下场的通道规则。 3. 家长和宝宝着亲子装以及方便运动的鞋子。
活动 指引	**教师指导亲子活动的重点及注意事项** 一、活动前的指引 1. 以书面通知告诉家长运动会活动的目的和意义,以及必要知晓的细则。 2. 建议家长在家引导孩子准备游戏必要的训练。 3. 教师引导家长注意宝宝在活动过程中的安全。 二、活动中的指引 1. 热身部分。 　(1) 集体热身律动,家长为宝宝做好榜样,积极调动宝宝的运动情绪。 　(2) 亲子互动,采用瑜伽垫,跟着领操的老师一起进行全家亲子操,活动中引领家长要投入, 　　　为宝宝营造温馨的亲子氛围。 2. 亲子游戏部分。 　(1) 过小桥——两大一小。 　　　游戏玩法:迎面接力赛。每队两个彩色墩,宝宝站在彩色墩上一位家长移动彩色墩,另 　　　　　　一位扶着宝宝过桥,宝宝踩在彩色墩上过河。 　　　游戏规则:宝宝不能踩在地上过河。 　(2) 掌上明珠——一大一小。 　　　游戏玩法:迎面接力,每边四人。听到指令,起点的第一个宝宝和家长一起端着有彩球 　　　　　　的盘子往前走到终点,把盘子传给对面家庭,接到盘子的家长和宝宝依样进行游戏,先 　　　　　　完成的队伍为胜。 　　　游戏规则:彩球落地时要捡起来放进盘子里继续往前走。 　(3) 快乐赛车手——一大一小。 　　　游戏玩法:单面接力。游戏开始,宝宝手拿小动物坐在滑板上,家长在后面推动小车前 　　　　　　行,推到终点宝宝把小动物放进呼啦圈里表示把动物送回家,家长继续推宝宝回到起点 　　　　　　把滑板给后面的宝宝,哪队先把所有的小动物送回家为胜利。 　　　游戏规则:小动物要放进圈内。 　(4) 亲子爬爬乐——两大一小。 　　　游戏玩法:单面接力,宝宝趴在家长的背上,小手抱紧家长的脖子,腿夹住家长的腰,另 　　　　　　一位家长扶住孩子,爬的家长膝盖着地在垫子上爬行向前,到达垫子尽头后,三人手拉 　　　　　　手跑回起点,下一组家长接上,哪一队的家长全部完成爬爬乐则为胜。 　　　游戏规则:爬的家长需要手脚膝盖着地。 　(5) 家长拔河比赛: 　　　游戏准备:绳子一条中间系上红带子,用即时贴在地上贴好三条线。 　　　参加人员:每队十人。

	参与活动家长应该注意：
	（1）帮宝宝消除恐惧感，因人而异，有的宝宝不喜欢剧烈的运动，甚至天生害怕运动，因此父母要帮助宝宝消除恐惧感，建立运动的自信心。
	（2）宝宝也许会对一些大人看来十分无意义的运动产生兴趣，切不可用大人的价值观去强迫宝宝改变其兴趣。
	三、延伸活动的指引
	1. 家长带孩子多多参加体能锻炼，从小培养好的运动习惯。
	2. 家长引导孩子在锻炼的过程中培养起不怕苦、不怕累的运动精神。
活动评析	本次的活动以"我运动，我健康，我快乐"为主题，倡导亲子快乐运动，体育游戏是丰富多样的，是宝宝最喜闻乐见、最热衷的一类活动，通过家长的积极参与，达到了亲子快乐运动的目的。宝宝不仅在与爸爸妈妈的参与中体验到了家庭的温馨，而且该活动为宝宝提供了形式多样的身体模仿、动作协调、身心锻炼的运动机会，满足了宝宝好动、好奇、好玩的天性，增强了家长亲子活动参与的积极性。

精选案例之 127　重大活动：欢乐庆中秋

适用年龄范围	活动形式	活动设计
2～3 岁婴幼儿及其监护人	集体	沈雪娟
活动目标	1. 初步了解中秋节是我国的传统节日，知道中秋节吃月饼、玩灯笼的习俗。 2. 感受中秋的节日氛围，享受和老师、家长、小朋友们一起做做、玩玩、尝尝的快乐。 3. 指导家长注重孩子对传统节日的体验与教育。	
活动准备	1. 通过老师的日常教学活动与家长的引导，让孩子知道要过的节日与主要习俗。 2. 提前发放家长邀请函，告知活动时间、地点及配合工作（每人带个小月饼）。 3. 环境、场地布置：小礼堂、椅子摆放、舞台及背景（贴有"亲子班欢乐庆中秋"字样）、大桌子（摆放鲜花、月饼盒、月饼）。 4. 老师分工负责（主持、环境布置、音乐准备及播放、现场组织等）。 5. 亲子制作灯笼材料准备（彩虹屋灯笼材料、贴贴纸、剪刀、胶水）。	
活动依据	开学不久，我们就迎来中国的传统节日之一——中秋节。"节日"不仅是我们的生活经验之一，也是文化民俗的表现之一，对传统节日教育应该从小抓起。《纲要》提出："要贴近幼儿的生活，选择感兴趣的事物拓展幼儿的经验和视野。"对 2～3 岁幼儿进行传统节日教育，应以具体的事物为切入点，我们将目标主要定位于让孩子感受节日氛围，初步了解中秋节的习俗。我们也抓住中秋节的主要习俗主题——灯笼与月饼，设计了制作灯笼与分享月饼的环节，让宝宝通过自己动手操作与品尝月饼，直观地感受节日的习俗与喜庆。	
活动流程	律动→欣赏教师表演节目→亲子制作灯笼→分享月饼→结束活动	

	指导宝宝	指引家长
活动过程	家长与宝宝到达小剧场,将月饼交给老师,再由老师引领就坐,观看视频,9:00左右,主持人宣布活动开始: **一、律动** 老师带领下,做亲子律动《收玩具》《合拢放开》《爷爷为我打月饼》。 **二、欣赏教师表演节目** 1. 老师集体舞蹈《明月几时有》。 2. 打击乐演奏《爷爷为我打月饼》。 **三、亲子制作灯笼** 1. 老师示范灯笼制作过程。 2. 老师发放操作材料,亲子一起制作灯笼。老师巡回个别指导。 3. 制作完毕,家长与宝宝收拾好废纸屑等,老师收回工具。 4. 小便、洗手、喝水。 **四、分享月饼** 老师将切成小块的月饼用碟子分装成五六盘,放置在小剧场中央的长桌上;发放一次性纸盘和叉子(每家一份),请三个班的家长带着宝宝轮流取月饼,再回到座位上一起分享。 **五、结束活动** 老师、家长和宝宝一起搬椅子,收拾垃圾。家长与宝宝向老师道别,离园回家。	⚓ 带领宝宝就坐,观看动画片。 ⚓ 家长跟宝宝一起做律动游戏,以愉快的情绪引领孩子。 ⚓ 与孩子一起认真观赏老师的节目,引导孩子为老师鼓掌;在打击乐演奏中拍手,与教师一起游戏。 ⚓ 根据孩子的能力,让孩子动手操作,积极参与,不做过多干涉;制作完毕,引领孩子将地上的纸屑等收好,将工具交还给老师;引导宝宝把手洗干净。 ⚓ 引导孩子等待;注意适量取放与取放的卫生;与孩子一起愉快地分享月饼,同时引导孩子观察一下月饼口味。 ⚓ 家长帮忙收拾桌椅、垃圾,也引导宝宝做能做的事。
活动延伸	在家庭中进行相关的节庆活动。	
活动评析	中秋节我国传统的节日之一,我们通过谈话、儿歌、欣赏歌曲等日常活动来加深宝宝对节日的认识与了解;通过欣赏歌舞、制作灯笼、分享月饼等简单而有趣的节日节庆活动,使孩子了解中秋节的习俗,也体验到节日到来的喜庆气氛,体验到与亲人、老师、同伴一起过中秋的快乐。	

图书在版编目(CIP)数据

婴幼儿亲子教育活动设计与案例精选/王明晖,刘凌,杨梅主编. —上海:
复旦大学出版社, 2017.6(2024.11 重印)
普通高等学校早期教育专业系列教材
ISBN 978-7-309-12739-3

Ⅰ. 婴… Ⅱ.①王…②刘…③杨… Ⅲ. 学前教育-教育活动-课程设计-幼儿师范学校-教材
Ⅳ. G612

中国版本图书馆 CIP 数据核字(2016)第 303659 号

婴幼儿亲子教育活动设计与案例精选
王明晖 刘 凌 杨 梅 主编
责任编辑/高丽那

复旦大学出版社有限公司出版发行
上海市国权路 579 号 邮编:200433
网址:fupnet@ fudanpress. com http://www. fudanpress. com
门市零售:86-21-65102580   团体订购:86-21-65104505
出版部电话:86-21-65642845
常熟市华顺印刷有限公司

开本 890 毫米×1240 毫米 1/16 印张 12.75 字数 350 千字
2024 年 11 月第 1 版第 5 次印刷
印数 7 401—8 500

ISBN 978-7-309-12739-3/G · 1668
定价:38.00 元

如有印装质量问题,请向复旦大学出版社有限公司出版部调换。